Peter J. Kraus
Route 66

W0229039

Peter J. Kraus

Route 66

Geschichten und Musik entlang des Highways

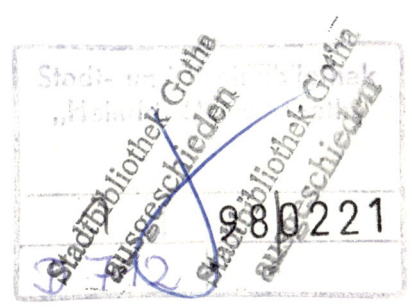

Ch. Links Verlag, Berlin

Fotonachweis
Rolf Ambor (Seite 33)
Arista Records/BMG (Seite 179)
Allen Ginsberg (Seite 207)
Archiv von Peter J. Kraus (alle weiteren Fotos)

Die Deutsche Bibliothek – CIP-Einheitsaufnahme

Kraus, Peter J.:
Route 66: Geschichten und Musik entlang des Highways/Peter J.
Kraus. – Berlin: Links, 1997
ISBN 3-86153-126-7

1. Auflage, Mai 1997
© Christoph Links Verlag – LinksDruck GmbH
Zehdenicker Straße 1, 10119 Berlin, Telefon: (030) 449 00 21
Umschlaggestaltung: KahaneDesign, Berlin
unter Verwendung eines Fotos von Uwe Thiel
Satz und Lithos: LVD GmbH, Berlin
Schrift: New Century Schoolbook
Druck- und Bindearbeiten: Wagner GmbH, Nördlingen
ISBN 3-86153-126-7

Inhalt

Anhang

Bobby Troup auf dem Weg nach Kalifornien – ein legendärer Song entsteht

Bobby warf einen Blick durch die Lenkradspeichen auf den runden Tachometer. Die rote Nadel zitterte ganz rechts zwischen den grünlich phosphoreszierenden Zahlen 60 und 65; eine angemessene Nachkriegsgeschwindigkeit für einen gerade in den Zivilistenstand zurückversetzten Marinehauptmann. Die Sonne strahlte auf das frisch verschneite ländliche Illinois, der hoffnungslos überladene '41er Buick brummte vor sich hin, aus dem Fußraum blies die Heizung ölstinkende Warmluft, und Bobby Troup freute sich auf Los Angeles. Unvermittelt beugte sich Cynthia zu ihm hinüber, hielt mit der Rechten das flatternde seidene Kopftuch und sagte klar und deutlich: »Get your kicks on Route 66.«* Bobby erschrak; Ehefrauen dürfen sich ja so ausdrücken, sogar solche, die man als Soldat aus der High Society Pennsylvanias entführt hatte, aber es war hellichter Tag, der Buick rauschte nur so dahin, weit und breit war kein Motel zu sehen. Er schaute zu ihr hinüber. Sie hatte ihr triumphierendes Lächeln auf den Lippen, nickte und schnipste mit den Fingern. Bobby ging ein Licht auf.

Robert William Troup hatte als Student »Daddy« geschrieben, ein Lied, das von geilen Glatzköpfen und ihren noch kindhaften Eroberungen handelt und davon, daß die Pirsch unvermeidliche Kosten für Champagner, Kaviar und neue Cabrios voraussetzt. Der Song war im Pearl-Harbor-Jahr 1941 einer der Top-Hits für die *Tommy Dorsey Band* und den jungen Sammy Kaye. Von den Tantiemen hatte Bobby das Buick-Cabriolet gekauft. Jetzt, nach Ende seines Militärdienstes, war er mit seiner Frau unterwegs nach Ka-

---

* im Englischen doppeldeutig: Spaß haben, sich in Stimmung bringen lassen, aber auch als sexuelle Anspielung auf das Vergnügen im Bett.

lifornien, denn er wollte wissen, ob er als Komponist eine Zukunft hatte, oder ob »Daddy« nur ein Zufallstreffer war. »Get your kicks on Route 66« – da war Cynthia ein pfiffiger Reim gelungen. Unwillkürlich schnipste auch er einen Rhythmus. Das hatte was.

Zu beiden Seiten der langen Kühlerhaube stob der Schnee. In Philadelphia waren sie aufgebrochen, mit der gesamten Habe ihrer jungen Ehe im Kofferraum, hatten bei Chicago die Route 66 erreicht und kamen nun auf Missouri zu. Etwas mehr als 2 000 Meilen hatten sie noch vor sich. Mit zehn Tagen Fahrt war zu rechnen, denn in der baumlosen Ebene des Mittleren Westens konnte man den Buick zwar scheuchen, aber schon in Missouri begannen die Berge, und bis weit nach Kalifornien hinein würde die zerklüftete Landschaft immer wieder Spannung in die Überlandfahrt bringen, war mit Tornados und Blizzards zu rechnen, mit der Bullenhitze der Sonora-Wüste und dem ewig blasenden Nordwester des texanischen »Panhandle«, des Pfannenstiels, wie der Nordwestzipfel Texas' nach seiner Form genannt wird. Erst kürzlich hatte die Zeitschrift *Life* wieder in einem langen Artikel über den Highway den Westwärtsdrang der »neuen amerikanischen Pioniere« dokumentiert, hatte auf die Gefahren der langen Fahrt, aber auch auf ihre Schönheiten hingewiesen, und die hervorragenden Fotos hatten bei der jungen, rastlosen Generation das Verlangen nach Veränderung nur noch angefacht. Das Verkehrsministerium hätte die 2 448 Meilen zwischen Chicago und Los Angeles ruhig zur Einbahnstraße erklären können; nach Westen, ins gelobte Neubeginnland Kalifornien fuhren sie alle, die großstadtflüchtigen Ostküstenbewohner wie der unwillige Farmernachwuchs aus den Präriestaaten. Bobby und Cynthia Troup befanden sich also im Februar 1946 in bester Gesellschaft.

Seit Sozialkritiker John Steinbeck die landflüchtige Familie Joad auf der Route 66 ihr Heil suchen ließ und die Überlandstraße »Mother Road« nannte, haftete dem zweispurigen Betonstreifen etwas Magisches an, und seit eine Million junger wehrpflichtiger Männer sie in den vergangenen vier Jahren in beide Richtungen benutzt hatte – zur Westküste hin voller Bangen, zurück siegercool – war sie vielen amerikanischen Familien vertraut. Da hatte die Cynthia mit sicherem Instinkt genau das richtige Thema gefunden. »If you ever plan to motor west«, ging's Bobby durch den Kopf, »travel my way, take the highway that's the best.« Stark! Und dann Cynthias leicht schlüpfrige Anregung: Get your kicks on Route 66. Super. Bobby dichtete, bis St. Louis aus der Ebene auftauchte.

Ein halbes Jahrhundert später singen fingerschnipsende Reisende aus aller Welt den Song immer noch. Route 66 ist zwar seit Mitte der 80er Jahre von den Straßenkarten verschwunden, aber sie lebt als Inbegriff der amerikanischen Weite, als Fernwehstraße weiter.

Route 66 durchquert nur das südwestliche Viertel der Vereinigten Staaten, doch ihre Landschaft ist das Amerika der vielfarbigen Sandsteinkegel und endloser Prärie, verfallender Kleinstädte und windzerzauster Dreckfarmen. Nachts donnern chromblitzende Dreißigtonner über ihre Betonplatten, Scheinwerfer leuchten ins Leere, ein riesiger, sternenklarer Himmel spannt sich über Huren und Heilige, und irgendwo heult ein Koyote. Dann weiß der Reisende, daß es besser nicht werden kann. Dann sind selbst Abwaschwasserkaffee und klebrige Zuckergußdonuts im Truck Stop ein himmlischer Genuß und der benzedrinschwitzende Trucker auf dem Nebenhocker ein netter Kerl.

»From Chicago to L. A.«, textete Bobby. Chicago ist von Los Angeles nicht nur durch viele Meilen, drei Zeitzonen und die Rocky Mountains getrennt, sondern durch die Kulturen, die der Highway verbinden sollte. Die osteuropäischen Einwanderer der Chicagoer Vorstädte können mit den Indianern Oklahomas ebensowenig anfangen wie die Abkömmlinge spanischer Granden mit den Vietnamesen Orange Countys. Und doch hat sich entlang dieser wichtigsten amerikanischen Verkehrsader der ersten Jahrhunderthälfte eine breitgefächerte Roadkultur etabliert, hören die so grundverschiedenen Menschen die gleiche Musik, lesen die gleichen Bücher, schauen sich dieselben Filme an. Sie haben ihre regionalen Spezialitäten ins große amerikanische Büffet eingebracht, und über kurz oder lang wird sich ein Zusammengehörigkeitsgefühl entwickeln, werden sich die aus der Heimat hinübergeretteten Kulturschnipsel zu einer amerikanischen Kultur fügen, und dann endlich könnte sich die liebgewordene Mär vom Schmelztiegel bewahrheiten.

Um die Straße und ihre Kultur geht's. Der poppige Highway und die schrägen Vögel, die ihn bevölkern, die Musik und Literatur, die die Route 66 zu einem ganz besonderen Erlebnis machen.

Chicago – Schmelztiegel der Nationen, Mekka der Blueser

Das Schlimmste an Chicago ist der Wind. Unablässig pfeift er von den Great Lakes über die flache Stadt, treibt frierende Bürger in flatternden Mänteln vor sich her und macht selbst vor den schnieken Wohngegenden im Norden der Stadt nicht halt. »The Windy City« nennt sich die Großstadt am Lake Michigan denn auch, was immerhin netter klingt als »Hog Butcher to the World«*. Die riesigen Schlachthöfe sind nicht mehr, nicht ihre kilometerlangen Gehege, die für angeliefertes Schlachtvieh so eine Art Vorhof zur Hölle waren. Chicago hat sich die Hände gewaschen und verscherbelt inzwischen lieber in der weltgrößten Warenterminbörse zukünftige Schweinehälften. Überhaupt hat sich die drittgrößte Stadt Amerikas zusammengerissen; die Zeiten Al Capones sind dahin, die Korruption ihrer Lokalpolitiker ist nur noch Stoff der Legende, selbst die Kolbasa, die früher an jeder Straßenecke vor sich hin ziehende Polnische Wurst, gilt nun als »ethnic speciality« und kostet in feinen, französisch angehauchten Restaurants entsprechend. Chicago freut sich über seine Wolkenkratzer – der 110stöckige Sears Tower ist mit 443 Metern das höchste Gebäude Amerikas –, über seine zentrale Lage (der Flughafen O'Hare gilt als meistfrequentierter der Welt) und darüber, daß es angeblich so viele Jobs in der Gegend gibt, daß »wer hier keine Arbeit findet, keine finden will«.

Die Windy City sieht sich gern als Präriehauptstadt – großstädtisch und doch dem Land verbunden. Traditionell

* dt.: Schweineschlächter der Welt

verteilt und verarbeit sie die landwirtschaftlichen Erzeugnisse, die aus der benachbarten Steppe kommen. Harte Jobs, wie man weiß, extremer körperlicher Einsatz gehört dazu, Jobs, die oft nur Einwanderer machten, weshalb auch so viele direkt nach ihrer Ankunft im »gelobten Land« nach Chicago weiterzogen. Ein Fünftel der weißen Chicagoer behauptet, polnischer Abstammung zu sein, 16 Prozent wollen irische Vorfahren gehabt haben, fast ebensoviele nennen sich deutsch. Chicagoer kamen aus sämtlichen europäischen Ländern. Klar, daß sich die Neuangekommenen beim Vermehren kräftig vermischt haben. Insgesamt waren bei der 1990er Volkszählung nur 37 Prozent der 2,7 Millionen Chicagoer europäischer Abkunft; 18 Prozent nannten sich hispanisch, volle 41 Prozent bezeichneten ihre Herkunft als afrikanisch. Damit ist die Großstadt in Amerikas Mitte alles andere als provinziell. Die meisten süd- und osteuropäisch geprägten Einwandererghettos des vergangenen Jahrhunderts haben sich denn auch aufgelöst, man ist in den Stadtteil gezogen, wo man Arbeit fand oder gute Schulen. Schwarze aus dem tiefen amerikanischen Süden zogen nach, Menschen, die in der Landwirtschaft keine Arbeit mehr fanden, die durch Mechanisierung und neue Anbaumethoden erwerbslos wurden. In den Jahren zwischen Erstem Weltkrieg und 1980 hat sich ihre Zahl vervierundzwanzigfacht – von 50 000 auf 1,12 Millionen. Damals war die Umsiedlung nach Chicago eine Flucht vor dem Rassenhaß des Südens, die Stadt galt als Wiege eines neuen, freieren Lebens. Wer die paar Dollar zusammenkratzen konnte, fuhr mit Bus oder Bahn nach Chicago, in eine Welt, in der es Arbeit zuhauf gab, in der sich ein fleißiger Schwarzer hocharbeiten, vielleicht sogar eines Tages ein Häuschen mit einem kleinen Gemüsegarten besitzen konnte. Und tatsächlich ging es vielen Neuankömmlingen in der Großstadt bald recht gut. Natürlich gab es keine Gleichberechtigung; klar, daß Schwarze nur dort wohnen durften, wo man sie wohnen ließ, aber das Leben war hier im kalten Norden eben doch erheblich einfacher. Man verdiente, sei's auch am Durchschnittsverdienst der Weißen gemessen erbärmlich wenig, aber man hatte immerhin sein

Einkommen, und mit gelegentlicher Hilfe der Verwandten, der Nachbarn, der Kirchengemeinde klappte das Überleben im Ghetto irgendwie immer.

Dennoch war man hier im Norden, wo kein seit Generationen festgefügtes Sicherheitsnetz existierte, mehr auf sich gestellt, versuchte deshalb, sich mit Leuten zu umgeben, die in der Not den Familienkreis ersetzen konnten. Man blieb also möglichst nicht allein, verbrachte mit Arbeitskollegen oder den Ghettonachbarn die Freizeit; und daß genügend Angebot da war, dafür hatten schon clevere Businesstypen gesorgt. Kneipen gibt's von jeher in Chicago wie Sand am Meer. Und spielten in deutschen oder polnischen Gaststätten die Polkabands, war's in den schwarzen South-Side-Ghettobars Jazz und Blues aus der Südstaatenheimat. Seit Generationen schätzten Musiker das Chicagoer Publikum, aber erst am 16. Januar 1920 ging die Post so richtig ab. Da trat nämlich das Volstead-Gesetz in Kraft, die 18. Verfassungsergänzung, die Prohibition. Das bis dahin versoffene Amerika stand zum Entzücken der Christlichen Frauenverbände, der organisierten Banden und einiger geschäftstüchtiger Schwarzer plötzlich so trokken wie Nachbars alte Kuh. Die Banden machten sich sofort daran, Schnaps aus dem nahen Kanada hereinzuschmuggeln, afro-amerikanische Geschäftemacher setzten in der heimischen Badewanne Fusel an; »Bathtub Gin« hieß das Produkt. Hatte der Trinker Glück, wurde er besoffen, hatte er Pech, ging das Augenlicht flöten. Der bisherige Schläger und Boß einer Erpresserbande, Al »Scarface« Capone, wurde blitzartig Schnapsmillionär, was natürlich die Konkurrenz auf den Plan rief. Die zur Vertriebsgebietsabsicherung notwendig werdenden Schießereien zogen die Aufmerksamkeit der örtlichen Justizorgane auf sich, die allerdings durch ein paar den Behörden zugesteckte Dollar bald auf Verkehrssünder und Taschendiebe umgelenkt werden konnte. Polizisten seien preiswert, sagte Capone immer, Richter kosteten schon etwas mehr, und für Polizeichefs, Bürgermeister und Abgeordnete müsse man recht tief in die Tasche greifen. Die schnapsbrennenden schwarzen Mitbürger hatten dagegen wenig Ärger. Sie galten der weißen Machtelite als kirchenmausarm, also ließ man sie in Ruhe. Ihr Südchicago wurde während des fast 14jährigen »noblen Experimentes« zum Unterhaltungsmekka; die Nachtklubs der South Side florierten, die Musik entwickelte sich zur Weltklasse. Jazz war sowieso King; der Blues wurde in den Chicagoer Speakeasies, in den illegalen Kneipen, erwachsen. Kaum war Jazzgitarrist Eddie Durham um 1931 herum darauf gekommen, daß elektrisch verstärkte Gitarren dank des neu entwickelten elektrischen Tonabnehmers, des Pick-up, aus der Band herausgehört werden konnten, und damit erstmals Big-Band-Gitarrensoli möglich wurden, schon hatten Bluesspieler ihre »Axes« verstärkt, um sich endlich gegen den Kneipenlärm durchzusetzen. Die »Little Big Band« wurde aus der Not geboren: Schlagzeug, E-Gitarre, Baß, ein Klavier und irgendetwas Blechernes, zur Not auch eine Mundharmonika, unterhielten bummvolle Kneipen, die annehmbare Honorare zahlten.

Doch der Blues unterhielt nicht nur; durch ihn konnte man sich in die für immer verlassene Heimat zurückversetzen. Die Sounds des ländlichen Südens verbanden. Sie halfen mit, das Heimweh zu überwinden, und sie bedienten gleichzeitig die Nachfrage nach flotter, rhythmischer Musik, die über weiße Rundfunksender nicht zu hören war. Lester Melrose war einer der ersten, der sich um das offenbar riesige, unbediente Potential kümmerte. Seit 1926 hatte der weiße Talentscout und Musikproduzent Schwarze in Studios geschleppt und aufgenommen. Sein »Melrose Sound« wurde berühmt; trotz so verschiedener Talente wie Tampa Red und Sonny Boy Williamson, Big Bill Broonzy oder Big Joe Williams, Memphis Slim, Arthur Crudup und Washboard Sam hörten sich die Melrose-Produktionen auf den Bluebird- und Vocalion-Labels gleich an. Lester hatte immer die gleiche Besetzung im Studio, egal, wer der Solist war, egal, welcher Art der Song. Damit legte er den Grundstein zum Chicago Blues, aber er machte auch vor, wie man als Plattenproduzent reich wurde – und wird. Lester und seine beiden Brüder verlegten die Songs der schwarzen Künstler und ließen sich sämtliche Rechte abtreten; so wurde Melrose als Mitautor der Arthur-Crudup-Komposition »That's All Right« eingetragen, und als Elvis Presley den Song zum Hit machte, kassierte Lester viele Millionen, während Arthur in die bekannte Röhre guckte.

Dieser Lester Melrose nun hatte schon die schärfsten Blueser seiner Zeit aufgenommen, was ihm einen Spitzenruf in der schwarzen Gemeinde verschaffte. Und als die schwachsinnige Prohibition endlich vorüber war und der Zweite Weltkrieg begonnen hatte – was natürlich dazu führte, daß die meisten Musiker, weil jung und viril, in Uniform steckten und irgendwo auf der Welt die Freiheit verteidigten, anstatt in irgendeiner Kneipe Musik zu machen –, verlegte sich der clevere Lester auf Musikboxen. Die waren nämlich der Live-Musik-Ersatz, und das hätte auch ganz gut geklappt, wenn man sie mit neuer Musik hätte bestücken können. Allerdings waren einige Schwarze noch nicht eingezogen worden; viele hatten sich nie irgendwo angemeldet, zahlten keine Steuern, bezogen keine Stütze, existierten also offiziell gar nicht. Die freuten sich über die Studioarbeit, und Lester konnte seine juke boxes auf dem popkulturell letzten Stand halten. Das Geschäft lief noch, nachdem der Krieg gewonnen war. Da kam Willie Dixon zurück in die Chicagoer Szene. Der hatte so eine Art Kriegsgefangenschaft hinter sich. Willie, ein schwarzes Kind des rassistisch geprägten tiefen Südens, wollte nämlich den Kopf auf gar keinen Fall für weißes Volk und weißes Vaterland hinhalten. Er verweigerte also mutig den Dienst mit der Waffe, und das brachte ihm einen längeren Aufenthalt im Gefängnis ein.

Doch jetzt wird's kompliziert. Denn Willie gilt Kennern als die treibende Kraft hinter dem Chicago Blues und damit als einer der wichtigsten Rock-Macher. Schauen wir uns also den Willie Dixon etwas näher an.

Willie Dixon – Mr. Urban Blues

Ein vollgefressenes Kind war der Willie, und das kam ihm in seinem Dorf zupaß. Denn dauernd wurde gedroschen, ewig bekam einer irgendwo Kloppe, ohne Anlaß, einfach so, weil's dazugehörte. Nur der dicke Willie nicht, denn der ließ sich nichts gefallen. Dixon haute sofort zurück, und das mögen Schulhoftyrannen absolut nicht. Dadurch, daß er gewaltbereit war, durfte Willie Dixon in Frieden aufwachsen. Nicht ganz, natürlich, denn er war immerhin ein Schwarzer im weißen Süden. Deshalb wohl saß der Knabe schon mit zwölf Jahren im Knast. Er und ein gleichaltriger Freund waren in ein leerstehendes Haus eingedrungen und hatten sich an den Bleirohren der Wasserspülung zu schaffen gemacht, um sie zu verscherbeln. Prompt kam der Sheriff und schleppte die Boys vor den Friedensrichter, und der verdonnerte die Kinder dazu, ein Jahr auf der Ball Ground County Farm abzusitzen. Das Arbeitslager bei Vicksburg im Staat Mississippi war für den Jungen ein Schnellkurs im Erwachsenwerden: Wärterfrauen forderten ihn für Hausdienste an und vergewaltigten ihn, und er hörte zum erstenmal den echten Blues. Beide Erfahrungen prägten.

Kaum entlassen, kam der 13jährige erneut ins Gefängnis. Es war Erntezeit, und der Lohn jedes an Bauern ausgeliehenen Gefangenen wurde an die Gefängnisverwaltung bar ausbezahlt, die ihn dann auch prompt behielt, was eine wahre Menschenjagd auf arbeitsfähige Schwarze auslöste. Willie mußte zusehen, wie ein Gefangener, der angeblich die Arbeit verweigerte, vom Sheriff totgeschlagen wurde. Allen Farm hieß die Anstalt, lag direkt neben dem in der Bluesgeschichte verewigten Höllenknast Parchman Farm, und die Schinder behielten Willie einfach da, auch als der seine 30tägige »Strafe« schon längst abgesessen hatte. Nur durch Flucht auf einem zuchthauseigenen Maulesel entkam Willie Dixon der modernen Sklaverei. Man schrieb das Jahr 1928, Schwarze waren seit drei Generationen zwar nicht gleichberechtigt, aber frei. Theoretisch. Auch das merkte sich der dicke Knabe, als er im Schweinsgalopp die Mississippigrenze Richtung Norden überquerte.

Er landete in Chicago, wie so viele Schwarze aus dem Süden. Willie hatte 13 Geschwister, und eine seiner Schwestern war schon vor Jahren dorthin gezogen. Bei ihr quartierte sich Willie ein. Eigentlich waren die beiden nur über die Mutter verwandt, denn Charlie Dixon hatte seine Frau schon drei Jahre vor Willies Geburt verlassen, und ein gewisser Anderson »A. D.« Bell hatte sich ins leere Bett gelegt. Mr. Bell war ein Stenz; trug immer flotte Anzüge, Hüte mit riesiger, federgeschmückter Krempe und zwei Colts im Gürtel. Und die benutzte er auch. Angeblich erschoß er nicht nur einen Nebenbuhler, um die Gunst seiner Mrs. Dixon zu behalten, sondern hatte auch einige weiße Herren durchlöchert, was ihm den ehrenvollen Beinamen »Crazy« einbrachte.

Willie blieb also einige Monate bei der Halbschwester, bis sich die Chicagoer Schulbehörde meldete. Die wollte gern, daß der junge Willie seiner Schulpflicht nachkommt, aber der hatte besseres vor. Nachdem er sich eine Weile in der Gegend um Philadelphia aufgehalten hatte, war er sich sicher, daß seine Gefängnisflucht inzwischen niemanden mehr interessierte; Neger, deren Geburt meist nicht einmal schriftlich festgehalten wurde, galten als auswechselbar. Höchstens der geklaute Maulesel wurde noch gesucht.

Einige Jahre verbrachte er wieder in seiner Geburtsstadt, begann, mit lokalen »street corner harmony groups« zu singen, und schrieb nebenher Songs. Die verkaufte er für ein paar Dollar an Western-Musiker, freute sich, wenn er sie im lokalen Sender WQBC hörte, und arbeitete ansonsten als Kohleschlepper am Mississippi. Mutter Daisy

Dixon achtete darauf, daß ihre Kinder lesen lernten, auch wenn sie den Schulbesuch vernachlässigten. Sie selbst hatte nur wenige Jahre zur Schule gehen können, aber sie glaubte an Befreiung durch Bildung. Als eifrige Kirchgängerin hatte sie die Gewohnheit vieler schwarzer Prediger angenommen, in Reimen zu sprechen. Auch Willie gewöhnte sich das an. Als er merkte, daß sein hipper Sprachrhythmus – in Liedtexte umgesetzt – Geld einbrachte, schrieb er fleißig.

Die Arbeit am Fluß, die Kohleschlepperei und das harte Leben im Knast hatten den Willie stark werden lassen. Als sich immer mehr angetrunkene Männer bereit fanden, für einen Schlag auf Willies Bauch oder Brust fünf Cent einzusetzen, die er behielt, wenn er – sozusagen als menschlicher Punchingball – stehenblieb (und die Fünfer summierten sich), beschloß Willie Dixon, es nebenher mit Boxen zu versuchen. Die ersten Kämpfe wurden auf einem Holzfußboden ausgetragen; es gab weder Boxhandschuhe noch eine Ringabsperrung. Die Kontrahenten droschen aufeinander ein, bis einer umfiel. Der Sieger bekam drei oder vier Dollar und kassierte die Wetten, die er nebenher plaziert hatte. Dixon blieb unbesiegt.

Daß sich die Boxerei in Chicago noch mehr lohnen würde, davon war Willie überzeugt. Also packte er seine Siebensachen und zog wieder zur Schwester.

Das schwarze Chicago der späten Dreißiger darf ruhig mit dem New Yorker Stadtteil Harlem verglichen werden. Dauernd war was los – das Riesenghetto ruhte nie. Kneipen, Nachtklubs, Bordelle; überall spielte Musik, seit 1933 gab's auch offiziell wieder was zu trinken. Tagelöhner waren gefragt und wurden auch relativ gut bezahlt, und wer sich in Chicago langweilte, dem war nicht zu helfen. Dixon fühlte sich sofort wieder zu Hause; hier würde aus ihm etwas werden. Er besorgte sich eine Boxlizenz, schrieb sich für die Amateurmeisterschaft der Golden Gloves ein und fegte mit schierer Körperkraft die Konkurrenz beiseite, bis er der Illinois-Golden-Gloves-Schwergewichtsmeister des Jahres 1937 wurde. Das reichte ihm; König der Amateure sollte ein anderer werden. Willie besorgte sich einen Manager und wechselte ins Profilager.

Nebenher sang Dixon natürlich, denn das war leicht verdientes Geld. Mit einer Gospelgruppe trat er auf und mit einer Bluesgruppe. Pop sang er und schrieb immer wieder seine Gedichte, vertonte sie und verscherbelte das Ganze an jeden, der ihm ein paar Dollar dafür gab. Ab und zu sang er mit einer der Gruppen im Radio, und da hörte ihn der unternehmungslustige Musiker Baby Doo Caston. Der tauchte eines Tages im Boxstudio auf. Baby Doo – zu deutsch Kinderkacke – schlug eine Zusammenarbeit auf dem Gebiet der Musik vor, aber Willie wollte gerade nicht; er war aufs Profiboxen fixiert. Einige Kämpfe hatte er schon gewonnen, hatte zwar nur wenige Dollar für seine Siege bekommen, aber die Menge macht's bekanntlich. Daß nicht alles mit rechten Dingen zuging, erfuhr der junge Boxer erst, als er bei der Boxaufsichtsbehörde einen Termin hatte. Er saß im Büro des Boxkommissars Joe Trainor und jammerte über die miserablen Preisgelder, was seinem Manager sichtlich unangenehm war; und als Trainor nachschauen ließ, wie hoch die Preisgelder wirklich waren, die sich Dixon erkämpft hatte, und sie auch noch aufzählte, wollte der Boxer seinen Ohren nicht trauen. Er reagierte, wie ein betrogener Boxer reagiert: mit den Fäusten. Als die herbeigerufene Polizei Dixon aus dem Boxbüro gezerrt, seinen Manager ins Krankenhaus transportiert und Kommissar Trainor sich vom Anblick des prügelnden Willie erholt hatte, war dessen Boxlizenz auf alle Zeiten weg. Die Rache am ungetreuen Manager war zwar süß, aber die Karriere war im Eimer.

Baby Doo hatte das Angebot offengehalten, und Dixon ging jetzt darauf ein. Die beiden gründeten die *Five Breezes*, eine Harmoniegruppe im Stil der gerade auch bei weißem Publikum sehr beliebten *Ink Spots*. Die *Breezes* sangen in Nachtklubs, und Willie begann, einen selbstgebauten Baß zu zupfen – einen sogenannten Washtub bass: Er nahm einen Waschzuber aus Metall, drehte ihn um und montierte einen Besenstil auf seinen Boden. Den bespannte er mit Saiten unterschiedlicher Drahtstärke, und schon hatte die Gesangsgruppe Rhythmusbegleitung. Am Sonntag gingen die Jungs auf die Maxwell Street im jüdischen Viertel und sahnten riesig ab. Dort hatte sich ein Wochenendmarkt etabliert, wo Schwarze alles mögliche anboten, und der Flohmarkt lockte Tausende an. Die *Five Breezes* hatten ihre Straßenecke, bauten sich auf und harmonierten los. So viel Kleingeld wurde geworfen, sagt Willie, daß die Gruppe am Tagesende fünf etwa gleich hohe Türmchen baute, von denen sich jeder einen nahm. Meist kamen um die 50 Dollar dabei heraus. Willie hatte gewöhnlich noch einen Tagesjob nebenher, irgendetwas körperlich Anstrengendes, und die Plackerei brachte nur um die 30 Dollar die Woche ein. Der verhinderte Boxweltmeister lernte also schnell den Wert des Unterhaltungsgeschäftes schätzen.

Bis der Krieg begann, hatte Dixon immer zu tun. Die Gruppe sang in Chicago, nahm am 15. November 1940 acht Songs für das »Rassenlabel«* Bluebird auf, hatte ständige Gigs in den Städten Illinois' und Indianas, hatte ihren festen Tag im Pink Poodle Nightclub, und dort griffen die Häscher den Wehrunwilligen. Sie boten ihm Gelegenheit, sich sofort zum Militär zu melden, aber Willie blieb hart, also wanderte er von der Pink-Poodle-Bühne in den Stadtknast. Er behauptet, mindestens 30 mal vor dem Richter gestanden zu haben, und jedesmal will er wieder erklärt haben, daß es ihm nicht im Traum einfalle, für Leute den Kopf zu riskieren, die ihm und seinen schwarzen Brüdern übel wollten. Er sei kein Bürger, sondern ein Untertan, machte Dixon dem Richter klar, wies auf die gesetzlich verankerte Rassentrennung und Vorzugsstellung der weißen Amerikaner hin und schüttelte stur den massigen Kopf. Der Richter hielt ihm vor, daß er in Amerika geboren wurde; wie meine Vorfahren auch, erwiderte Willie, und die waren völlig rechtloser Besitz andersfarbiger Amerikaner. Nicht nur im Gerichtssaal gab Willie seine Ansichten von sich, auch im Gefängnis wiegelte er auf. Bis sich der Richter entschloß, dem renitenten Schwarzen zwar fünf

* Musik, die nicht von Weißen stammte, wurde damals als »Rassenmusik« bezeichnet, ebenso waren die Labels, die nur mit Schwarzen arbeiteten, »Rassenlabels«.

Jahre Gefängnis und eine Geldstrafe von 10 000 Dollar aufzubrummen, aber beides zur Bewährung auszusetzen, wenn sich der Missetäter verpflichtete, künftig seine aufmüpfigen Reden zu unterlassen und sich nie einen Job in der Kriegsindustrie zu suchen. Gemacht, meinte Willie, unterschrieb und wußte fortan, daß sich Charakterstärke und Überzeugung lohnten.

Baby Doo und die Boys konnten natürlich nicht auf Dixon warten, und einer von ihnen meldete sich freiwillig zum Militär, also gaben sie sich einen anderen Namen und machten als Trio weiter. Während ihr dicker Baßspieler im Gefängnis saß, bekamen seine ehemaligen Kollegen einen Job bei der USO, der Unterhaltungsabteilung der Army. Überall auf der Welt sangen sie, von Kalkutta bis Kairo, während Dixon auch nach seiner Entlassung nicht mit ihnen arbeiten konnte, weil er sich verpflichtet hatte, keine Jobs bei der Army anzunehmen. Erst, als der Krieg längst vorüber war, kam Willie wieder mit Baby Doo Caston und Bernardo Dennis zusammen. Sie nannten sich nun *The Big Three Trio*, Caston spielte Klavier, und ihr Sound hatte sich dem modernen Nachkriegs-Rhythm-and-Blues angepaßt. Sie boten ihre Songs bei den Studios an; die kriegsbedingte Schellackknappheit lag hinter ihnen, und die Labels suchten wieder neue Sounds. Sie arbeiteten mit Lester Melrose, und der verkaufte ihre Songs an Bullet und Columbia – die *Big Three* ließen aufhorchen, und sie begannen, nach jeder neuen Single zu touren. Nach Minnesota ging's, bis hoch nach Montana, in die Rocky-Mountain-Staaten Colorado und New Mexico, über die Route 66 zurück nach Missouri und Illinois. Jung waren sie, schwarz, erfolgreich, mit eigenem neuen Auto und Fans im gesamten Westen Amerikas.

Dixon spielte nicht nur, er schrieb und komponierte auch fleißig und verkaufte einige seiner Songs an Musiker, die mit Melrose arbeiteten. Der merkte allmählich, was er an Willie hatte und spannte ihn immer mehr im Studiogeschäft ein. Bis sich die Gebrüder Chess meldeten. Die hießen eigentlich Chez, stammten aus dem westrussischen

Schtetl Motol und waren seit 1928 in Amerika. Die übliche Einwandererkarriere folgte: Leonard und Phil Chess verkauften Zeitungen an der Straßenecke, halfen dem Vater im Schrottbusiness, gründeten Schnapsläden, kauften sich einen Nachtklub, dann noch einen; 20 Jahre nach der Ankunft im gelobten Land gehörten ihnen die schärfsten »black« Klubs Chicagos – der 708 Club und die Macamba Lounge –, und ihre Unterhalter kamen so gut beim schwarzen Publikum an, daß sie ihr eigenes Plattenlabel gründeten. Aristocrat hieß die Plattenfirma, und die Gebrüder Chess stießen schon bald auf ihr Erfolgsrezept. Der 32jährige McKinley Morganfield, der sich Muddy Waters nannte, nahm »I Can't Be Satisfied« auf, und die Chess Brothers verkauften innerhalb eines Tages die gesamte erste Pressung des Liedes. Sowas überzeugt. Die Herren machten sich auf die Suche nach neuen Talenten der Muddyschen Art, und sie fanden Willie Dixon.

Nun hatte Dixon nach eigenem Bekunden schon an die 150 Songs komponiert, aber längst nicht alle aufgeführt oder gar aufgenommen. Melrose verteilte seine Kompositionen bei Studiosessions nur an Musiker, die nichts eigenes dabei hatten, Baby Doo wollte »weißere« Musik haben, nach Art der *Ink Spots*, und Willie hielt daher selbst nicht allzuviel von seinen Kreationen. Doch die beiden Aristocrat-Bosse hörten die Ähnlichkeit mit dem Muddy-Hit. Er solle mit seiner Gesangsgruppe einiges aufnehmen, hieß es. Auch solo würde man ihn gut gebrauchen können, und außerdem sei er doch mit seiner Erfahrung der ideale Studiomann. Sie machten Dixon zum Assistenten, was nur bedeutete, daß er vom Ausfegen über Aufnehmen bis hin zum Komponieren, Arrangieren und Baßspielen alles machen durfte, und an guten Tagen wurde er sogar bezahlt. Phil und Leonard Chess wurden immer erfolgreicher, aber sie zahlten genauso ungern wie damals, als sie jeden Penny umdrehen mußten. Mit den versprochenen Dixon-Platten wurde es lange auch nichts. Die Bosse merkten nämlich, daß ihre Stars nach jeder neuen Platte auf Tour mußten, zur Verkaufsunterstützung, und wenn Dixon weggewesen wäre, wäre im Studio nichts mehr gelaufen. Natürlich spielte er immer wieder seinen unnachahmlichen Baß bei den Aufnahmen anderer Musiker; schon im November 1948 war Dixon auf den Aristocrat-Scheiben Muddy Waters' und Robert Nighthawks zu hören – obwohl für beide Sessions ein anderer Baßspieler eingetragen ist, aber Studiobesetzung nahm man damals nicht ernst, und die Sessionunterlagen aus vergangener Zeit sind alles andere als komplett –, aber die erste und auf lange Zeit hinaus einzige Willie-Dixon-Platte für Aristocrat/Chess war »This Pain In My Heart« mit Pianomann Lafayette Leake, 1951 aufgenommen. Den Song hatte Willie schon komponiert, als er 14 war, hatte ihn jahrelang vergeblich angepriesen, gesungen, vorgeführt, aber niemand wollte ihn. Die Chess-Brüder nahmen »Pain« nur, sagt Willie, um ihn festzunageln; er war die rechte Hand von Boß Leonard, und man wollte ihn nicht verlieren.

Sechs Jahre arbeitete Willie als Assistent; war für die meisten Aufnahmen verantwortlich, suchte in den Chicagoer Kneipen nach Talenten, schrieb, arrangierte, fegte unter der Konsole aus und stellte die Mikrofone richtig auf. Sechs lange Jahre, in denen er seine eigene Musikerkarriere langsam verkommen sah. Wären nicht die vielen Studiojobs bei anderen Plattenfirmen gewesen, die Willie annahm, weil wieder mal die Miete fällig oder die Kinder hungrig waren, hätten wir kaum etwas von ihm aus dieser Zeit gehört. Er spielte zwar ständig seinen Baß und brachte seine Kompositionen zunehmend an den Mann (kaum an die Frau, denn Chicago Blues war in den Fünfzigern überwiegend »Männersache«), aber die viele Arbeit ließ ihm kaum Zeit für eigene Aufnahmen. Willie hatte eine Studioband zusammengestellt, die hinter den meisten Chess-Künstlern von damals zu hören ist. Er spielte natürlich Baß, der geniale Harold Ashby Saxophon, Keyboardmann Lafayette Leake war fast immer dabei und Drummer Al Duncan, der sich mit Fred Below und Odie Payne abwechselte. Auch Robert Jr. Lockwood saß ab und zu mit im Studio, der Gitarrist, der sein Handwerk angeblich vom legendären Robert Johnson gelernt hatte. Johnson lebte mit Lockwoods Mutter Estella Coleman zusam-

men und zeigte ihrem Sohn, wie er die sagenhaften Gitar-
renläufe spielte, derentwegen seine Konkurrenten meinten, Robert Johnson habe wie eine Art schwarzer Faust
seine Seele an den Teufel verkauft. Die uralte afrikani-
sche »Crossroads«-Legende, die Wegkreuzung, in deren
Mitte man den Teufel rufen kann, spielt hier hinein. Johnson hat nie bestritten, daß Beelzebub ihn bevorzugte.

Die Studioband nahm 1954 die wunderschöne Ballade
»Sincerely« mit den *Moonglows* auf, hatte damit einen gewaltigen Hit, und ein Jahr später traf der junge Friseur
und Anstreicher Charles Edward Anderson Berry auf die
eingespielte Combo, als er endlich den Mut faßte, nach Chicago zu fahren, um den Gebrüdern Chess seinen Song »Ida
Red« vorzuspielen. Willie erkannte auf Anhieb die Hit-
Qualitäten des Liedes, Leonard Chess stimmte mit ihm
überein, aber er fand den Titel zu schwarz. Er wollte endlich auch weißes Geld in der Firmenkasse sehen, also
brachte er Chuck – die kurze Variante des Namens, denn
bis die Leute Charles Edward Anderson ausgesprochen
hatten, war Chuck schon wieder ganz woanders – dazu,
seinen Song rassenneutral »Maybelline« zu nennen. Der
wurde mit dem *Willie Dixon Orchestra* aufgenommen, Leonard trug sich noch schnell als Mitkomponist ein (allerdings mit dem Namen des Schreibwarengeschäftsinha-
bers von nebenan, wegen der Einkommenssteuer), und
ein Drittel des Copyrights bekam der einflußreiche – und
fast einzige – Rockradio-Moderator Alan Freed, damit der
Song auch entsprechend oft gespielt wurde. Er wurde rauf-
und runtergespielt, Chuck verdiente ordentlich, Freed
sahnte gewaltig ab, und Chess verdiente sich an »Maybelline« jahrzehntelang dumm und dämlich. Dixon und die
Band bekamen ihr übliches Sessionhonorar – etwa 40 Dollar – das Leonard allerdings vor der Auszahlung jedesmal
auf die Hälfte herunterhandelte.

Dixon war für den Chess-Sound verantwortlich, hatte Hits
geschrieben wie »Hoochie Coochie Man«, mit dem Muddy
Waters riesig herauskam, und nagte doch ewig am Hungertuch. Er lebte seit acht Jahren mit Elenora Franklin

zusammen, hatte mit ihr sieben Kinder, und Elenora wollte ihn dennoch nicht als den Ihren, weil ihr ein Hoochie-Coochie-Man* im Süden prophezeit hatte, sie würde einen reichen Mann heiraten, und das war Willie nun wirklich nicht. Die Gebrüder Chess nahmen zwar immer, gaben aber höchst widerwillig; daher auch die jahrelange Schwarz-arbeit Willie Dixons bei Konkurrenzlabels wie United, Pea-cock und Duke. Die Gigs brachten Bares ins Haus, sein Tagesjob oft nur Zahlungsversprechen. Endlich hatte Wil-lie die Schnauze voll; Eli Toscano, Eigentümer des Mini-Labels Cobra, war schon lange hinter ihm her. Willie wech-selte zu Cobra über.

Sofort ging's Willie Dixon prächtig. Kaum hatte er seine Kopfhörer bei Cobra eingestöpselt, wurde der von Dixon geschriebene und von Otis Rush aufgenommene Song »I Can't Quit You, Baby« ein Hit. Der von Chess hingehal-tene Rush war mit Dixon zum neuen Label übergewech-selt und hatte netterweise Buddy Guy gleich mitgebracht. Den kannte keiner, doch das änderte sich bald. Erst mal war Otis ein Star mit seinem »Can't Quit You«; als Dixon und Toscano die erste Probepressung fertig hatten, gingen sie damit zum lokalen Bluessender. Der spielte den Song einmal, und die Publikumsreaktion war derart überwälti-gend, daß sie sofort eine riesige erste Pressung herstellen ließen, die im Handumdrehen ausverkauft war. Kurz dar-auf warfen sie nochmal eine Otis-Rush-Single auf den Markt, mit dem gleichen sagenhaften Ergebnis. Was nicht nur eitel Freude war, denn die Schallplattengroßhändler zahlten erst, wenn sie selbst von ihren Einzelhandelskun-den kassiert hatten. Cobra war auf einen Schlag gleichzei-tig unglaublich erfolgreich und unglaublich pleite. Der noch immer imponierend dicke Dixon schloß das Studio ab und ging erst mal kassieren.

Während der Cobra-Glückssträhne arbeitete Dixon noch immer nebenbei für Chess – jetzt allerdings unter umge-kehrten Vorzeichen. Bares auf den Tisch hieß die Devise, was die Gebrüder Chess auch verstanden, und Willie ver-

* dt.: Voodoo-Zauberer

kaufte ihnen Songs, arbeitete wieder als Toningenieur, spielte bei Chuck Berry- und Bo Diddley-Aufnahmen mit dem *Willie Dixon Orchestra* – so, als sei nichts geschehen. Er hatte jetzt erstmals ein Einkommen, auf das er sich verlassen konnte. Die Schallplatten, die er produzierte, schufen sich ohne sein Wissen ihre eigene Nische. Zunehmend kauften weiße Amerikaner diese »neue« Musik, staunten, daß so etwas neben dem bekannten Jazz wuchs, und sahen im Blues zurecht die Wiege des langsam aus den Hitlisten wieder verschwindenden Rock. Es mag skurril erscheinen, aber 1957 war die Debbie-Reynolds-Schnulze »Tammy« fünf Wochen lang die Nummer Eins der Hitparade, drei Jahre später hielt das Orchester Percy Faith, heute höchstens in altmodischen Fahrstühlen zu hören, mit »Theme From A Summer Place« Radiohörer neun Wochen lang gefangen, und 1968 war Paul Mauriat mit »Love Is Blue« der Mann der Stunde – fünf Wochen lang. Schnulzen alle, die den Rock an den Rand des Geschehens drängten, worüber sich Eltern, Lehrer, Gottesmänner und Polizeichefs unmäßig freuten. Rock war einfach schmutzig, die Menschen, die so etwas spielten, galten bestenfalls als vaterlandslose Gesellen, im schlimmsten Fall als versiffte Kommunistenbrut. Bei den Engländern durfte sowas zwar nicht mal im staatlichen Rundfunk gespielt werden, aber die vielen Nordseepiraten liebten den anarchistischen Rock, Radio Luxemburg sendete das Zeug über Ländergrenzen hinweg, und ganz fanatische Kids wollten mehr über den Sound wissen. Die schrieben an Chess, Cobra und hundert weitere Kleinlabels, fügten internationale Zahlungsanweisungen bei und bestellten Blues-Scheiben, die es in der Heimat gar nicht oder noch nicht zu kaufen gab, per Post. Die Kids bildeten Fanzirkel, hielten Listening Partys vor heimatlichen Plattentellern ab, und aus den Freundeskreisen erwuchsen Bands. So war's bei den *Stones*, so lief's bei den *Beatles*, und genauso hat sich's bei Eric Clapton verhalten. Daß weiße Amis kauften, wußten einige der Musiker, daß es begeisterte Engländer gab, war ihnen völlig unbekannt. Und doch sorgte das bluesverrückte Europa etwas später für das wirtschaftliche Überleben des Genres.

Willie trat endlich der BMI bei, der Musikergemeinschaft, die sich um Aufführungs- und Vervielfältigungsrechte kümmert, gründete den Musikverlag Ghana und vereinte ihn mit seiner schon länger nebenher bestehenden, gleichnamigen Künstleragentur. Und er entschloß sich, eine junge Frau zu heiraten, die er zwar schon länger kannte, die er aber erst jetzt schätzengelernt hatte. Marie Booker wollte dem vielfachen Vater nicht glauben, wenn er sagte, er sei nicht verheiratet, aber als sie sich endlich überzeugen konnte, griff sie zu. Willie kaufte der Mutter seiner sieben Kinder erst mal ein Häuschen und gleich darauf eines für sich, Marie und ihr erstes von fünf gemeinsamen Kindern. Es ging ihm gut.

Als Cobra 1959 ihre 33. Single herausbrachte – einen der sechs Songs, die Ike Turner und seine *Kings of Rhythm* mit Willie aufgenommen hatten – rächte sich, daß Labelchef Eli Toscano für sein Leben gern ein paar Dollarchen auf Pferde, Karten oder Würfel setzte. Es hatte immer Geldschwierigkeiten gegeben, weil Eli oft die Tageskasse auf eine bestimmte Würfelkombination wettete. Plötzlich war er aber verschwunden. Wochen später zog man den aufgeschwemmten Eli – oder wen man dafür hielt – aus dem Michigansee. Vielleicht war er's, vielleicht auch nicht – die letzte Eli-Leiche wurde angeblich 1966 gesichtet –, aber Cobra war auf alle Fälle illiquide. Dixon war's recht. Er hatte sowieso viel bei Chess zu tun, konnte auch wieder mit Gruppen auf Tour gehen und wollte seine Selbständigkeit weiter ausbauen. Dixon hatte endlich wieder Material unter seinem Namen in Sendern und Läden. Mit Memphis Slim, Wally Richardson, Al Ashby und Gus Johnson hatte er ein Album »Willie's Blues« auf dem Prestige Label aufgenommen, seit 1957 wurden Slim und er beim alljährlichen Newport Folk Festival gefeiert, tingelten anschließend durch Folkklubs an beiden Küsten und überlegten, ob sie nicht eine Europa-Tour machen sollten. Muddy und Big Bill Broonzy hatten sich schon rübergewagt, nach England, und wurden dort begeistert aufgenommen. Big Bill, der gern aufschnitt, hatte das Geschäft für sich behalten wollen und seinen englischen Gastgebern klargemacht, daß er der allerletzte Bluesspieler Amerikas sei – was ihm die Leute wohl abnahmen. Jedenfalls wollten der geschäftstüchtige Willie Dixon und sein klavierspielender Freund Memphis Slim nach England. Doch die Welt ist groß; erst mal sollte es nach Israel gehen. Wenn man in Chicago wohnt, ist das ganz in der Nähe von England.

Aviva hieß die Dame, die 1960 aus Haifa anreiste und für ihren Nachtklub Hamoadan Bluesmusiker suchte. Da war sie in Chicago richtig. Aviva kam ins Gate of Horn, hörte Dixon und Memphis Slim und buchte die beiden sofort. 100 Pfund pro Abend zahlte Aviva, was ein Haufen Geld war. 100 israelische Pfund. Sowas wie 100 Dollar, dachten die zwei Blueser und merkten erst vor Ort, daß 100 israelische Pfund eher 30 Dollar entsprachen – und daß in Israel niemand israelische Pfund konvertieren wollte. Der US-Dollar war dort die heimliche Währung, also stopften sich Dixon und Slim die Pfundnoten in die Anzugtaschen und suchten Dollar-Gigs nebenher. Recht populär wurden sie während ihres halben Jahres in Israel, erzählte Dixon, besonders in Jerusalem und am Roten Meer. Anschließend ging's nach Frankreich, wo Slim einige Gigs gebucht hatte. In der Schweiz wurden sie endlich ihre Pfund los, aber der Kurs war so schlecht, daß der Erlös nicht einmal ausreichte, um wieder heim nach Chicago zu kommen. Also legten sich die Boys wieder mächtig ins Zeug, diesmal allerdings in Ländern mit harter Währung. Deutschland stand auf dem Tourplan, Frankreich, dann England. Dixon und Memphis Slim gefiel's; im al-ten Europa begegneten die dort wohnenden Weißen den Schwarzen mit Höflichkeit und echtem Interesse – eine neue Erfahrung für beide.

Als die Weltreisenden wieder zu Hause ankamen, setzte sich Dixon mit Horst Lippmann in Verbindung. Der Deutsche veranstaltete schon seit 1957 Jazzkonzerte in seiner Heimat, und sein Bekannter Joachim Ernst Behrend war '59 in Chicago, wo er von Dixon herumgereicht wurde. Ganz erstaunt soll der Jazzpapst gewesen sein, daß der Blues lebte, und er regte eine Europa-Blues-Tour an. Ein American Blues Festival? Da war Willie Feuer und Flamme. Zwischen den beiden so verschiedenen und doch einander ähnlichen Machern entwickelte sich ein reger Briefwechsel, der zwei Jahre später zum ersten europäischen American Folk Blues Festival führte.

Willie war als Koproduzent und Kindermädchen dabei – er hatte viele der auftretenden Künstler angeheuert, hatte sich vom Paßantrag bis zur Kleidungsauswahl um alles gekümmert und war als einziger in der Lage, die Crew auch bei der Stange zu halten. Die lange Studioerfahrung machte sich hier bezahlt; der Blueszirkus schlug auf Anhieb ein. Erst zog man in die Großstädte, spielte als Festival, und sobald die Weide abgegrast war, gingen die Blueser ihre eigenen Wege. Überall in Europa traten sie auf, die amerikanischen Künstler, die zu Hause nicht allzuviel galten und hier begeistert gefeiert wurden. Kein Wunder, daß einige auf Anhieb in Europa blieben – allen voran Memphis Slim. Der hatte solch eine Behandlung noch nie erlebt; da kam eine Rückkehr als zweitklassiger Bürger seines Heimatlandes nicht mehr in Frage. Memphis – bürgerlich Peter Chatman – siedelte 1963 offiziell nach Paris über und blieb ein Vierteljahrhundert, bis zu seinem Tode im Jahr 1988. Der Klavierspieler und Komponist, der noch bis 1937 als singender Tramp auf Güterzügen Amerika durchwandert hatte, nannte schon Ende der Sechziger einen nagelneuen Rolls-Royce sein eigen, und in Paris sagte jeder Monsieur Slim zu ihm. Im gelobten Land wäre das ein Traum geblieben.

Der Zufall – das Schicksal – wollte es, daß Klubbesitzer und Jazz/Folk/Bluesfan Giorgio Gomelsky der englische Repräsentant des American Folk Blues Festival war. Wie seine deutschen Partner Horst Lippmann und Fritz Rau kannte Gomelsky die Szene, war einer der Gründer der britischen R&B-Gemeinschaft, und durch Giorgio lernten die amerikanischen Bluesspieler ihre englischen Fans kennen: Kids, die sich *Rolling Stones* und *Yardbirds* nannten oder nennen würden, und Dixon nutzte die Gelegenheit, Bänder mit seinen Songs unter die englischen Blues-spieler zu bringen. Das fruchtete – als die *Stones* beim ersten bezahlten Auftritt auf der Bühne des Londoner Marquee Club standen, spielten sie immerhin schon »Hoochie Coochie Man«, das ihnen von der Muddy-Waters-Aufnahme bekannt war. Am 28. Januar 1963 aber, bei der ersten Aufnahmesession der *Stones*, war »I Want To Be Loved« einer der fünf Songs, die Ingenieur Glyn Johns auf Band bekam – und den hatten sie auf Giorgio Gomelskys Sofa spielen gelernt, als Willie im Sommer 1962 dort zu Besuch war. Dixon konnte nur gelegentlich am europäischen Festival teilnehmen, aber das American Folk Blues Festival wird immer mit seinem Namen verbunden sein. Er war der Allroundmusiker, den so ein Festival braucht, um anzukommen. Dixon schrieb die Songs, arrangierte und spielte sie. Dazu kam die Erfahrung, die er in einem Vierteljahrhundert gesammelt hatte. Die Kombination war ideal. Eine neue Generation Kids begann Anfang der Sechziger, sich für R&B, Rock und Blues zu interessieren. Europäer hatten erstmals nach Kriegsende wieder Geld und Muße, sich um eine exotische Kultur zu kümmern, und die Amerikaner kamen dank der deutschen Veranstalter immer wieder in eine für sie neue, unglaublich bessere Welt – ins weitgehend farbenblinde Europa.

Die Bluesspieler – Howlin' Wolf, sein Gitarrist Hubert Sumlin, Willie Dixon, Sunnyland Slim und Clifton James – bereisten sogar einige osteuropäische Länder, eine Erfahrung, die Dixon nie mehr vergaß. Im polnischen Galizien waren sie, in der DDR und in der ČSSR. Bei Amiga in Berlin nahmen sie einige Songs auf; »Blues Anytime« und »My Baby«, fuhren dann weiter in den Osten und schworen, als sie zurückkamen, daß sie in Rußland waren. Was absolut nicht stimmte. Wolf hatte sich nicht um die Warnungen gekümmert und einen Koffer voll Ostwährung über eine der Grenzen nehmen wollen – er behauptete, es sei Rußland gewesen – und mußte zusehen, wie das »funny money« auf Nimmerwiedersehen verschwand. Dixon hatte einige Phrasen auswendig gelernt, brachte zwar die Sprachen durcheinander, aber er freute sich zeitlebens über die unerwartete Freundlichkeit der Menschen hinter dem »Eisernen Vorhang«. Der einstige Kriegsdienstverweigerer fand bestätigt, daß offizielle Verteufelung nicht unbedingt der Wahrheit entspricht.

Nicht nur im Ausland lief die Karriere auf Hochtouren, auch daheim, im Chicagoer Studio und auf amerikanischen Festivalbühnen, war der Teufel los. Endlich lohnte sich die jahrzehntelange Mühe; vom Musikverlag über die Künstleragentur bis zur Studioarbeit lief alles wie geschmiert, und Willie verdiente ordentlich – was einer muß, der immerhin zwei Familien zu ernähren hat. Bei Chess produzierte er die Songs, die ihm Unsterblichkeit einbrachten: »Back Door Man«, »Little Red Rooster«, »Spoonful«, »Wang Dang Doodle« und »I Ain't Superstitious«. Howlin' Wolf und Muddy Waters stritten sich um die Dixon-Songs, und Willie bot sie angeblich immer dem an, der sie nicht haben sollte – wodurch er seine Kompositionen an genau den brachte, den er beim Schreiben im Sinn hatte. Die *Stones* kamen am 10. Juni 1964 unvermittelt ins Chess-Studio und nahmen die Singles »It's All Over Now«, »Time Is On My Side« und den Dixon-Song »Little Red Rooster« sowie die Songs für die EP »Five By Five« auf. Für Don Robeys Duke/Peacock Label nahm Agnostiker Willie jede Menge Gospel auf – und die Duke/Peacock-Scheiben leiteten eine Gospel-Renaissance ein. Lippmann und Rau nahmen eine jährliche Gospel-Tour mit ins Programm, und auch da war Willies (offene) Hand im Spiel.

Er arbeitete zwar in gehobener Position für Chess, aber die Brüder ließen ihn mehr oder weniger links liegen. Blues verkaufte sich, aber seit das Label mit Chuck Berry und Bo Diddley Rockblut geleckt hatte, waren Blueskünstler ausgesprochen zweitrangig. Erst, als die *Stones* ins Studio kamen und sich deren Dixon-Songs in unglaublicher Menge verkauften, zeigten Phil und Leonard Chess wieder echten Respekt. Logisch. Komponist Dixon war imstande, Ware zu liefern, mit der man sich dumm und dämlich verdienen konnte, und darauf kam's an. Und dann darf man nicht vergessen, daß Willie sich verpflichtet hatte, während der

Dauer seines Anstellungsvertrages seine Kompositionen über den Chess-Verlag Arc laufen zu lassen, was von den Gebrüdern Chess dahingehend verstanden wurde, daß ausschließlich ihnen der Nießbrauch aller neuen Dixon-Stücke zustand. 150 Dollar die Woche zahlten die Chess-Brüder; dafür nahmen sie, was sie bekommen konnten.

»Wang Dang Doodle« nahm Dixon mit der jungen Hausgehilfin Koko Taylor auf, und der Song wurde 1966 ein Riesen-Hit für Chess und Dixon und karrierebegründend für die heutige »Queen of the Blues«, Koko. Doch damit hatte der Blues erst mal ausgespielt. Natürlich verscherbelte Willie seine Songs an Gruppen wie *The Doors* und *The Yardbirds*, an Eric Clapton und Van Morrison, an *Canned Heat* und *Led Zeppelin*; Stevie Wonder und die *Grateful Dead* coverten seine Kompositionen, von Rod Stewart bis *Tesla* gab's Tantiemen, aber die Chess-Bluesperiode war eindeutig vorbei. Dabei spielte sicher eine Rolle, daß die amerikanischen Schwarzen durch die Bürgerrechtsbewegung zu einem neuen Selbstbewußtsein gefunden hatten und ihrer eigenen Kultur gegenüber kritischer geworden waren. Andererseits hatte der müde gewordene Chicago Blues der Intensität des auf dem Blues basierenden Gitarrenrock nichts entgegenzusetzen.

Leonard Chess merkte das frühzeitig, und im Januar 1969 verkaufte er die Firma überraschend an den Multi GRT. Er sollte die Firma weiterhin leiten, weshalb die meisten Angestellten blieben, aber im Oktober des gleichen Jahres starb Leonard Chess, 52jährig, und damit starb auch das Wir-Gefühl, das Familiäre an Chess.

Dixon verlegte sich auf die Selbständigkeit, die er seit Jahren neben seinen Labeljobs pflegte. Er kümmerte sich mehr ums Künstlermanagement, gründete eigene Labels und nahm Platten auf, spielte wieder verstärkt Konzerte und arbeitete mit seinen deutschen Freunden an den (und auf) verschiedenen Festivals. Ein neuer Manager, Scott Cameron, kümmerte sich erstmals intensiv um Willies geschäftliche Abmachungen und fand einiges im argen. Im Arc-en. Der Chess-Musikverlag Arc hatte dem Komponisten zwar in unregelmäßigen Abständen Abrechnungen erstellt und Schecks beigefügt, aber hatte noch nie seine Bücher offenlegen müssen. Cameron verlangte Auskunft, blieb dran und machte den Verlegern das Leben schwer, bis sich Arc zu einem außergerichtlichen Vergleich bereitfand. Dixon bekam etwas Geld auf die Hand, aber viel wichtiger war, daß er oder seine Erben die Rechte zu seinen Songs wiedererhielten, sobald die ersten Copyrights abgelaufen waren. Das erwies sich als Glücksfall, denn ab den späten Siebzigern waren die alten Sachen wieder stark gefragt.

Chicago Blues – ohne Willie Dixon undenkbar

Willie teilte sich das Jahr in eine Tourhälfte und eine Studiohälfte. Er brachte einige Alben heraus, spielte überall auf der Welt, nahm im eigenen Studio Blueser auf, die ihm gefielen, und brachte deren Singles auf den eigenen Yambo- und Spoonful-Labels in die Läden. Bis 1977 hielt die Hektik unvermindert an; dann mußte Dixon ins Krankenhaus, wo man feststellte, daß sich seine leichte Diabetes schlagartig verschlechtert hatte. Eine Beinamputation folgte. Der Mann, der sich immer auf seinen Körper verlassen konnte, mußte grundlegend umdenken. Die Psyche wollte den Verlust nicht verkraften. Willie mußte von vorn anfangen.

Sechs Jahre nach seiner Operation entschlossen sich Willie und Marie, endlich nach Südkalifornien zu ziehen. Die strengen Chicagoer Winter waren immer weniger zu ertragen, und Willie hatte sich um Filmarbeit gekümmert, die nun zum Tragen kam. Sein »Backstage-Access«-Album, beim Jazzfest in Montreux aufgenommen, wurde für den Grammy nominiert, er produzierte einen Song für den Film »La Bamba« und spielte auf dem »Color Of Money«-Soundtrack eine Eigenkomposition. Los Angeles war die richtige Entscheidung; Dixon konnte in einigen Werbespots auftreten, schrieb und spielte für den Film »Ginger Ale Afternoon« und erhielt einen Grammy für sein Album »Hidden Charms«. Auch aus anderer Richtung kam Anerkennung. 1985 hatte Dixon die Dinosauriergruppe *Led Zeppelin* verklagt, weil sich deren Monster-Hit »Whole Lotta Love« verdammt nach Dixons »You Need Love« anhörte, das schon 1962 aufgenommen wurde. *Led Zep* waren erst empört, dann kleinlaut, dann zahlungsbereit. 1987 kassierte Dixon eine bis heute geheimgehaltene Riesensumme von den Briten, auch wieder außergerichtlich, denn wer läßt sich schon gern durch den Medien-Kakao einer öffentlichen Verhandlung ziehen?

Willie Dixon, der seit frühester Jugend Bluesmann war, der die schwarze Kultur wie kaum ein zweiter erlebte und prägte, entschloß sich jetzt, den späten, unverhofften Reichtum gut anzulegen. Er gründete die Blues Heaven Foun-

dation, um die Geschichte des Blues aus der Sicht des Blues-
volkes darzustellen. Viele frühe Blueser hatten nie Gelegenheit, ihre Kompositionen aufzunehmen, konnten nicht
weitergeben, was sie schufen. Das wollte die Blues Heaven Foundation ändern. Künstler sollten unterstützt werden, die Kultur erhalten bleiben, ihre Geschichte bekannt-
gemacht werden. Willie steckte sein eigenes Geld in das
Projekt, schuf die Grundlage eines echten Jahrhundert-
werkes, sorgte dafür, daß der Blues als eigenes Genre, als
Aussage eines Volkes auch in seiner Heimat erhalten
blieb. Denn die Kultur einer Minorität wird gern dem
Schaffen der Mehrheit zugeschlagen, wenn man es zuläßt.
Willie Dixon war schon immer zu sehr sein eigener Mann,
um sich nicht dagegen aufzulehnen.

Willie Dixon starb am 29. Januar 1992. Marie Dixon wohnt
noch immer im letzten Haus der beiden, in Glendale bei
Los Angeles. Tochter Shirli singt, wie der Vater, den Blues.
Sie ist ständig auf Tour, aber wenn sie heimkommt, arbeitet sie an den Projekten der Blues Heaven Foundation mit.
Die vielen Varianten des Blues, vom Country über Urban
bis hin zum Rap – das Tempo mag ein anderes sein, aber
die Aussage bleibt gleich – haben in der Vielvölkerkultur
Amerikas Fuß fassen können, haben sich behauptet und
werden inzwischen weltweit als wichtiger kultureller Beitrag des schwarzen Amerikas geschätzt. Aus der belächel-
ten Musik eines verachteten Volkes erwuchs der völkerver-
bindende Rock – eine Musik, die ohne engste Zusammenarbeit der Rassen nicht entstanden wäre. Dafür wurde
Dixon 1994 in die Rock 'n' Roll Hall of Fame in Cincinatti
aufgenommen. Willie Dixon ist jetzt offiziell ein Unsterbli-
cher des Genres, das er mit aus der Taufe hob.

Illinois – Europa in Amerika

Die vielen Väter der Route 66 suchten sich ein schönes Fleckchen als Nullpunkt ihres Highways aus. Ursprünglich ging's an der Kreuzung Jackson Boulevard/Michigan Avenue los, direkt am Lake Michigan. Doch dann fand die Weltausstellung in Chicago statt, für die man einiges Gelände direkt aus dem Lake Michigan gewann, was wieder mal der Welt zeigte, wie technologisch fortgeschritten Chicago doch war. Nach Ausstellungsende wurde der Beginn des Highways auf die Ecke Jackson/Lake Shore Drive verlegt, direkt in den hübschen Grant Park. Von dort öffnet sich vor dem Betrachter das Wesen der Großstadt; man bewundert die gewaltige Architektur dieser Heimat des Hochhauses, bestaunt die breiten Alleen und freut sich über das Geschichtsbewußtsein der Grant-Park-Stammgäste, die unter Büschen und Bäumen genausoviel saufen wie der Präsident und ehemalige General, nach dem die Grünfläche benannt ist.

Adams Avenue ist die stadtauswärtsführende Einbahnstraße im engen Loop, der durch die Hochbahn abgezirkelten Innenstadt. Die Freude, endlich unterwegs zu sein, wird nur durch den Nervenkitzel einer Lawndale- und Cicero-Durchquerung getrübt. Die Chicagoer Vorstädte, durch ihren prominentesten Bürger Alphonse Capone jedem Amerikaner ein Begriff, haben den Altersverfall am eigenen Stadtkörper erlebt. Das einst gutbürgerliche Cicero, dessen Villen sowohl Gangstern wie legalen Gaunern gehörten, gleicht nun einem Schlachtfeld. Ausgebrannte Häuser, vernagelte Fenster, verdreckte Vorgärten und aufgebockte, radlose Autoleichen säumen die Ogden Avenue, die durch ein ausgebombt wirkendes, zerschossenes Lawn-dale führt.

Die ersten Kilometer der romantischen Route sind auch die erschreckendsten; nur hoffnungsfroh durch, denn schlimmer wird's nimmer. Klar, daß die Großstadt von einem Industriegürtel gesäumt ist. Da sind die General-Motors-Lokomotivwerke in einer weißbestaubten, neo-manchesterhaften Industrielandschaft, da stehen alte Werkgebäude mit winzigen blinden Fensterreihen, denen man die Qual der Insassen schon von der Straße aus ansieht. Die Stadt Chicago mißt 25 Meilen von Süden nach Norden, zehn Meilen von Osten nach Westen, aber die vielen nach amerikanischer Art zusammengewachsenen Vorstädte machen selbst die weiträumige Präriehauptstadt zu einem Stadtbrei.

Auf der langen Strecke kommt es immer wieder vor, daß der breite Interstate Highway Teilstrecken der alten Route 66 überlagert. Hier, außerhalb Chicagos, kann das sogar wünschenswert sein, denn vor Joliet führt die Straße nur durch schmuddelige Industrie und rotznäsige Nebenerwerbslandwirtschaft. Joliet ist durch die beiden Hollywooder Spaßvögel John Belushi und Dan Aykroyd zum Popbegriff geworden; das Zuchthaus der Stadt war langjährige Heimat der beiden im Film »The Blues Brothers«. Ellwood Blues und »Joliet« Jake Blues hießen sie in der Komödie, waren Bluesmusiker, wie sie sich der kleine Moritz vorstellt, und wurden doch – unerwartet, aber freudig – zu echten Popstars, denn ihre Bluesalben verkauften sich wie warme Semmeln und läuteten sogar eine Blues-Minirenaissance ein. Joliet besitzt ein Zuchthaus nach amerikanischem Gusto: dunkel, klamm, mit allmächtigen Wärtern und hoffnungslosen Knackis. Rehabilitation ist so ein liberal-europäisches Konzept; völlig verweichlicht, wer daran glaubt. Hier wird Rache genommen, Abschreckung ist der Zweck der Einlochung. Nur die beiden Movie-Blueser sind »on a mission from God«, ihre angebliche Heimat ganz sicher nicht.

Wer allerdings auf geistlichen Beistand für die lange

Reise Wert legt, der täte gut daran, vor Fahrtantritt einen Abstecher nach Wheaton zu machen. Dort, 30 Meilen westlich Chicagos, ist nämlich das Wheaton College, dessen Mittelstück das Billy Graham Center sein dürfte. Amerikas bekanntester elektronischer Seelenschmied studierte dort bis 1943 und verlegte sich anschließend aufs Massenkonvertieren. 6 000 Seelen rettete der feurige Prediger bei einem »Bet-In« seines Arbeitgebers Youth For Christ; das beeindruckte den Zeitungsmonopolisten William Randolph Hearst derart, daß er seinen Redaktionen Anweisung gab, jeden Auftritt Grahams wohlwollend zu besprechen. Der Gottesmann bedankte sich, indem er den Kommunismus aufs Korn nahm. Jahrzehntelang machte der glattzüngige Asket – nie ein Skandal, nicht einmal Skandälchen – aus falschgläubigen Protestanten, Juden und Katholiken rechtgläubige »Born-Again-Christians« und aus sozialistisch angehauchten amerikanischen Arbeitern stramme Antikommunisten. Dem Beichtvater der Mächtigen und Freund vieler Präsidenten setzte die Alma Mater ein Denkmal, das sowohl den gottgefälligen Graham schon zu Lebzeiten in den Himmel hebt als auch dem College Ablaßtaler aus bislang unbekannten Portemonnaies einbringt. Und so ist – nach hiesiger Art – jeder happy.

Frisch gestärkt geht's weiter. Hinter Joliet atmet der Staat Illinois erst mal tief durch. Von hier an geht's etwas ruhiger zu. Der Großstadteinfluß verliert sich, die Straßen werden leerer, die Menschen freundlicher, selbst der Himmel strahlt blauer. Felder, Silos, Höfe sind die prägenden Erlebnisse in einer ebenen Landschaft. Das Unterhaltungsangebot im Autoradio ist bezeichnend; die vielen spanischen Sender sind ein sicherer Hinweis auf ernsthaft betriebene Landwirtschaft. Wie ihre kalifornischen Kollegen verlassen sich die Großbauern im Mittleren Westen auf mexikanische Einwanderer, die – wenn sie sich legal im Land aufhalten – für den staatlich festgelegten Mindeststundenlohn arbeiten. Illegale sind natürlich noch besser fürs Geschäft, denn mit denen kann man den Lohn aushandeln, braucht sich nicht um das Verbot der Kinderarbeit kümmern, Illegale darf man ruhig jederzeit und überall unter gesetzeswidrigen Bedingungen schuften lassen. Der Illegale geht nicht zur Polizei, wehrt sich aus Angst vor der Abschiebung nicht. Natürlich verstößt die Beschäftigung illegaler Einwanderer gegen einige Gesetze, aber der Verstoß wird derart gering geahndet, daß sich der rechtlose Arbeiter unterm Strich allemal lohnt. Täglich kommen 1000 Mexikaner über die sandige Südgrenze, und wenn sie Fuß gefaßt haben, wird die Familie nachgeholt. Sie sind fleißig, die Neuen, aber sie kommen selten über das Mindestlohnniveau hinaus. Die Armut ist eingebaut, die Ausbeutung wird in Kauf genommen. Lieber in den USA am Rande des Existenzminimums leben als in Mexiko verhungern, scheint die Devise zu sein. Der Strom der Illegalen reißt nicht ab, solange sich Arbeit findet.

Der alte Highway windet sich durch dieses mitteleuropäisch wirkende Illinois. Viele Deutsche ließen sich hier nieder, viele Iren kauften sich hier ein Stückchen Land. Vor 150 Jahren waren weite Teile Illinois' noch Wildnis, aber die Europäer rückten ihr derart zu Leibe, daß der Staat innerhalb weniger Jahre zur Kornkammer des rapide expandierenden Landes wurde. Ortsnamen wie Altona und Bremen, Hanover, Lenzburg und Schaumburg, New Baden, New Berlin und New Minden erinnern an das Heimweh der deutschen Siedler, und die Iren zeigten mit ihren Ortsbezeichnungen Kennedy, Shamrock und Shannon, daß sie ebenso wie die »fucking Germans« an der alten Heimat hingen.

Kleinstädte und Dörfer wirken ordentlich, die Landschaft macht einen aufgeräumten Eindruck. Das unterscheidet diesen Staat vom Westen; dort, wo das Land weniger ergiebig ist, wo kein Baum wächst, soweit man blicken kann, wo die Prärie allmählich zur Wüste wird, dort findet man die großen Ranches. Hier gibt's Bauernhöfe wie in Europa: klein, übersichtlich, wohlgeordnet, jeder Quadratmeter bearbeitet, tragend. Der Rancher hingegen treibt sein Vieh auf die Weide und sieht es wochenlang nicht. Der Westen ist großzügiger in allem. Er ist weniger kultiviert, in jedem Sinne des Wortes, er ist gelassener, nimmt eher hin, was nicht zu ändern ist. Die Landschaft prägt die Mentalität ihrer Bewohner.

Bei Wilmington beginnt eine der liebenswertesten Route-66-Traditionen: der Kitsch. Hier ist es der Rocket Man, ein riesiger Betonkerl mit Raumfahrerhelm und aufgekrempelten Sporthemdärmeln, der eine Rakete in den Armen wiegt; er wirbt für das Launching Pad Café, das Startrampencafé – obwohl die nächste Startrampe im 1000 Meilen entfernten Florida steht und die braune Brühe, die serviert wird, nur entfernt an Kaffee erinnert. Die Geschmacklosigkeit – Kitsch auf amerikanisch – begleitet den Highway über Berge und durch Wüsten, von Chicago bis an den Pazifik, und es ist oft lokalhistorisch bedeutsames Geschmackloses. Viele, die entlang der Route wohnten, wollten Geschäfte machen, vom Tourismus leben. Da nur eine begrenzte Anzahl Dollar den Highway hinunterfährt, wurde die Konkurrenz der Anbieter gewaltig. Man mußte sich von der Meute abheben, um jeden Preis auffallen. Es wurden also immer verrücktere Ideen in die Tat umgesetzt, immer gewagtere Farbkombinationen wiesen auf Waren und Dienstleistungen hin, Gebäude nahmen den Charakter der in ihnen hergestellten und vertriebenen Ware an – würstchenförmige Würstchenbuden, Indianerschmuck im Betontipi; daß die zweistöckige schwarzweiße Kuh eine Molkerei beherbergte, war logisch – und ganz Clevere fingen schon weit vor ihrem Standort mit der Werbung an. »Burma-Shave« hat's vorgemacht, und an denen orientierte sich jeder Krämer entlang der Route 66. »Burma-Shave« war eine der ersten Rasiercremes. Das Zeug schäumte nicht etwa, wie die heutigen Produkte, sondern es war eine einfache, etwas eklige Creme, die in die kahlzuschlagende untere Gesichtshälfte eingerieben wurde. Es galt, die Schmiere unters Volk zu bringen, und da hatte der Verkaufsleiter eine zündende Idee. Er fuhr gern Auto, sonntags, mit Familie, der Mr. Allen Odell, Sohn des Burma-Shave-Erfinders Clifford Odell. Mit 200 vom Vater geborgten Dollar setzte er seine Idee in die Tat um, und die bestand darin, kleine,

Kleinstädte in Illinois sind ordentlich hergerichtet. Nur am Halloween-Tag wird's gespenstisch (Foto unten).

rechteckige Holzschilder am Straßenrand aufzustellen, jeweils um einige hundert Meter versetzt. Nur einen Meter hoch, war auf jedem von ihnen ein cleveres Kurzgedicht zum Thema Rasur zu lesen. So etwa:

My man won't shave
said Hazel Hus,
But I don't worry;
Dora's does.
Burma-Shave

Die Idee zündete derart, daß bald 7 000 Burma-Shave-Gedichtschildchensätze amerikanische Highways zierten. 1925 hatte Mr. Odell seinen blendenden Einfall, und da gab's ja nur wenige Meilen Highway. Ganze Familien starrten gebannt auf den Straßenrand und wetteiferten, wer als erster im Auto die Schilder sah; der Entdecker durfte nämlich im Vorbeifahren den Vers jubelnd vorbrüllen. Seit Moses' 40jährigem Irrgang durch die Sinai – wo, so wird überliefert, täglich tausende Kinder nörgelnd wissen wollten, ob »wir bald da sind« – bekämpften Burma-Shave-Gedichte erstmals die Reisemonotonie durch gezielte, immer wieder übertroffene Erwartung – und wie nebenher wurden ungeheure Mengen Rasiercreme umgesetzt. Der Werbe-Gag zog 38 Jahre lang; nicht schlecht für eine einfache, aber unglaublich clevere Idee.

If Harmony
is what you crave
then get a Tuba
Burma-Shave

Bei der Ortschaft Odell steht auch so eine Werbe-Ruine – eine Scheune, deren Breitseite einst auf die Meramec-Tropfsteinhöhle hinwies. Allerdings ist die Schrift schon arg verblaßt. Der Meramec-Schildermaler, dessen Job ihn durch zehn Staaten führte, hat die Scheune entweder vergessen oder die Route, die hier parallel zum Interstate verläuft, taugt zur Umsatzförderung nicht mehr. Meramec ist nur eine der auffälligsten »road side attractions«; entlang der Route 66 stehen hunderte solcher frühen Disneyländer, die man in fernsehloser, unschuldiger Vorzeit aufsuchte. Von der Höhle bis zur Büffelranch reichen sie, vom Cadillac-Stonehenge bis zum Striptease-Museum. Logisch, daß wir über die poppigsten herfallen. Soviel Zeit wird ja wohl noch sein.

Hinter Shirley, gleich außerhalb Bloomingtons, gründete die deutschstämmige Familie Funk 1825 den Weiler Funks Grove. Der Forst ist ein letzter Außenposten der endlosen Wälder des Ostens, in der Prärie Illinois' ein weithin sichtbares Wahrzeichen, von acht Funk-Generationen auch entsprechend gewürdigt. Gewaltige Walnußbäume wachsen hier, Ulmen, Sykamoren, Eichen und bunte Ahornbäume. Der beste Ahornsirup wird von den Funks vermarktet; die Anpflanzung liefert seit eineinhalb Jahrhunderten den süßen Saft, der den meisten Europäern noch immer ein Greuel ist – besonders über Pfannkuchen und dampfende Schweinswürstchen, frisch aus der Pfanne. Doch wer ihn mag, der bekommt hier Spitzenware.

McLean hat seine Raststätte, den Dixie Truck Stop, und der war nur einmal in seiner 70jährigen Geschichte geschlossen. Das war 1965, als die Bude abbrannte. Einen Tag später stand das Provisorium, Lastwagen und Rubel rollten wieder. Ein schickes Route-66-Museum haben die Dixie-Besitzer in ihrem Laden eingerichtet, und so etwas zieht ja zur Zeit wieder. Etwas weiter steht Springfield, Hauptstadt des Staates Illinois – Beweis dafür, daß es schon Regierungsdörfer gab, ehe Bonn erfunden wurde. Die 100 000 Einwohner sind kollektiv der Meinung, daß der Politiker, der als »Honest Abe« ins Weiße Haus kam, Gottes Geschenk an die Menschheit war. Ganz Springfield ist eine Abraham-Lincoln-Erinnerungsstätte – vom Wohnhaus des ziegenbärtigen Winkeladvokaten und seiner alten Kanzlei über die Kirchenbank, die der »Ehrliche Abraham« sonntags einnahm, bis hin zum Bahnhof, den er zur Fahrt nach Washington benutzte, ist alles da. Die Bank-One-Niederlassung an der Ecke 6th und Washington Street zeigt des Ehrlichen Sparbuch, und das A.-Lincoln-Motel wirbt mit einem hübsch bunten Neonkonterfei des 16. Präsidenten. Klar, daß auch das Lincoln-Grab nicht fehlt; auf dem Oak-Ridge-Friedhof liegt er, zwei Meilen nördlich von Springfield.

Litchfield ist wegen seines Ariston Cafés bei Route-66-Hardlinern beliebt, Edwardsville aufgrund seiner Nähe zur Chain-of-Rocks-Brücke. Die hat zwar schon längst ausgedient, und man muß parken und klettern, um zu ihr zu gelangen, aber seit diese einzige Mississippibrücke mit einem gewaltigen Knick in der Mitte im Kurt-Russell-Thriller »Escape from New York« vorkam, hat man sich ihrer wieder erinnert und macht nun unablässig Fotos der nutzlos gewordenen Struktur. Die Chain of Rocks Bridge wurde zwar erst 1927 gebaut, aber sowas gilt ja im jungen Amerika als historisch. Und der Knick? Der kam daher, daß der Staat Missouri seine Hälfte der Brücke auf dem vorgesehenen Verlauf des Highways baute, und als der Staat Illinois seine Hälfte begann, konnten die Ingenieure keinen festen Untergrund finden. Daher mußten Highway und Brücke 200 Meter weiter nördlich verlegt werden, was dazu führte, daß beide Brückenhälften mitten im Fluß in scharfem Winkel aufeinandertrafen. Jahrzehntelang führte es zu Verkehrsstaus, wenn Lastwagen den Knick nicht schafften. Sie mußten rangieren, und zu beiden Seiten des Flusses stand der Verkehr. Zum Glück ist dieses Hindernis nun gesperrt, und es dient heute hauptsächlich zur Erinnerung an die Dummheit seiner Erbauer.

Der Reisende hatte einige Möglichkeiten, auf der Route 66 nach und durch St. Louis zu kommen. Es gab die alte Chain of Rocks-66 und die später hinzugekommene City 66. Wir kreuzen über den Interstate 55 von Illinois nach Missouri, auf der McArthur Bridge. Aber erst geht's durch East St. Louis; und da raten die einschlägigen Reiseführer gute Reifen, geschlossene Fenster und genügend Benzin im Tank an. Womit wir mitten im amerikanischen Rassenproblem gelandet sind.

Zweimal St. Louis

Der Mississippi trennt Schwarze und Weiße,
Niedergang und Wohlstand

Es sind nur wenige hundert Meter über den Mississippi,
von East St. Louis im Staat Illinois nach St. Louis, Missouri, aber es ist eine Weltreise im Wasserglas. Wer schon
mal aus dem mexikanischen Tijuana kommend die zehn
Kilometer nördlich liegende amerikanische Großstadt San
Diego besucht hat, der kennt den unglaublichen Unterschied zwischen Dritter und Erster Welt. Wer in St. Louis
über den Fluß fährt, beginnt, das uralte amerikanische
Rassenproblem zu verstehen. Die östliche Hälfte der Doppelstadt ist schwarz; 98 Prozent ihrer Bewohner sind Afro-
Amerikaner. East St.Louis ist die schwärzeste Stadt Amerikas. Der westliche Teil ist so weiß wie vergleichbar große
amerikanische Städte, und seit Jahren schwelen Angst
und Haß auf beiden Seiten des breiten Flusses. Der uralte
White-Power-Verein Ku-Klux-Klan hat seit Jahrzehnten
ausgespielt, die Feiglinge im Bettlaken taugen nur noch
als Witzvorlage für Film und Fernsehen, aber eine klan-
hafte Angst vor Andersfarbigen breitet sich in amerikanischen Großstädten immer weiter aus. Wer sich's leisten
kann, zieht in eine der gesicherten, umzäunten Wohnvier-
tel, wo der Privatpolizist patrouilliert und der Eingang zum
Viertel rund um die Uhr bewacht ist. Allerdings findet man
wenige Schwarze, die sich in Sicherheit bringen können;
die überwiegende Mehrzahl kann sich nicht vom Ghetto
freikaufen. Sie sind die Opfer der Gang-Fehden, an ihnen
tobt sich der Kampf um Drogenmärkte aus, »black-on-black
crime« ist zur Regel geworden – Schwarze gegen Schwarze.
Investoren meiden den gefährlichen Standort, Fabriken
schließen, die Arbeitslosigkeit wird vom vorübergehenden
Lebensabschnitt zum Permanentzustand. Das Steuerauf-

kommen leidet, wo wenig verdient wird. Amerikanische Städte leben nun einmal von lokalen Steuereinnahmen, von Einkommens-, Grundstücks- und Umsatzsteuer, doch der wirtschaftliche Rückgang führt zur Verödung der örtlichen Einkaufszentren, zur Flucht aus der atrophierenden Stadt. Grundbesitz verliert seinen Wert, und wenn die Hypothekenbelastung den Verkehrswert eines Gebäudes überholt, läßt es der Schuldner oft im Stich. Das empfehlen sogar Ratgeberkolumnen. Man ist pragmatisch, denn die wirtschaftliche Erholung einer solchen Gegend wird zwar oft beschworen, bleibt jedoch in den meisten Fällen ein frommer Wunsch lokaler Politiker.

East St. Louis hatte einen Bürgermeister, Carl Officer, der seine Stadt »Soweto West« nannte. Der junge Schwarze, der aufgrund einer Wette für das Amt kandidierte und mit einer überraschend hohen Mehrheit gewählt wurde, tat sein möglichstes, um die Stadt wieder auf die Beine zu bringen, aber sein Kampf mußte zwangsläufig in einer Donquichotterie enden. Bis 1965 durchquerte Highway 66 die Stadt, und viele ihrer Einwohner lebten direkt oder aus zweiter Hand von der Verkehrsader. Doch dann wurde die neue Umgehungsstraße gebaut, und die Innenstadt East St.Louis' verfiel. Gleichzeitig verteuerten sich Lohn- und Standortkosten gegenüber dem ländlichen Süden, also folgten einige große Gießereien den Billiglöhnen. Ohne die Steuermillionen der Großbetriebe versuchte sich die Verwaltung der bis dahin blühenden Stadt mit einer gewaltigen Erhöhung der Grundstückssteuer über Wasser zu halten, doch das weiße Hausbesitzerdrittel der Stadt ahnte, was kommen würde. »White Flight« nennt sich das amerikanische Phänomen, die Flucht der Weißen aus einem vom Zuzug Schwarzer »bedrohten« Stadtteil. Die schmucken Einfamilienhäuser, von jeher oft die einzig nennenswerte Altersversorgung arbeitender Amerikaner, trugen plötzlich alle ein »For-Sale«-Schild. Innerhalb der nächsten fünf Jahre waren sie weg, die Musterbürger; across the river, im damals rein weißen St. Louis. Sie ließen eine um die Hälfte verkleinerte Stadt zurück, deren Einkünfte um drei Viertel geschrumpft waren. Es wurde so schlimm, daß

Bürgermeister Officer passen mußte, als der letzte Streifenwagen den Geist aufgab. Die Gebetsgruppe einer örtlichen Kirche hielt Benefizveranstaltungen ab, bis das Geld für zwei neue Polizeiwagen zusammengebettelt war. Leerstehende Häuser, ausgebrannte Hausruinen, vernachlässigte Straßen, Schulgebäude, denen Fenster und Türen fehlen, Beamte, die monatelang auf ihr Gehalt warten: Soweto West. Die Stadt hat außerdem ein wachsendes Kriminalitätsproblem. Wo keine Arbeit ist, muß trotzdem überlebt werden. Das hat nichts mit Hautfarbe zu tun, sondern mit Hunger.

Doch das St. Louis überm Fluß, die Großstadt in Missouri, das Ziel etlicher deutscher Auswanderer des 19. Jahrhunderts, das hat inzwischen einen pfiffigen schwarzen Bürgermeister, die Wohngebiete der bayerischen und hessischen Einwanderer sind fest in afro-amerikanischer Hand – wobei es auf den Besucher ungewohnt wirkt, schwarze Kinder in den Vorgärten typisch süddeutscher Fachwerkhäuschen spielen zu sehen –, und das Rassengemisch scheint ihr gut zu tun. St. Louis ist eine hochmoderne Stadt am Fluß mit einer attraktiven Innenstadt, mit einem gesunden Gemisch aus High-Tech-Industrie wie Boeing-McDonnell-Douglas und dem von Eberhard Anheuser gegründeten Brauerei-Imperium. Eberhard kaufte 1860 die von Georg Schneider gegründete Bavarian Brewery, dem Ausstoß nach die Nummer 29 von damals 40 Brauereien in der noch bukolischen Kleinstadt. Der 22jährige Adolphus Busch schnappte sich sofort die Anheuser-Tochter Lilly, trat als Mitinhaber in die mittlerweile in Anheuser-Busch umbenannte Bierfabrik ein und belieferte fortan sowohl die einheimischen Trinker wie auch tausende Pioniere, die von St. Louis aus ein besseres Leben im damals noch unerschlossenen Westen suchten. Viele Generationen später bestimmen immer noch Busch-Nachfahren die Geschicke der nunmehr größten Brauerei Amerikas; ihre Biere, vom sattsam bekannten Budweiser bis zum neuesten Produkt, dem »Ziegenbock« (in seiner texanischen Heimat »Seigenbaack« gesprochen), haben die Welt erobert, ihre Vergnügungs- und Tierparks saugen auch den Kleinsten die Kohle aus der Hosentasche, die firmeneigenen Stadien – mit dazugehörigen Sportvereinen – sind der ideale Aufenthaltsort dünnbiertrinkender Amerikaner. Die Nachfolger der deutschen Herren Anheuser und Busch haben sich sehr amerikanische Businesstentakel wachsen lassen.

St. Louis zelebriert seine geografische Lage schon seit über hundert Jahren. Damals war es das Tor zum Westen. Bis zum Mississippi schaffte es der Wanderlustige aus den Staaten des Ostens immer. Straßen gab's, die Flußdampfer, und St. Louis war der westlichste Eisenbahnknotenpunkt. Denn westlich des gewaltigen Mississippi gab's nur Bisons, Indianer und ungeheure Weite, Wüste, Halbwüste, gewaltige schneebedeckte Bergketten und ein goldenes Nirvana namens Oregon. Also ließen sich Hoffnungslose, Verarmte, Verzweifelte und Abenteurer in St. Louis mit Conestoga-Wagen ausrüsten, sogenannten »Prärie-Schonern«, mit Ochsengespannen, Mauleseln, Zugpferden, warteten oft monatelang, bis sich ein Konvoi gebildet hatte, und wagten endlich im Pulk die Durchquerung des unwirtlichen Westens. An die mutigen Pioniere, an ihren Drang nach Westen, an die Funktion der Stadt bei der Erschließung des halben Kontinents soll der Gateway Arch erinnern. Seit 1965 steht der von Eero Saarinen entworfene Edelstahl-Torbogen 630 Fuß hoch, 192 Meter, ein in der Prärie weithin sichtbares Monument des Eroberungsdranges. Kids halten den Bogen für eine überlebensgroße Hälfte der McDonald's-Arches, und die cleveren Burgerbräter haben – Zufall oder Absicht? – im Schatten des Denkmals einen Hamburger-Raddampfer geparkt. Am veritablen Mississippi-Ufer vertäut, hellerleuchtet, in den Firmenfarben mit Firmenlogo lackiert liegt er da, ein Mississippi-Raddampfer, die MS McDonald's. Gewaltig. Man bekommt auf ihm die gleichen Pommes wie in Glogau, den gleichen Ketchup, der in Moskau serviert wird, den gleichen Apple Pie, den Hannoveraner futtern. Nur teurer. Ein Nobel-Mac.

Ein erfreulicher McDonald's: Hamburger-Raddampfer in St. Louis

Larry Orick: seit 30 Jahren Binnenschiffer auf dem Mississippi

Einen halben Kilometer stromab ist der Heimathafen Larry und Charlene Oricks. Die beiden sind Binnenschiffer; seit 30 Jahren befährt das Ehepaar die amerikanischen Flüsse, am allerliebsten den Mississippi. Es ist Romantik, die beide zur Schiffahrt trieb. Die Realität ist, daß die Oricks ihren Job so sehr lieben, daß sie vorhaben, ihren Ruhestand auf dem eigenen Segler zu verbringen. In zwei Jahren ist es soweit; dann wird das Hausboot, in dem sie jetzt leben, wenn sie im Hafen von St. Louis sind, nach New Orleans geschleppt und verkauft. Ein neues segelndes Heim wurde schon entworfen, eines, mit dem sie die amerikanischen Küsten befahren wollen. Larry und Charlene streiten sich nicht; trotz der Enge auf Riverboats kommen sie seit einem Menschenleben miteinander aus. Nur die Segelroute gibt Anlaß zu Zoff: Larry will von der Golfküste aus nach Panama segeln und durch den Kanal nach Kalifornien, während Charlene ums selbstmörderische südamerikanische Kap Horn schippern will.

Kapitän Larry beklagt den Niedergang der Flußschiffahrt. Ronald Reagan sei daran schuld, meint er, weil der Präsident das Transportgewerbe de-reguliert habe. Wie die Bankindustrie und die Fluglinien wurde der Güterverkehr von der Leine gelassen. Das republikanische Laisserfaire stürzte die Branchen ins Chaos. Sparkassen, die nun schalten und walten konnten wie sie wollten, unterlagen keiner Aufsicht mehr – mit der Folge, daß sich jeder Großbetrüger Amerikas eine kaufte. Die Luftlinien trugen fortan ihre Konkurrenz nur noch über den Preis aus, was auf Kosten der Sicherheit geschah, und der Gütertransport trieb's ganz auf die Spitze. Amerikanische Trucker, die sich ja als die einzig echten Cowboynachfahren betrachten, warfen Methamphetamine ein, um tagelang durchzufahren; die achtstündige Schichtbeschränkung war der Reaganschen Freihandelswut zum Opfer gefallen. Was beim Landtransport die Preise senkte, durfte auf den Flüssen nicht geschehen. Über deren Sicherheit wacht der Küstenschutz, und der ist Teil des Militärs. Die Gütermenge auf amerikanischen Gewässern ging schlagartig zurück, und obwohl die rauhen Reagan-Methoden auf der Straße inzwischen auch der Vergangenheit angehören, hat sich der Binnenschiffsverkehr nie erholt. Der Hafen der Stadt St. Louis ist seit vielen Jahren nur noch ein Schatten seiner selbst. Man findet ihn kaum. Larry und Charlene hatten Glück; sie haben die Romantik eines vollbeladenen Schleppzuges, des dichten Schiffsverkehrs, eines nebelverhangenen Sommermorgens auf dem Mississippi, der »Mother of all Rivers«, noch hautnah miterlebt.

Das Oricksche Hausboot liegt zwischen zwei historischen Brücken: der Eads Bridge und der Martin Luther King Jr. Memorial Bridge. Eads war die erste Eisenbahnbrücke, die bei St. Louis über den Mississippi führte, und seit ihrer Einweihung im Jahr 1874 gilt die Stadt als Verkehrsknotenpunkt. Die King-Brücke hieß bei ihrer Erstellung 1950 noch Veterans Bridge, und wenige Jahre später befuhr sie der junge, aufstrebende Bandchef Ike Turner in seinem immer strahlenden, immer neuen Cadillac jeden Tag mindestens einmal. *Ike Turner and the Kings of Rhythm* war nämlich die heißeste Combo zweier Staaten. In Illinois waren die *Kings* die Kings, und im östlichen Missouri begriff eine vergnügungssüchtige weiße Halbweltklientel, daß Ikes Mannen was ganz Spezielles waren. Also brauste Ike immer hin und her.

Das Ende der »Ike and Tina Turner Revue«

Tina tourt durch die Welt, Ike durch die Blueskneipen

Ike stammte aus einem netten Predigerhaushalt. Auf dem Land, in Clarksdale, Mississippi, wurde Nesthäkchen Izear Luster Turner am 5. November 1931 geboren. Schwester Lee Ethel war zehn Jahre älter als Izear, den Mutter Beatrice zeitlebens Sonny nannte. Papa predigte; Baptistenpreacher war er, der gutaussehende Reverend Turner, und trotz seines restriktiven Glaubens wandelte der Gottesmann des öfteren auf Freiersfüßen. Einmal zu oft; denn als Bird-Doggin' mitbekam, wer seine Freundin immer so prima bei Stimmung hielt, marschierten er und einige Freunde schnurstracks ins Turnersche Pfarrhaus in der Washington Street und griffen sich den Preacher. Als sie ihn einige Zeit später wieder in seinen Vorgarten warfen, schwebte Turner in Lebensgefahr. Machen konnte man da nichts; Bird-Doggin' und seine Freunde waren zwar stadtbekannte Schläger, aber weiße Schläger. Dagegen war ein Neger machtlos. Die Familie schleppte den Reverend ins Krankenhaus, aber da wurden keine Schwarzen behandelt. Also stellten Mutter und Tochter Turner ein Zweimannzelt in den Vorgarten und behandelten den Vater, bis er zwei Jahre später starb.

Mutter Beatrice Turner brachte die Familie durch, indem sie für die Weißen nähte, und Ike ging zur Schule. Manchmal. Wenn er nicht gerade Gitarre spielen lernte oder ein paar Pennies verdiente, indem er einen Blinden führte. Seine Lehrerin gab ihm Klavierunterricht nach der Schule, aber der achtjährige Knabe schaute lieber den einheimischen Bluesspielern auf die Finger, und wenn seine Mutter musikalischen Fortschritt hören wollte, spielte Junior Ike Boogie-Woogie-Riffs, die er dem berüchtigten Willie »Pinetop« Perkins abgeguckt hatte. Das klappte prima, denn Pinetop spielte in der Kaschemme, in der Pfarrersohn Ike sich mit seinen acht Jahren als Billardzocker verdingte.

Zum Glück gewann die Musik, sonst würden wir jetzt über den Billardprofi Ike Turner lesen. Der Knabe hatte sich während seiner allzu kurzen Kindheit beim örtlichen Radiosender beliebt gemacht und durfte gelegentlich sogar Platten auflegen und kommentieren. 13 war er, als er in einer der vielen Kneipen, der Fourth Street Bar, Hauspianist wurde, und wenig später wurde ihm der Klavierstuhl bei *Dr. Mason's Tophatters* angeboten. Ike war nun Profi. Zwar ohne Schulabschluß, sogar ohne besonders viel Grundausbildung, doch dafür war er ein gewaltiger Klavierspieler, ein blutjunger, gutaussehender Piano Man, und die sind immer gefragt. 17jährig warb Ike die halbe Band ab und nannte sie in *Kings of Rhythm* um. Der ebenfalls aus Clarksdale stammende John Lee Hooker nahm im selben Jahr seine Eigenkomposition »Boogie Chillun« auf; einige Experten halten das Lied von 1948 für den ersten Rocksong. John Lee hatte die Heimatstadt schon längst verlassen, und Ike wollte es ihm so schnell wie möglich nachmachen.

Seine Chance kam 1951. Die *Kings of Rhythm* traten im nahen Greenville auf, und nach dem Konzert hielten sie im Dorf Chambers, weil sie B. B. King im Harlem Inn sehen wollten. Der Blues Boy, auch aus Clarksdale – das Kaff gilt inzwischen als Mittelpunkt der Delta-Blues-Welt – war schon einige Jahre zuvor nach Memphis gezogen, wurde dort Rundfunkmoderator, hatte eine Band zusammengestellt und tingelte durch die Umgebung. Während der Pause durften Ike und die *Kings* auf die Bühne, und sie legten einen derartigen Mordsblues von Amos Milburn hin, daß der beeindruckte B. B. dem Ike gleich ans Herz legte, nach Memphis zu kommen und sich bei Mr. Sam Phillips, Besitzer der Sun Studios und Plattenproduzent B. B. Kings, zu melden und einen Song aufzunehmen. Das mußte man dem Izear Luster nicht zweimal sagen. Die Jungs packten ihre Instrumente in Saxophonspieler Ray

Hills alten Buick, die Verstärker kamen aufs Dach, und dann rasten die Boys durch den Märzregen nach Memphis.

Zu jeder guten Tellerwäschergeschichte gehören ja die fast unüberwindlichen Schwierigkeiten, denen der Held während seines Aufstiegs zum Millionär trotzt. Unser Held kam also in Memphis an, stellte sich vor, baute auf, spielte und sang einen Blues-Standard. Mister Sam war nicht überwältigt. Im Gegenteil. Er fand Ikes Stimme zum Kotzen und weigerte sich, ihn aufzunehmen. Aber daß der Schwarze Klavier spielen konnte, das hörte der clevere Producer, also forderte er Ike auf, einen seiner eigenen Songs zu spielen. Nun hatte Ike nichts Selbstgeschriebenes, aber Bandleader Jimmy Liggins hatte gerade einen Hit mit »Cadillac Boogie«, und den Boogie nahm sich Turner zum Vorbild. Jackie Brenston, einer der drei Saxophonspieler der *Rhythm Kings*, hatte eine ganz gute Stimme, also improvisierte Ike eine Melodie, während Jackie aus dem Stehgreif textete. »Rocket 88« nannten sie den Song, weil Autofan Jackie Brenston über einen Oldsmobile, Modell Rocket 88, gesungen hatte, und Sam Phillips war begeistert. Die Scheibe wollte er einem der großen Labels andrehen; vorerst bekam jeder der Jungs erst mal einen nagelneuen Zwanzigdollarschein in die Hand gedrückt. Man regelte die Formalitäten. Ike, der gerade wieder mal von unangenehmen Typen gesucht wurde, die ihn überreden wollten, seine Schulden zu zahlen, Ike fand es besser, daß nicht er, sondern sein Saxophonist als Komponist genannt wurde. So behielt man die zu erwartenden Tantiemen, anstatt sie womöglich noch an einen abtreten zu müssen, bei dem man wegen eines blöden Pokerspiels in der Kreide stand. Also nannte man auch gleich die Gruppe *Jackie Brenston with the Delta Cats*. Das lasen und hörten die Boys dann überall, als »Rocket 88« im Juni 1951 zum Top Race Hit* wurde. Sam Phillips hatte die Aufnahme an Chess in Chicago verscheuert, und die verkauften die Single eine halbe Million mal. Ike und seine Band sahen nach ihrem Zwanziger keinen Roten mehr. Nur Jackie hatte

* Auch die Charts waren nach Rassen getrennt – die Pop Charts für die weißen Musiker, die Race Charts für die schwarzen.

Glück. Der verscherbelte nämlich »seine« Rechte an dem Song für knapp unter 1000 Dollar an Studiobesitzer Sam Phillips, und der trompetete fürderhin, »Rocket 88« sei der Beginn des Rock 'n' Roll. Vielleicht hat er recht; immerhin fand er Elvis Presley (oder Elvis ihn) und das zeigt, daß Sam Ahnung hatte. Wie Little Richard auch; dem imponierte das Rocket-88-Riff des Fuzztone-Gitarristen Willie Kizart, das ständig wiederholte Motiv derart, daß er's fünf Jahre später als Klavier-Intro seines »Good Golly, Miss Molly« klaute.

Jackie Brenston folgte dem Wink des Schicksals und haute sofort ab. Einige der Bandmitglieder nahm er mit – logisch, daß sich die Boys jetzt *Delta Cats* nannten, so, wie's auf der Chess-Single nachzulesen war –, blies und sang zwei Jahre lang hauptsächlich »Rocket 88«, bis er feststellte, daß mit dem allmählichen Abflauen des Chartrenners auch seine Karriere zu Ende war.

Supermusikus Ike hatte inzwischen keine Band mehr. Er spielte solo, so oft er konnte, verdiente hier etwas und dort etwas, und manchmal fuhr der abgebrannte Kerl auf seinem Fahrrad nach Memphis – 110 Kilometer von Clarksdale – nur um in den Studios nach Arbeit zu fragen und bei der Gelegenheit vorzuspielen. Bei einem seiner Besuche traf er auf B. B. King – schon wieder –, der gerade einige Songs aufnahm, und B. B. ließ ihn in der Aufnahmepause wieder ans Klavier; genau wie damals in Chambers, im Harlem Inn. Ike verblüffte erneut. King hatte Chess verlassen und war zu Modern/RPM übergewechselt, und sein neuer Boß Joe Bihari war aus Los Angeles eingeflogen, um die Session zu leiten. Der hörte Ike, raste sofort ins Aufnahmestudio und brüllte, daß er so einen Sound schon lange suchte. Turner war gebauchpinselt, und als Bihari fragte, ob's in und um Clarksdale noch mehr solcher Talente gäbe, prahlte Ike, daß er jede Menge talentierter schwarzer Musiker aus der Gegend persönlich kenne. Bihari strahlte. Ein Mann nach seinem Geschmack. Der dicke Weiße umarmte den dürren Schwarzen und wußte, daß goldene Zeiten anbrachen.

Turner und sein neuer Freund Joe fuhren am Tag darauf ins Delta hinunter. Ikes Fahrrad aufs Dach geschnallt, das Tonbandgerät auf dem Rücksitz, so suchten sie jungfräuliche Musiker. Und wie sie fündig wurden! Ike hatte nicht übertrieben, er kannte sie alle. Howlin' Wolf fanden sie bei der Feldarbeit und nahmen ihn auf, Bobby Bland und Elmore James, Johnny Ace und noch einige Talente, von denen manche schon Schallplatten aufgenommen hatten, aber bislang ohne Erfolg. Bihari war so begeistert, daß er Turner sofort ein neues Auto kaufte – zum Glück keinen Olds Rocket 88, sondern die Mittelklassekutsche Buick Roadmaster – und ihn als Talentscout einstellte. Ike mußte nur Musiker finden, die er dann an Bihari weiterleitete, und der Labelchef zahlte. Turner war im siebten Himmel. Soviel hatte er noch nie verdient, fuhr sein eigenes Auto, und der offensichtliche Wohlstand zog wieder Musiker an. Bald hatte Ike erneut eine Band. Diesmal würde es keine Frage geben, wer der Chef war. Diesmal würde keiner neben Ike Turner aufkommen.

Er heiratete die Freundin seines Jugendfreundes und Saxophonisten Raymond Hill, jagte sie aber bald zum Teufel und ehelichte die blutjunge Klavierspielerin Annie Mae Wilson. Die mußte nun ran in der Band, und Ike sattelte auf Gitarre um. 1954 war's, Ike war 22 und wollte schnellstens raus aus dem Kleinstadtmief, weg von Clarksdale, wie seine Schwester, die nach East St. Louis gezogen war und nun dauernd schrieb, der Kleine solle doch mal zu Besuch kommen. Das tat er; lud die Band ins Auto und fuhr nach St. Louis. Dort spielten sie bei Ned Love vor, Besitzer eines riesigen Tanzschuppens, und als der mitkriegte, wie die *Kings of Rhythm* bei seiner Kundschaft ankamen, wollte er sie gleich dabehalten. Nach der ersten Woche fuhr Ike zurück nach Mississippi, holte seine und Annie Maes Sachen ab, und sagte dem Landleben auf lange Zeit adé.

Die nächsten Jahre gaben Ike zurück, was er in seine Karriere gesteckt hatte. Gute Jahre waren es, zwar mit harter

Arbeit gefüllt, aber *Ike Turner and the Kings of Rhythm* wurden Stars. Sie hatten sich im Club Manhattan als Hausband etabliert, und von dort aus tourten sie durch die Großstädte des Nordens. Selbst das weiße St. Louis merkte auf; immer öfter fuhren Mutige über die Brücke ins gefährliche East St. Louis, um Ike zu sehen. Nachtklubbosse klopften an, und bald spielte die Band 14 Gigs pro Woche. Nachmittags über die Veterans Bridge, im Imperial in der Florisson Street die Teenies mit Pop zum Quieken bringen, danach zurück in den Osten und dort den abendlichen R&B-Gig spielen – jeder mit einem Colt im Schulterhalfter, denn in East St. Louis hatten Gangs das Sagen, die erst schossen und dann fragten –, und oft gab's noch Jams bis zum Hahnenschrei. Zwischendurch spielten die Boys immer wieder Konzerte in der Umgebung. Die Plackerei lohnte sich; 1956 kaufte Kontrollfreak Ike ein dreistöckiges Haus am Virginia Place, in das alle Gruppenmitglieder einzogen. Die Miete wurde gleich von der Gage einbehalten, und Ike konnte sicher sein, ausgeruhte, nüchterne Musiker auf der Bühne zu haben. »House of Many Thrills« nannte Kommunarde Turner die Bude, denn als Chef durfte er von allem kosten, was ins Haus kam – egal, ob Frau oder Freundin. Ein Vorreiter des alternativen Lebens der Sechziger war er, der Ike, oder ganz einfach ein wahllos tretender Hahn.

Mit der 17jährigen Anna Mae Bullock wanderte ein neues Huhn in den Club Manhattan. Vom Land stammte die dürre Kleine – das Kaff hieß Nut Bush, Tennessee, mein Gott! –, war die jüngere Schwester von Allene Bullock, die mit *Kings*-Schlagzeuger Gene Washington heftig techtelte. Die Schwestern wurden Stammkundinnen im Manhattan, und Anna Mae, die seit ihrer Kindheit sang, traute sich bald den feschen Ike zu fragen, ob sie wohl mal mitsingen dürfe. Nix da, entschied Ike schroff, denn er war ein gefürchteter Boß. Wer nicht spurte, flog sofort. Bei ihm gab's kein Trinken auf der Bühne, keine Drogen, nicht mal krank durfte einer werden. Ike zahlte gut, sorgte sich um das Wohl seiner Mannen (und der klavierspielenden Ehefrau Annie Mae), aber hanky-panky* war nicht. Dazu gehörte auch, keine Amateure auf die Bühne zu lassen, besonders keine blutjungen und dürren.

Doch Anna Mae war entschlossen. Eines Abends wartete sie, bis die pausierende Band zum Rauchen auf dem Parkplatz war und nur Ike etwas Orgel spielte. Der blieb während der Pause oft auf der Bühne, um nicht mit den Freundinnen, von denen oft mehrere gleichzeitig im Klub saßen, Ärger zu bekommen. Ike spielte das gerade populäre »You Know I Love You« von B. B. King, und ehe er sich's versah, hatte Anna Mae ein Mikro geschnappt und sang mit. Ike baute ab. Der Talentscout, der an den wenigen freien Tagen durch ganz Mississippi fuhr, hatte monatelang die supertalentierte Anna Mae Bullock links liegengelassen. Ike Turner ließ nichts anbrennen. Sofort begann eine intensive berufliche wie private Zusammenarbeit. Allmählich wurde Gattin Annie Mae von Nachtigall Anna Mae abgelöst.

Doch Anna Mae hatte sich inzwischen mit Sax-Bläser Raymond Hill angefreundet und fand sich im Herbst 1957 schwanger. Ikes damalige Lieblingsfreundin Lorraine vermutete, das Kind sei von Ike, also griff sie eines Nachts dessen Colt und marschierte in die Kellerwohnung Anna Maes. Das Mädchen konnte Lorraine jedoch davon überzeugen, daß mit Ike nichts lief. Die Hauptfreundin schloß sich daraufhin ins Klo ein und – warum eigentlich? – schoß sich eine Kugel durch Lunge und Herz. Erstaunlicherweise überlebte Lorraine und brachte im Oktober 1958 Ikes Sohn Ike Junior zur Welt, kurz nachdem Anna Mae ihren Sohn Raymond Craig bekommen hatte.

Ike hatte zunehmend Ärger mit seinen Musikern, und als er wieder mal ohne Sänger dastand, machte er Anna Mae endlich das Angebot, auf das sie bisher vergeblich gehofft hatte. Nach der Geburt von Craig sang sie nur gelegentlich mit der Band und arbeitete als Schwesternhelferin im Barnes-Krankenhaus. Das Geld reichte natürlich hinten und vorne nicht. Ike bot ihr 25 Dollar Cash die Woche plus

* im Englischen zwei Bedeutungen: fremdgehen oder Fehler machen, Ärger machen

Kost und Logis in seinem Gruppenhaus, wenn sie der Band als Sängerin beitreten würde. Anna Mae schaute sich in ihrer ärmlichen Bude um, nickte und zog zu Ike.

Märchenjahre folgten. Turner, der sich zum allgemein respektierten Showbusiness-Experten gemausert hatte, bastelte für seine Sängerin und sich ein zeitgemäßes Image. Erst mußte der Name weg – Anna Mae paßte zu einer Hausgehilfin, zum Kindermädchen, aber nicht zur sexy Sängerin von Ike Turners *Kings of Rhythm*. Auf Tina einigten sich die beiden – wobei Ike weniger vorschlug als bekanntgab. Tina Turner. Ike and Tina Turner, weil die *Kings* ohnehin immer mehr zur auswechselbaren Hintergrundband wurden. »The Ike and Tina Turner Revue«. Dann kam der Durchbruch. Als Ike mit dem Sänger Art Lassiter das von ihm geschriebene Lied »A Fool In Love« aufnehmen wollte, versuchte Lassiter im letzten Moment noch eine kräftige Gagenerhöhung zu erpressen. Ike lehnte entrüstet ab, und Lassiter verließ das Studio. Seine drei Backgroundsängerinnen blieben jedoch, und da Ike die Studiozeit sowieso zahlen mußte, nahm er den Song mit Tina auf. Eine Kopie des Bandes erreichte Henry »Jugg« Murray, den schwarzen Eigentümer des Sue-Labels in New York, und der hatte ein Ohr für Hits. Was ihm hier aus den Lautsprechern entgegenkreischte, war ein Hit der besten Sorte. Juggy stieg ins nächste Flugzeug nach St. Louis und drückte dem baß erstaunten Ike 25 000 Dollar Vorschuß in die Hand, ein Vermögen im Jahr 1960, als ein nagelneuer Cadillac 4 000 Dollar kostete. Ike and Tina Turner waren angekommen.

Tina war während der Aufnahme mit Ikes Sohn Ronald schwanger; und als der Song die Charts hochbrannte, lag sie mit Gelbsucht im Krankenhaus. Ike verzweifelte; die Fans wollten Ike und Tina sehen, nicht Ike und irgendeine. Also mußte Tina raus, krank oder nicht, und jeden Abend auf einer anderen Bühne stehen. Der Song wurde immer heißer, die Konzertsäle immer größer. Bald kam der Anruf aus Las Vegas. Etwas über ein halbes Jahr hatte es gedauert – etwa so lange, wie ein Kind braucht, um von der Planung zur Serienreife zu gelangen –, bis aus der unbekannten Anna Mae Bullock die röhrende Sexgöttin Tina Turner wurde.

Es war zu dieser Zeit, als der unbekannte Jimi Hendrix erstmals mit Ike Turner spielte; das Erlebnis, sagt der Mann, der den Gig vermittelte, war typisch Ike.

So um 1987 herum saß ich in Oscar's Night Club in Santa Barbara mit Albert King hinter der Bühne. Albert war gekommen, um Gitarre zu spielen, und er hatte zu der Zeit schon eine solch schmerzhafte Arthritis, daß er vor Konzerten stundenlang seine Hand- und Fingergelenke anwärmen mußte. Der elektrische Heizofen glühte also dunkelrot, Albert rieb sich die Hände und erinnerte sich ins laufende Tonband hinein.

Er sei eines Tages einfach auf seiner Treppe erschienen, sagt Albert, ein junger Mann, der sich ihn als Vorbild ausgesucht hatte. Er spielte Gitarre im Albert-King-Stil, er war gut, das konnte der ältere Supergitarrist sofort hören, und abgebrannt war er auch. King wohnte damals in Cahokia, neben East St. Louis, hatte seine eigene Band und immer irgendeinen neuen Blues auf irgendeiner Single. Albert war nicht wählerisch; er arbeitete für den, der bezahlte. Den schwarzen Knaben, der sich Jimmy James nannte und gerade von der Army entlassen war, brachte Albert in einem Motel in der Nähe unter, und tagelang saßen die zwei auf der Kingschen Veranda und zupften. Eines Abends, erzählt der alte Gitarrenspieler weiter, seien sie nach East St. Louis hineingefahren, um Ike Turner zu sehen. Der sei »hot« gewesen, und King stellte Ike den jungen Gitarristen vor.

Plötzlich wurde Albert sauer. Ein Vierteljahrhundert war es her, und es ärgerte ihn immer noch. Er machte eine Gesprächspause, rieb wieder die Hände, beugte sich vor und erzählte weiter:

»Der lud Jimmy gleich auf die Bühne ein, um einen oder zwei Songs mitzuspielen. Aber – typisch Ike – er ließ seine Jungs etwas Schnelles spielen, von dem er wußte, daß Jimmy es nicht kannte. Jimmy fühlte sich mies danach, und ich mich dadurch auch. Ich hab dem Ike aber gehörig die Meinung gesagt.«

Ike Turner, einstiger König des St.-Louis-Nachtlebens

Dann mußte er doch über die längst vergangene Schmä-
hung lachen. Jimmy wurde bekannt, und als er nach England ging und sich Jimi Hendrix nannte, berühmt. Albert
spielte einige Konzerte mit dem dankbaren Hendrix, stand
mit Janis Joplin auf der Bühne und sonnte sich in der
Hochachtung der Jungen dem Meister gegenüber. Hendrix

war ein klasse Typ und Ike, sagte Albert, war immer ein erstklassiger Musiker. »Aber als Mensch,« sagt er, »na, du weißt schon.«

1962 zog die »Ike and Tina Turner Revue« nach Los Angeles. Der Chef wollte endlich dort sein, wo die Musik wirklich spielte – und das war zunehmend die kalifornische Popkulturhauptstadt. Ike wußte, daß Tinas Stimme und Auftreten der Hauptgrund seines Erfolges war; also fuhr er mit der Goldenen Gans eines Tages ins nahe mexikanische Tijuana und heiratete sie. Ihre Singles und Alben zeigten nicht den Erfolg, den jeder erwartete, aber die Revue tourte ständig, und ihre Konzerte waren immer ausverkauft. Bis Plattenproduzent Phil Spector im Januar 1966 von Ike die Rechte für ein von ihm geplantes Album erwarb. 20 000 Dollar zahlte Spector, damit Ike ihn in Ruhe seine Aufnahmen mit Tina machen ließe, was im Klartext hieß, daß Ike sich nicht im Spectorschen Studio blicken lassen sollte. Der »Wall-of-Sound«-Erfinder nahm »River Deep, Mountain High« mit Tina auf. Das phantastische Lied schafft's nur auf den 88. Chartplatz in den Staaten, wurde aber in England die Nummer 3. Ideal, denn am 23. September begann eine *Rolling Stones* Tour of England, und die amerikanische »Ike and Tina Turner Revue« war der Opener für die *Stones*. Damit zementierten die beiden ihren Ruhm im alten Europa – und sie sollten noch öfter mit den *Stones* auf einer Bühne stehen.

Daß sich Herr und Frau Turner stritten, wußte jeder. Daß geschlagen wurde, daß Ike untreu war, daß er eine heimliche Vorliebe für Drogen entwickelte, das waren Begleiterscheinungen, die niemand so recht ernst nehmen wollte. Die »Ike and Tina Turner Revue« brachte viel Geld ein, man wohnte in der eigenen Villa im halbfeinen Los-Angeles-Vorort View Park, wo Ray Charles Nachbar war und das eigene Aufnahmestudio im Garten entstand. Rolls-Royce fuhr der Ike und trug teure Pelze. Der Schnee war vom feinsten, der Schnaps floß, und die Freundinnen – Ike würde später behaupten, während seiner Ehe mit Tina über hundert

Freundinnen gehabt zu haben –, die Freundinnen wurden immer teurer. Mit dem Cover des *Creedence-Clearwater*-Hits »Proud Mary« hatten sie eine Single auf dem vierten Rang der Billboard Hit Charts, das Album »Workin' Together« schaffte es bis auf die Nummer 25. Grammy-Nominierungen heimsten die Turners ein, für den besten Soul-Gospel-Song und die beste R&B-Sängerin; an Anerkennung mangelte es also auch nicht. Doch die Songs, die Ike komponierte, hatten alle etwas Bluesiges, und das wollte Tina nicht mehr singen. Sie wollte ins Popgeschäft, ins Rockbusiness, und Ike machte halbherzige Ausflüge in beide Genres mit Covers von Ringo Starr, John Lennon und Hoyt Axton. Doch als Tina die Rolle der Acid Queen in der Verfilmung der *Who*-Rockoper »Tommy« bekam und aufgrund des neuen Ruhmes ein erstes Soloalbum mit dem Titel »Acid Queen« aufnahm, war's mit der Turnerschen Rest-Harmonie aus. Ike schlug nur noch drauflos, und Tina tat, was sie schon zehn Jahre vorher tun wollte: Sie verließ Ike. Heimlich, nachts, in Lebensgefahr.

Während Tina ganz unten landete, für sich und ihre vier Kinder Sozialunterstützung beantragen mußte, ließ Ike den lieben Gott einen guten Mann sein. Er arbeitete – ohne Tina zwar weniger, aber er hatte ja noch die Ikettes, seinen Backgroundchor, und er rekrutierte immer wieder einen Tina-Klon. Den Profit stopfte er sich in die Nase, und als Tina nach fünfjährigem Tingeln und einer halben Million Dollar Schulden mit dem Solo-Opener-Gig für die *Stones*-Amerika-Tour endlich ihre zweite große Chance bekam, brannte bei Ike zu Hause das Studio ab. Daß der schwierige Mr. Turner ein zunehmendes Kokainproblem hatte, pfiffen inzwischen schon die Spatzen von den Dächern. Zum Glück wurde Schnee immer billiger, weil die Nachfrage einfach explodierte und viele Anbieter einen erbitterten Preiskampf um den riesigen südkalifornischen Markt ausfochten; da konnte sich auch der einstige Hit-Macher noch ein Nasenpülverchen leisten. Sein Immobilienbesitz verringerte sich nämlich, die Wohnblocks wurden nach und nach verkauft. Tina sang mit Rod Stewart – Ike verscheuerte den Rolls. Tina bekam einen Vertrag mit dem Multi Capitol – Ike wurde wieder zum freien Mitarbeiter einiger kleiner Labels. Mit »Private Dancer« hatte Tina im August 1984 ein Album auf Platz 2 der Pop-Charts, von dem sie über zehn Millionen verkaufen würde, im September war ihre Single »What's Love Got To Do With It« drei Wochen lang der Top-Hit in Amerika, und im selben Monat bekam sie eine der Hauptrollen im Mel-Gibson-Actionstreifen »Mad Max 2«. Vier Grammies würde Tina einheimsen für dieses unglaublich erfolgreiche Jahr. Ike fand derweil immer wieder einen Freund, der ihm aus der »momentanen Verlegenheit« helfen konnte.

Tinas wie Ikes Karriere verlief in diesen Jahren steil – Tinas nach oben, Ikes eher nicht. Vom einstigen König des St.-Louis-Nachtlebens, vom Artist & Repertoire Man par excellence, dem Kultur-Urgestein wie Howlin' Wolf und Big Mama Thornton alles zu verdanken hatten, vom Boß der im Nachhinein hochgelobten »Ike and Tina Turner Revue«, von ihm hörte man bis 1988 nichts mehr. Dann meldeten die Zeitungen, daß der »einst bekannte Musiker und Ex-Gatte Tina Turners« ein Jahr brummen müsse. Wegen Kokainbesitzes saß Ike und begann, seine Autobiografie zu schreiben. Fertig wurde er damit nicht, aber er konnte sich Zeit lassen, denn ein Jahr später wurde er nochmal verurteilt. Diesmal winkte ein vierjähriger Aufenthalt im California Mens Colony genannten Zuchthaus von San Luis Obispo. Im riesigen, gelben, dreistöckigen Horrorbau in sanfter Hügellage, direkt am Highway 1, kurz vor Morro Bay, fand der Drogenfan endlich Muße, über sich und sein Leben nachzudenken. Ein prima Gefangener sei er gewesen, der Ike, sagte Wärter und Freizeit-DJ Tony Agrusa. Selbst die Aufnahme in die Rock 'n' Roll Hall of Fame habe aus ihm nicht wieder den alten, arroganten Ike gemacht. Sehr strebsam sei er gewesen, habe Büroarbeit in der Knastbibliothek verrichtet, kaum musiziert mit den Verbrecherkollegen – obwohl die eine prächtige Bluesband hatten in der Mens Colony, alles Knackis, die draußen bekannte Musiker gewesen waren –, und als er im September 1991 wegen guter Führung (und aus Platzmangel im kalifornischen Zuchthaussystem) vorzeitig entlassen wurde, zog er zu seiner Schwester ins nordkalifornische Vallejo.

Ike Turner mußte wieder ganz unten anfangen. Er hat gute Musiker um sich geschart, hat eine relativ junge Freundin mit einer passablen Bluesröhre, spielt seine alten Sachen in besseren Kneipen und Bluesklubs. Nicht mehr nur in Kalifornien, sondern entlang des Highways in Arizona und New Mexico, nach Texas und Oklahoma kommt er sogar. Das Leben ist hart für einen, der alles hatte und alles verlor. Aber es gibt Gerechtigkeit, sowas wie Karma. Das gibt selbst Ike Turner zu.

Missouri oder Misery?

Von cleveren Geschäftemachern und dem Las Vegas des kleinen Mannes

St. Louis, Missouri, entläßt seine westwärts ziehenden Besucher offenbar gern. So schwierig es ist, durch die Innenstadt zu navigieren, so einfach ist die Flucht in die Vororte. Egal, welche der beiden Route-66-Stadtdurchfahrten man benutzt, oder ob sich Großstadtmuffel gar schon in der Downtown auf Interstate Highway 44 retten, innerhalb einer Viertelstunde ist man an der frischen Luft. Bei Kirkwood treffen die beiden Routes wieder aufeinander, aber selbst eingefleischte Fans historischen Asphalts sind gut beraten, erst mal auf dem Interstate zu bleiben. Wer bei St. Clair wieder auf die schmale Überlandstraße trifft, der kann gemütlich durch die wunderschöne Missouri-Landschaft Richtung Stanton weiterfahren. Die Meramec Caverns findet man dort, eine Attraktion, für die schon seit Joliet an Scheunenwänden geworben wird. Der Meramec ist ein Fluß, die Caverns eine der 5000 Kalksteinhöhlen, die das unterirdische Missouri zum Schweizerkäse machen. Diese Höhle unterscheidet sich von ihren Nachbarn durch den Bekanntheitsgrad, dem mit vielen hundert Werbeflächen in acht Staaten nachgeholfen wird, und dadurch, daß sich angeblich Post- und Bankräuber Jesse James mehrmals darin aufhielt. Volksheld Jesse soll sogar hier, unter der Erde, seinen Hauptschlupfwinkel gehabt haben, in hohen Natursälen voller Stalagmiten und -titen, hinter denen man bei Schießereien Schutz suchen konnte, mit viel Platz für die Pferde und einem Frischwasserfluß, den die Bande angeblich als Hinterausgang benutzte, als der Sheriff vor dem Höhleneingang stand. Während des Aufenthaltes in der Höhle hatten Jesse und seine Kumpane wenigstens ewigen Frühling: Die Temperatur solch unterirdischer Kathedralen schwankt kaum. Meist bleibt sie übers Jahr bei 18 Grad Celsius.

Manch einer reist aber nicht, um bonbonfarbenbeleuchtete Bankräuberverstecke videografisch festzuhalten, sondern um sich zu bilden und möglichst einen Nervenkitzel oder zwei zu erleben. Solchen Kulturtouristen wird natürlich die Interstate-Ausfahrt 264 ans Herz gelegt. Die führt nämlich erst mal nach Eureka, und dann schlägt sich der Abenteurer etwa eineinhalb Meilen südöstlich zur stillgelegten Route 66 durch, ans Ufer des Meramec. Da ist eine Stadt, aber heute ist sie auf keiner Landkarte verzeichnet, sie existiert offiziell gar nicht mehr, und sie ist von einem Drahtzaun umgeben. Ein Wohnwagen steht auf dem alten Highway, ein Checkpoint Charlie auf Rädern. Rund um die Uhr sorgt ein Wachmann dafür, daß kein Unbefugter die einstige Kleinstadt betritt, deren Name vor vielen Jahren in einer Nacht- und Nebelaktion von allen Hinweis- und Verkehrsschildern entfernt wurde.

Es handelt sich natürlich um Times Beach. Die Stadt am Ufer des Meramec war Heimat einiger hundert meist arbeitsamer Kleinbürger, denen der bewaldete, ruhige Ort am Fluß behagte. Ab und zu trat zwar der Meramec über die Ufer, aber das war schon lange nicht mehr geschehen. Die 20 Kilometer Straßen der Stadt waren mit Ausnahme der Route 66 nicht befestigt, was besonders im trockenen, heißen Sommer unangenehm war, aber das Problem erledigte sich, als im Spätwinter 1972 der Spediteur Russell Bliss aus dem westlich gelegenen Rosati sein Angebot machte. Russ schlug vor, die staubigen Straßen zweimal im Monat mit Altöl einzusprühen; insgesamt koste das 2 400 Dollar im Jahr, und dafür hätten die Times Beacher garantiert staubfreie Straßen und konnten die Wäsche wieder im Garten trocknen lassen. Die Stadtverwaltung willigte ein, im Jahr darauf kam der großzügige Russell sogar noch öfter, sprühte insgesamt eine halbe Million Liter Öl auf die Stadtstraßen, und danach waren die Volksvertreter so zufrieden, daß sie Russell nicht mehr brauchten. Zwar starben Jungtiere im Ort, Vögel fielen leblos vom Himmel und einige der meist jüngeren Einwohner entwickelten seltsame

Krankheiten, aber der Staub war aus Times Beach verschwunden. Und der nette Russ tauchte auch ohne Vertrag noch einige Male mit seinem Tanklastwagen auf und sprühte die Straßen und Wege ein. Nachbesserung nannte er das. Bis 1982. Da teilte die Umweltschutzbehörde aus Washington der Welt in einer lakonischen, einzeiligen Meldung mit, daß der Ort Times Beach, Missouri, eine der versautesten Stätten in God's Own Country sei, was die nichtsahnenden Bewohner der Stadt sehr verblüffte. Dioxin, meldete die Zeitung *Tri-County Journal*: das Sevesogift Dioxin.

Der Kleinunternehmer Russell Bliss hatte einen Vertrag mit einer Chemiefabrik aus St. Louis, der besagte, daß dort abgeholtes Altöl nach Louisiana in eine Giftmüllkippe zu bringen und dort »sicher« zu lagern wäre. Doch Russ war das zu aufwendig. Der bauernschlaue Transportunternehmer lud Millionen Liter verseuchtes Öl auf Wegen und Höfen ab, kippte sogar, wenn er das Zeug nicht an Gemeinden verkaufen konnte, Altöl in Parks und Anlagen. Selbst heute taucht ab und zu noch ein von Russell bis in alle Ewigkeit erledigtes Fleckchen auf.

Die Umweltschutzbehörde mußte Times Beach schließen, zumal gleich nach Bekanntgabe einer möglichen Verseuchungsgefahr der Meramec nach langen Jahren Ruhe wieder mal über die Ufer trat und die Stadt überflutete – was dafür sorgte, daß das Dioxin auch ins Grundwasser sickerte und flußabwärts floß. Die Regierungsbehörde kaufte die gesamte Stadt auf, umzäunte sie und sorgte durch ihr Verhalten dafür, daß der Umweltschutzgedanke auch bei Angehörigen der eher gleichgültigen Bevölkerungsschichten Fuß faßte.

Die Aufkaufaktion war nämlich kein voller PR-Erfolg; die bezahlten Zeitwerte lagen so niedrig, daß sich kaum ein betroffener Häuslebesitzer woanders eine entsprechende Bude kaufen konnte, und das eigene Haus ist für die meisten Amerikaner das einzige Vermögen. Seither achtet auch der Industrieapologet darauf, daß es der eigenen Umwelt gut geht.

Weiter, Richtung Westen. Die tickende Zeitbombe am Meramec vergißt man gleich in dieser wunderschönen Hügellandschaft. In den Mark Twain National Forest kommt man, den riesigen Wald, der sich durch ganz Missouri zieht. Hier beginnen die Ozarks, die dicht bewaldeten Hügelketten, deren Bewohner der Inbegriff des amerikanischen Bergbauern sein sollen. »Moonshine« war die große Industrie in diesem Landstrich, damals, als die Prohibition das Schnapsbrennen lukrativ werden ließ. Bei Mondschein wurden Mais, Reis, Kartoffeln und Weizen zu Hochprozentigem destilliert, und wenn sich die zur Prohibitionseinhaltung verpflichteten Steuerfahnder ins Hinterland verirrten, begrüßte man sie schon mal mit einer Schrotladung. Die Revenue Agents, die »Revenooers«, kommen heute nur wegen der Steuerprüfung vorbei, und wenn sie etwas mitnehmen, dann gegen Quittung.

Die Heimdestille ist tot; es lebe die andere große amerikanische Leidenschaft, das Grillen. Der Holzkohlegrill im gutbürgerlichen Sommergarten hat zur aktuellen Heimindustrie der Ozarks geführt; überall im Wald stehen Kohlemeiler, worin nach tagelangem Schwelen die beste Holzkohle Amerikas entsteht – rund ein Drittel der gesamten, riesigen Menge, mit der Amis zu jeder Jahreszeit harmloses Fleisch in heimtückische Karzinombomben verwandeln. Das Gewerbe versaut zwar oft die Atemluft in diesem Landstrich, aber es rentiert sich. Viele Bergbauern haben dem traditionellen Ackerbau den Rücken gekehrt und verarbeiten Fallholz, Rinde und Sägewerksabfall. Den Twain-Wald südlich von Rolla umstehen 300 solcher Meiler, und die stinken durch das ganze Jahr.

Route 66 schlängelt sich durch die schroffe Hügelkette der Ozarks, an baumbestandenen, wuchernd bewachsenen Kalksteinfelsen vorbei. Viele Orts- und Landschaftsnamen stammen von den halbwilden Franzosen, die vor drei Jahrhunderten als Pelzjäger und Trapper hier ankamen. Aus Aux Arcs wurde Ozarks, die Orte Belle, Saint Clair und Vichy werden immer noch so geschrieben, die Flüsse Bourbeuse und Gasconade sind für Amerikaner nur schwer aussprechbar. Da ist's doch schön, wenn man durch Rolla (Roh-lah) oder Waynesville (Wehns-will) fahren kann.

Lebanon, Missouri, ist insofern eine typische Route-66-Stadt, als vor Urzeiten hier einer eine Idee hatte, und es gab jede Menge Nachbarn, die sich nichts entgehen lassen wollten. In der Kleinstadt Lebanon kam vor vielen Jahren jemand darauf, daß sich der Gebrauchtwagen-Großhandel als Familienbetrieb geradezu anbot. Man kauft so eine alte Krücke, motzt sie auf und verscherbelt sie in der nächsten Großstadt – beispielsweise in St. Louis. Da kann der Papa dealen, die Söhne bleiben bei der harten körperlichen Arbeit kerngesund und lernen gefragte Fertigkeiten, und außerdem kann einem das Finanzamt nie nachweisen, wieviel man eigentlich verdient hat. Also richteten mehr und mehr Lebanoner einen Gebrauchtwagen-Großhandel ein. Bis die 10 000-Einwohner-Stadt an die 120 solcher Fachbetriebe hatte. Die »Gebrauchtwagen-Hauptstadt der Welt« nannte man sich stolz, The Used Car Center of the World. Wo man hinschaute wurde gehämmert, gedengelt und lackiert, jeder Knabe war Automechaniker und jede Tochter arbeitete im Büro. Und keiner verdiente was. Im Gegenteil, die Gebrauchtwagen-Großhändlerfamilien lebten recht ordentlich von den Verlusten. Bis die Finanzbehörde des Staates Missouri eine gewaltige Razzia über die armen Automenschen niedergehen ließ. Mit Hubschraubern flogen sie ein, die Fahnder zeigten Durchsuchungsbefehle und nahmen fest, hatten ganze Kompanien Presse dabei, weil sich der geplante Coup bei der nächsten Wahl ausschlachten lassen würde. Die Schnüffler krochen überall herum, beschlagnahmten alle Bücher, sperrten sämtliche Konten und fanden – nichts. Rein gar nichts. Nach einer Woche rückten rotohrige Finanzminister und Fahnder wieder ab, drohten noch ein wenig von der Sicherheit des eigenen Büros aus und hofften, daß die Wähler die peinliche Schlappe vergessen würden. Das haben sie wohl, aber die Gebrauchtwagen-Großhändler Lebanons vergessen nicht so schnell. Wenn ein Fremder auftaucht und Fragen stellt, läßt man ihn auflaufen. Total. Selbst wenn der Fremde nachweisen kann,

Hotelchefin Mary Hooper in Lebanon, Missouri

daß er die lustige Story doch nur im Ausland erzählen will. Eine Mauer des Schweigens. Denn in den Ozarks weiß man, daß die Revenooers sich nicht scheuen, in allen möglichen Verkleidungen aufzutauchen.

15 Meilen westlich Lebanons liegt Conway. Eine Kleinstadt in einer Ozark-Falte, hübsch grün, von weit verstreuten Höfen und Wohnhäusern umgeben, aber eigentlich möchte man dort nicht leben. Und dann lernt man Leute wie Charles und Retha Godwin kennen und schämt sich seiner Überheblichkeit. Der weißhaarige Charles und seine kleine, verbindliche Retha haben sich nämlich dort an der North Martingale Road ein Haus gekauft. Das war vor einigen Jahren, nach Charles' Pensionierung beim Flugzeughersteller McDonnell-Douglas in St. Louis. Der nach 36jähriger Betriebszugehörigkeit ausgediente Techniker wollte aber, ehe sie umzogen, erst noch einige Verbesserungen am neuen Haus durchführen, also stellte er eine vorgefertigte Blechscheune aufs 20-Hektar-Gelände und sta-

pelte darin Baumaterial und Möbel. Als sie eingezogen waren, schaute sich Retha die nun leerstehende Scheune an und erinnerte sich, daß sie als Schülerin so gern mit ihren Schwestern gesungen hatte: Cowboylieder und Western Swing. Vor 40 Jahren war das, und sie hat noch ein hübsches vergrößertes Schwarzweißfoto, das die Schwestern vorm Mikrofon zeigt, auf irgendeiner Kleinstadtbühne, mit braunweißen Tennisschuhen und weißen Söckchen, mit kurzen Pudelröcken, darunter Petticoats, und unter den Matrosenblusen lauerten die harten, spitzen Büstenhalter, Atom-BH genannt und wegen ihres komplizierten Mechanismus von beiden Geschlechtern gefürchtet.

Retha hängte das Foto in den Scheuneneingang, suchte sich ein paar gleichaltrige Musiker im Dorf und kaufte eine Beschallungsanlage. Dann inserierte sie, daß sonnabends in ihrem »Red Barn« Konzert sei. 80 Leute kamen; die paßten gar nicht alle in die Scheune, also mußten viele draußen im Garten bleiben, unter den rotblättrigen alten Eichen und Rethas Nußbäumen.

Das ist einige Jahre her. Inzwischen haben die Godwins angebaut, die Scheune hat jetzt eine feste Bühne, hat Sound und Beleuchtung, Klos und Küchenecke, eine Lounge, wo die Gäste Karten spielen können. Jeden Donnerstag kommt eine Band aus Springfield, freitags ist Western Night, Sonnabend spielt Retha mit ihren Boys, und jeden Sonntag wird eine Gruppe eingeladen. Drei Dollar Eintritt kostet das, und einen Kaffee bekommt man für einen halben Dollar. Alkohol ist nicht, also gibt's schon keinen Ärger mit dem Sheriff, und der Laden ist immer knallevoll. Meist ältere Leute kommen, erzählen die Godwins, aber auch Familien mit Kindern, und Kids aus der Umgebung schauen vorbei. »Pot Luck« gibt's öfter mal, ein gemeinsames Picknick, zu dem jeder eine Speise beisteuert. Viele Nachbarn spielen inzwischen wieder ein Instrument, freut sich die Retha, und als Nachbarn gelten in dem Landstrich noch Leute, die zehn Kilometer weg wohnen. Verdienen wollen die Godwins an den Scheunenkonzerten nichts, und das brauchen sie vermutlich auch nicht, denn Haus, Auto und Kleidung lassen nichts zu wünschen übrig. Sie wollen Freundschaften

Charles und Retha Godwin in ihrem Tanzschuppen
in Conway

schließen und pflegen, wollen die gewachsene Kultur ihrer Gegend und ihrer Generation erhalten, und sie wollen sich ganz einfach an vier Abenden in der Woche amüsieren. Charles und Retha Godwin sind nach landläufigem Begriff alte Leute, und sie sind um ihren Lebensstil verdammt zu beneiden.

Nun kann man innerhalb der nächsten dreiviertel Stunde locker in Springfield sein. Die drittgrößte Stadt Missouris ist auch eine der hübschesten. Man kann aber auch etwas ganz Verrücktes tun und bei Lebanon die Route 66 verlassen, um Amerikas neueste Musikattraktion zu erleben; Branson, America's Music Show Capital. Die etwa dreistündige Fahrt nach Südwesten führt nicht nur durch die Waldeinsamkeit des Mark Twain National Forest, durch die Ozarks, an zahllosen Bergseen vorbei; gelegentlich trifft man auch auf eine von Roteichen und Hickory umstandene schmucke Farm mit weidenden, seltsamerweise nichtverschissenen Kühen und sauberen Schweinen (wie bleiben die Viecher so sauber?). Nur die besagten Kohlemeiler stören, wenn der Wind richtig steht und es lange nicht mehr geregnet hat. Dann legt sich eine dünne, schwarze Partikelschicht auf die Fischweiher, und die Kühe nehmen eine dunkelgraue Färbung an.

Branson ist Las Vegas in Jeans-Latzhosen. Wo in Vegas der hellgraue Fedora den zigarrerauchenden Menjoubärtchenträger krönt, thronen in Branson altgewordene, leicht angefressene Strohhüte auf ewig glubschäugig staunenden, grinsenden Strohhalmkauern namens Marvin. Branson ist nämlich ein traditionsreiches Feriendorf, das sich, statt altershalber wegzusterben, Mitte der Achtziger neu erfunden hat. Die Pensionäre, die seit Jahrzehnten mit ihren Wohnwagen zum Angeln und Wandern dorthin kamen, wollten auch mal was anderes erleben. Es sollte was los sein – im Rahmen, versteht sich. Ein Countrysänger und Fernsehmoderator namens Roy Clark, der im großen Geschäft nicht mehr so recht mithalten konnte, baute sich in Branson ein kleines Theater. Dort konnte er auftreten und noch etwas verdienen, ohne reisen und sich mit Veranstaltern, Managern und Tontechnikern herumärgern zu müssen. Das war die zündende, wenn auch späte Idee seines Lebens. Kaum hatte das Roy Clark Theatre geöffnet, war's auch schon immer ausverkauft. Drei Shows am Tag machte der Mann, der angeblich keinen Hund mehr hinterm Ofen hervorlocken konnte, und war unglaublich erfolgreich. Andere Ehemalige staunten und machten es ihm nach. Eineinhalb Jahrzehnte nach Roys Showbiz-Offenbarung gibt's in Branson über 50 künstlereigene Theater. Menschen, die man einst weltweit kannte und schätzte – wie Tony Orlando, der mit seiner Gruppe *Dawn* die Hitschnulze »Tie A Yellow Ribbon Round The Ole Oak Tree« im März 1973 knödelte, oder Bobby Vinton (mit »Roses Are Red, My Love« fing's am 16.6. 1962 an, mit »Beer Barrel Polka« hörte es laut Billboard Top Forty am 19.4. 1975 auf) – oder solche, von denen außerhalb des amerikanischen Farmgürtels noch keiner was gehört hatte, wie zum Beispiel Boxcar Willie, der immerhin 15 Gold- und vier Platinalben des ländlichen

*Wer Las Vegas verabscheut, liebt Branson. Über 50 künstler-
eigene Theater gibt's hier.*

Genres einspielte. Als musizierenden G. I. hatte man ihn einst bei einem Country Festival in England entdeckt. Diese Leute sind in Branson Theaterbesitzer, viele der Kulturpaläste haben 2 000 bis 4 000 Sitzplätze, und jedes Jahr wird's noch voller, geht's noch besser, wird noch eine Show irgendwo drangehängt. Die Künstler, die nicht mehr reisen wollten, arbeiten jetzt mehr als je zuvor; drei, vier Auftritte pro Tag sind an der Tagesordnung. Befährt man im abendlichen Korso die glitzernde Theaterhauptstraße, meint man bergauf, bergab zirpende Banjos, jaulende Steel Guitars und klimpernde Mandolinen zu hören. Nashville ist nur noch wegen der »Opry«, der großen alten Oper und jetzigen Konzerthalle, und wegen seiner Studios interessant; Country ist in Branson zu Hause. Selbst atypische Stars, wie der japanische Country-Fiddler Shoji Tabuchi oder der schwarze Westernsänger Charlie Pride, haben ihre ausverkauften Theater, die *Osmond Family* lebt wie Gott in Branson, Big-Bandler Andy Williams und »Champagne-Music«-Polkakönig Lawrence Welk hauen auf den Putz; keiner geht leer aus. Die vielen im Wohnmobil anschleichenden Pensionäre sorgen schon dafür, Reisebüros bringen in nichtendenwollenden Autobuskarawanen Fans aus allen Staaten, der Flughafen Springfield heißt jetzt Springfield-Branson, wobei der Springfield-Verkehr nur einen Bruchteil des Airportumsatzes ausmacht. Wer Las Vegas verabscheut, liebt Branson. Und damit auch alles schön sauber bleibt, geben die Theaterbesitzer bei Bedarf – oder den Feiertagen entsprechend – Gospel in allen Varianten. Amerikaner verstehen ja unter Gospel das Evangelium, und das wird ausgiebig gepredigt. Gospel shows gibt's, Gospel meetings und Revivals, wo der Prediger die Lahmen laufen lehrt und ab und an einen Toten erweckt – unter lautstarker Mitwirkung des Publikums. Der Gottesmann brüllt und schäumt, das Volk murmelt mit, mancher stöhnt leise. Arme werden gen Himmel gereckt und Hintern beginnen, rhythmisch zu zucken, es wird gestampft. Die ersten Mutigen kommen nach vorn, um »gerettet« zu werden und Gott zu huldigen, irgendwo beginnt jemand, »in tongues« zu reden, ein atemloses Kauderwelsch, das als

Beweis dafür gilt, daß sich Gott gerade im Gläubigen aufhält. Dann gibt's kein Halten mehr. Das reine Tohuwa-
bohu, die Massenmesse. Das Schönste ist, daß diese religiö-
sen Meetings auch noch einigermaßen preiswert sind. Die
richtige Kohle holt sich der Theaterbesitzer wieder durch
die Rufaufwertung, die solche Erweckungsveranstaltun-
gen bringen. Und die Show selbst? Vom Allerfeinsten, auch
– und besonders – für Atheisten.

Ein Dorf ist es noch immer, das allmählich berühmt werdende Branson. Nicht besonders hip, aber sehenswert ist
es auf alle Fälle. Und wer Country oder älteren Rock und
Pop mag, der wird sich hier sehr wohlfühlen. Glen Camp-
bell, der mit dem »Rhinestone Cowboy« und dem »Wichita
Lineman« hat 'n Theater. Mickey Gilley, einer der drei sin-
genden Schreckensvettern aus Ferriday, Louisiana, ist mit
einem Riesensaal vertreten. Die beiden anderen sind Pia-
noklopfer Jerry Lee Lewis, der gern Minderjährige heira-
tet, und Prediger Jimmy Swaggart, der aufflog, weil er in
dubiosen Stundenmotels mit heruntergelassener Altmän-
nerhose Nutten retten wollte. Selbst der furchtbar kauder-
welschende Sowjet-Scherzkeks Yakov Smirnoff, dessen
amerikanische Komikerkarriere auf der Zeile »Vat a Konn-
tri« fußt, hat seine eigene Bühne: Der Kartenvorverkauf
hat die (in Amerika übliche, aus Zahlen und Buchstaben
zusammengesetzte) Telefonnummer 1–800–33 NO KGB.
Bransoner Spaßvögel behaupten, Elvis Presley sei wirklich
tot. Er sei immerhin der einzige, der sich kein Konzert-
theater baut.

50 hügelige Meilen nördlich, auf dem ordentlich ausgebauten Highway 65, liegt Springfield. 140 000 Einwohner, eine
Universität, solch gewaltige Flußbarsche, daß sich Angler
und Angeber »Papa« Ernest Hemingway ein recht protzi-
ges Ferienhaus baute. Springfield belegt jedes Jahr in der
Liste der höflichsten Städte Amerikas einen der oberen
Plätze. Ein hübsches Stadtbild, ganz ausgezeichnete Restaurants (mit Aunt Martha's Pancake House hat Springfield das wohl beste amerikanische Frühstücksrestaurant)
und nette Menschen – was will man mehr? Die Stadt ist

denn auch ein beliebter Anlaufpunkt eingefleischter Route-66-Pilger, die sich an der Shrine-Moschee in der Downtown nicht sattsehen, sich an Tante Marthas Pfannekuchen nicht sattessen können und ganz einfach mal einen Tag lang ruhen wollen.

Die Fahrt durch die Fantastic Caverns ist ein Erlebnis, denn die Jeeps werden von Propangas angetrieben und die gewaltigste Höhle im fein ausgeleuchteten Tropfsteinwunderland wird heutzutage als Opernhaus benutzt, erzählt der Führer. Er verschweigt lieber, daß die Fantastic Caverns einst dem Ku Klux Klan gehörten, dessen vermummte Mitglieder in der Opernhöhle Kreuze anzündeten und allerlei Nazi-Schabernack trieben.

Mein Lieblingsfleckchen in Missouri ist die Kleinstadt Carthage. Wer auf den Marktplatz kommt und das Jasper County Courthouse vor sich sieht, der ist im zeitlosen Amerika. Wer den Robert-Zemeckis-Film »Zurück in die Zukunft« mit Michael J. Fox, Christopher Lloyd und einem zeitreisenden DeLorean Coupe gesehen hat, erkennt Marktplatz und Gerichtsgebäude wieder. Ein unglaublich grüner, ruhiger, gepflegter Ort, dieses neoromantische Karthago in Amerikas Mitte. Es liegt abseits der großen Überlandstraße 44, eingebettet in eine liebliche Landschaft. Wie ihre nordafrikanische Namensvetterin wurde die Stadt geschleift – nicht von siegreichen Römern und Arabern, sondern kurz vor Bürgerkriegsende von marodierenden Partisanenbanden. Doch 30 Jahre später hatte Carthage pro Kopf der Bevölkerung den höchsten Millionärsanteil Amerikas. Blei, Zink und Marmor gab's in der Gegend, und die dadurch ermöglichte Wertschöpfung erlaubte Stadtverwaltung wie Bürgern einen karthagogerechten Bauaufwand. Eine Überraschung ist Carthage, denn man erwartet alles, nur das nicht. Man sollte sich daran gewöhnen, entlang der Route 66 überrascht zu werden – meist angenehm.

Apropos Überraschung: Die allerschärfste, unübertroffene liegt am südlichen Außenrand der Stadt, heißt Precious Moments Chapel und läßt im Sofortverfahren das Blut in den Adern jedes Europäers gefrieren. Man darf es nicht verpassen. Ein Über-Disneyland, ein Sakralbau, gegen den die gläserne Drive-In-Kirche Crystal Cathedral im südkalifornischen Garden Grove ein geschmackvolles Kleinod ist. Schüttelfrost bekommt man selbst an warmen Missouri-Sommertagen, sobald man die Tore des geweihten Gemäuers passiert hat, denn aus allen Winkeln, von sämtlichen Borden schauen einen Precious Moments Sculptures an. Das sind so eine Art amerikanische Gartenzwerge. Riesige schwarze Pupillen in aufgerissenen, übergroßen Augen in gewaltigen Kinderköpfen schauen traurig, gläubig, froh – je nach Verwendungszweck des Kunstwerkes –, die dürren Kinderkörper dieser abscheulichen Gipsfiguren sind entweder hänselundgretelhaft gekleidet oder stecken in Nazarenerfalten. Daß die kleinen Monstren beten, versteht sich. Daß sie immerfort lieben, aber von fern, platonisch, ist klar. Daß da Tausende von denen herumlungern, daran muß man sich gewöhnen. Samuel J. Butcher hat sie entworfen, sie sind alle seine Kinder, und der Herr Butcher hat ihnen und sich hier ein Denkmal gesetzt. Über 10 000 Einzelhändler verkaufen die Figürchen, 800 verschiedene Ausführungen gibt es, und sie sind alle hier. Alle.

Dicke, schwitzende Frauen mit Automatikkameras und festem Schuhwerk scheinen sich besonders von der Figuren-Werbekapelle angezogen zu fühlen. Sobald wieder eine Ladung staunender Touristen durch die Tore stapft, an Souvenirständen und Erfrischungsläden vorbei, wenn sie die heiligen Hallen betreten, geht ein Raunen durch die Menge; so schön ist das, so hübsch hat der gläubige Künstler und Kinderfigurenfabrikant Mr. Butcher alles bemalt, daß einem die Spucke wegbleibt. Wenn sie wieder Luft kriegen, flüstern die Knipsmatronen nur noch. So ehrfurchteinflößend ist das. Neben dreidimensionalen, gegossenen Precious Moments Sculptures sind auch jede Menge ihrer Kameraden auf 54 zum Teil riesigen Wandgemälden mit biblischem Motiv zu bewundern. Tränenförmige Riesenaugen starren auf den Besucher, einige der anatomisch verkorksten Kleinkinder sind offenbar schon tot, denn sie tragen einen Heiligenschein, und die vermutlich ohnehin fehlenden Geschlechtsteilchen sind von einem Tüchlein bedeckt. Herr Butcher, erfährt der Besucher, verbrachte einige Zeit auf dem Rükken, malend wie weiland ein gewisser Michelangelo, der wohl in Europa auch etwas Ähnliches schuf. Selbst dort, hört man, gilt der Herr Butcher als großer Künstler, denn viele Europäer decken sich im Visitors Center mit Figürchen ein. Kann ich mir vorstellen, und die europäischen Besucher sind doch sicher sehr freundlich? Oh, ja, sehr freundlich, nickt die grinsende Figurenverkäuferin mit dem Namensschild auf dem gewaltigen, gar nicht nach Mr. Butchers Geschmack aussehenden Busen. Sehr freundlich. Die hören gar nicht auf zu lächeln.

Nach Joplin geht's auf der Route 66, aber auch nur, weil es sich in Bobby Troups Liedtext gut machte. Die Stadt liegt zwar mitten im Laubwald, was besonders im Spätherbst hübsch ist, aber ich mag nun mal keine Städte, die ihre Straßen numerieren, anstatt ihnen Namen zu geben. Man kann durchbrausen und ist im Nu im Staat Kansas. Wie die kleine Dorothy in L. Frank Baums amerikanischem Klassiker »The Wizard of Oz«. Erst erzählt sie ihrem Hündchen tränenfeucht: »We're not in Kansas anymore, Toto«, um ihm dann zu versichern, es gäbe »no place like home«. Aus den beiden patriotischen Gefühlsaufwallungen bezieht Kansas heute noch seine Kraft.

Durch Kansas in 15 Minuten

Die Route 66 streift Kansas eigentlich nur. Ganze 13 Meilen kurvt sie durch die äußerste Südostecke des Agrarstaates. Es sind – man muß es sagen – nicht die schönsten 13 zusammenhängenden Meilen, die man in Kansas findet. Der erste Ort am Highway gibt schon unfreiwillig Auskunft; Galena heißt er, wie Bleiglanz. Das Schwermetall wurde hier gefördert, was man den Halden heute noch auf Anhieb ansieht. Giftig ist das Zeug, das wußten schon die alten Griechen. Der Abraum stinkt – der Durchreisende mümmelt wie ein Kaninchen und blickt die Beifahrerin böse an, aber es sind die Halden. Blei-, Zink- und Kadmiumabbau; davon profitieren ganz wenige gewaltig und die Mehrheit der Bevölkerung kaum. Außerdem wird die Gegend durch die Dreckberge nicht schöner.

Deutsche stellen schon seit über einem Jahrhundert die größte Bevölkerungsgruppe des Staates Kansas. Das war nicht immer hocherfreulich; als der notorische Südstaaten-Guerillaführer William Clarke Quantrill am 21. August 1863 über die Stadt Lawrence herfiel, 200 Gebäude anzündete und 150 Zivilisten mordete, meldete eine Zeitung »Germans and Negroes were shot immediately«. Ganz offensichtlich ein Krauthasser. Man scheint sich wieder aufgerappelt zu haben; die letzte Volkszählung meldete, daß 39,06 Prozent der Kansassen deutscher Herkunft seien. Von Engländern stammen kümmerliche 16,38 Prozent ab. Da gibt's mit 17,59 Prozent sogar noch mehr Iren in Kansas.

Sei es nun wie's sei, der kurze Trip durch den 34. Staat macht klar, wie schwierig so ein Straßenbau vor 70 Jahren noch war. Denn dem Staat, geschweige denn dem Bund, gehörte wenig Land in ausgesprochenen Agrarstaaten. Boden wurde meist in Parzellen von 40 Acres aufgeteilt, also etwas mehr als 16 Hektar. Und aus irgendeinem Grund konnten deren Grundlinien selten gerade verlaufen. Wie ein riesiges Zickzackmuster sehen die Grundstücksgrenzen auf der Karte aus, und auf der Grenzlinie verlief notgedrungen die Straße. Das hat sich durch die Gesetzgebung inzwischen erledigt, aber damals wäre der Vermesser erschossen worden, wenn er Straßen über Privatgelände hätte bauen wollen. Also fährt man von Galena bis nach Vinita in Oklahoma wie auf der Fieberkurve; immer im Winkel von 90 Grad wird abgebogen, immer im gleichen Abstand.

Riverton ist nur ein Käffchen entlang der 66, aber gleich dahinter ist noch eine dieser Brücken, die Amerikaner so sehr lieben. Wenn die Brücke 60, 70 Jahre alt ist, gilt sie als historisch. Wenn sie 100 Jahre alt wird, ist sie ehrwürdige Bausubstanz. Man liebt die Straßenbrücken, verehrt solche, die über Flüsse führen, aber die absolut schärfste, freudentränenauslösende Brücke ist eine alte Eisenbahnbrücke. Die bauen Fans im Minimaßstab nach, besuchen das Original irgendwo in der Wüste, lesen Geschichten über die Eisenbahnbrücke und zeigen noch die selbstgeschossenen Fotos in der Kneipe herum. Die noch stehende Route-66-Straßenbrücke ist die Brush Creek Marsh Arch Bridge, eine guterhaltene zweispurige Regenbogenbrücke aus Beton. Ihren Zweck erfüllt sie schon lange nicht mehr, weil die Umgehungsstraße 100 Meter weiter östlich verläuft, aber sie ist wieder strahlend weiß angestrichen und steht einfach so in der Landschaft herum. Drüberfahren, anhalten, Foto machen und picknicken. Das macht Laune und ist sehr amerikanisch.

Wie Baxter Springs. Das ist auch sehr amerikanisch. Sehr Middle America. Mit Tankstellen, Reklametafeln, einem angeschmuddelten Dairy Queen* und verfallenden Holz-

* Imbißrestaurantkette im Mittleren Westen

bauten entlang des Highways. Aber ehe man sich's recht versieht, ist man in Oklahoma. Das hat das Musical-Komponistenduo Rodgers und Hammerstein mit einem Ausrufungszeichen geschrieben. Oklahoma! Wie »Gott sei Dank!« Die sind wohl auch hier entlanggefahren.

Oklahoma –
der verschenkte Staat

Das einstige Indianergebiet ist heute die Heimat
der Gottesfürchtigen

Die Route 66, motzten Provinzpolitiker neidvoll, sei eigentlich nur auf Betreiben Oklahomas entstanden. Der Bundesstaat habe schon in den Zwanzigern am Hungertuch ge-
nagt, als Okie noch kein Schimpfwort war. Durch seine
politischen Beziehungen habe der Bundesstaat den Verlauf des Highways bestimmen können. Deshalb sei Oklahoma der Staat, der am meisten von Transport und Tourismus profitiert habe.

Das stimmt natürlich. Klar, daß die Staatsführung alle
Hebel in Bewegung setzte, als die von einem Bürger Oklahomas vorgeschlagene Straße ernsthaft diskutiert wurde.
Wozu reibt sich der Politiker im Dienste des Volkes auf,
wenn er keinen Vorteil davon hat? Die Route wurde so
hingemauschelt, daß sie den Staat Oklahoma nicht nur
von Osten nach Westen auf seiner gesamten Länge durchquerte, sondern auch die Nordostecke des Staates mit ein-
bezog, die Bergwerksecke, deren Entwicklung nur durch
neue, günstige Transportwege gefördert werden konnte.
396 Meilen Route 66 bekam Oklahoma, mehr als jeder andere Staat.

Ein Cyrus S. Avery wurde 1924 zum »Highway Commis-
sioner« Oklahomas ernannt; das war so, als würde man einen Saudi zum Wintersportminister küren. Cyrus hatte
zwar als Immobilienmakler Ahnung vom Land, hatte auch
eine Fernstraße von Colorado nach Oklahoma angeregt,
die dann mit Sträflingsarbeit billig gebaut wurde, aber so
ein Highway war doch etwas gänzlich Neues – für den
Staat und den Bund. Doch Cyrus hatte überall Freunde
sitzen, und einer von ihnen brachte ihn im »Comittee of
Five« unter, einer Beratergruppe, die dem Bund und des-

sen Postministerium bei der Überlandstraßenplanung zur
Hand gehen sollte. Das waren fünf »ehrenamtliche« Be-
rater, von denen Frank Sheets aus Illinois stammte, B. H.
Piepmeier aus Missouri und unser Cyrus aus Oklahoma.
Die beiden anderen waren aus Oregon und South Caro-
lina, weit weg vom Schuß also. Denen war die Streckenführung egal, womit der Verlauf des ersten Interstate Highways eigentlich schon feststand. Da behaupten Begünstigte
heute noch abwehrend, die Straße sei, wie sie ist, weil die
Rockies einem anderen, geraderen Verlauf im Weg stün-
den. Dazu sollte man nur weise nicken.

Quapaw – der erste von vielen indianischen Ortsnamen –
liegt direkt an der Grenze zu Kansas, ein nach den hier
ansässigen Indianern benanntes Straßendorf. Oklahoma
heißt nämlich erst seit Mai 1890 so; vorher war's Indianergebiet. Die Weite der Landschaft und vor allem die angeblich landwirtschaftlich untaugliche rote Erde mit ihrer
hauchdünnen Humusschicht kamen der Bundesregierung
in Washington wie gerufen; kaum hatte der als hochgebil-
deter Humanist geltende Präsident Jefferson das Loui-
siana-Gebiet von Frankreich gekauft, befahl er die Umsiedlung der Ostküstenstämme in die Ödnis des neuerwor-
benen westlichen Territoriums. Mit den Cherokee fing's 1817
an; danach kamen Chicasaw, Choctaw, Creek. 1835 befand
der Oberste Gerichtshof zwar, die Zwangsumsiedlungen
seien nicht verfassungskonform, aber Präsident und Parla-
ment scherten sich nicht um die Theoretiker im Obersten
Gericht. Die restlichen im Osten noch ansässigen Cherokee, die bei der ersten Vertreibung entschlüpfen konnten,
wurden zusammengetrieben und mußten 1839 den Langen
Marsch antreten, der als »Trail of Tears« in die Geschichte
einging. Drei Jahre danach zogen die wenigen Seminolen,
die im jahrelangen Widerstand nicht gestorben waren, zu
Fuß aus Florida nach Oklahoma. Damit war die Umsiedlung beendet, der von Weißen dicht besiedelte Osten Amerikas galt als »indianerfrei«.
Ganz einfach war's für die Betroffenen nicht; fast ein
Fünftel der Indianer starb unterwegs. Von den 20 000 Choc-

taws kamen nur 12 000 an, von nicht ganz 15 000 Cherokee lebten noch 10 000.

Die amerikanischen Ureinwohner der Ostküste hatten zwar schon längst ihre Zähne verloren, waren von der weißen Kultur recht angetan und wollten nur friedlich ko-existieren, aber ihr Land wurde gebraucht. Deshalb mußten sie weg. Damit das nicht nochmal passierte, gründeten die fünf nach Oklahoma umgesiedelten Stämme 1843 die »Five Civilized Tribes«, woran man unschwer den Grad ihrer Anpassung erkennt. Ein lockerer Staatenbund war es, eine Allianz gegen die »wilden« Stämme der Prärie und eine Interessenvertretung dem Bund gegenüber. Die fünf zivilisierten Stämme lebten denn auch einige Jahre recht friedlich vor sich hin. Bis sich die Vereinigten Staaten in zwei einander spinnefeindliche Fraktionen teilten und die Indianer auf die falsche Partei setzten. Sie hielten nämlich auch Sklaven, die »Five Civilized Tribes«, und waren somit den Konföderierten philosophisch eher zugetan als den puritanischen Nordstaaten, die dann auch prompt den Bürgerkrieg für sich entschieden und die Rothäute im Indian Territory erst mal richtig bestraften. Die Hälfte ihres Landes wurde sofort konfisziert, denn es warteten ja schon Weiße auf die Scholle; Jahrzehnte später, als aus dem Indian Territory das neue Siedlerland Oklahoma Territory wurde, nahm man den Ureinwohnern den Rest ihres Landes und steckte sie in Reservate.

Die Indianer mußten verschwinden. Dafür bekamen Weiße die Gelegenheit, kostenloses Land zu übernehmen. Nach Ende des Bürgerkrieges verabschiedete der Kongreß das Homestead-Gesetz. Das besagte, daß demjenigen, der bis zu 160 Acres absteckte und bearbeitete, nach Ablauf einer Schamfrist das Eigentum daran übertragen wurde. Im Neuland Oklahoma erledigte man das auf sehr amerikanische Weise. Die Gebietsgrenzen waren markiert; man registrierte seinen Wunsch, Land zu übernehmen, und am 22. April 1889, Schlag zwölf, rasten Tausende zu Pferd und per Kutsche los. Selbst mit der Eisenbahn fuhren einige; die sprangen dann unterwegs aus den Waggons und steckten ihren Land-Claim ab.

Daß es da mächtigen Ärger gab, kann man sich denken. Wer wartet schon, bis die Bank aufmacht, wenn das Geld einfach so auf der Straße herumliegt? Viele waren schon ins Gebiet geschlichen und hatten abgesteckt, während ein Familienmitglied bei der Anmeldung wartete. Viele wurden am »Landrauschtag« erschossen, aber die darwinistische Landvergabe wiederholte sich zehnmal, bis Oklahoma 1906 verschenkt war. Im Jahr darauf wurde das Territorium Teil des Staatenbundes.

Der Beschiß machte übrigens im wahrsten Sinne des Wortes Schule. Die zu früh am Claim erscheinenden nannte man im Volksmund »sooners«, von »too soon« – zu früh. Der ganze Staat Oklahoma nennt sich nun im Tribut an die vorväterlichen Schlitzohren »The Sooner State«. Oklahoma ist ein Staat, dessen Einwohner es noch nie einfach hatten. Ob nun die vertriebenen Ureinwohner der Ostküste oder die Boomers – die Gesetzestreuen, die bis zum mittäglichen Kanonenschuß an der Staatsgrenze ausharrten, nur um von den Sooners gelinkt zu werden –, Okies haben ein hartes Leben. Der Boden war zwar jungfräulich, aber dünn. Das Wetter wechselt zwischen unerträglicher Trockenheit, Wüstenhitze und Blizzards, die aus der kanadischen Ebene herunterbrausen und mit ihren unglaublichen Schneemengen wochenlang den Verkehr lahmlegen. Zwischendrin ist Tornado-Saison; dann kreischen die unberechenbaren Twisters über Felder und durch Städte und alles, was im Weg steht, geht in die Brüche wie ein Streichholzhaus. So ein Wirbelsturm ist ja nicht nur ein Wetterereignis; noch viel mehr geht er an die Psyche, denn man kann ihm nichts entgegensetzen, kann sich selbst kaum schützen, wird aus heiterem Himmel überfallen, und der hereinbrechende Weltuntergang ist von ungeheurem Lärm begleitet, so daß man seinen eigenen Schrei nicht hört.

Doch zurück nach Quapaw. Hier beginnt die Cherokee Nation, weil hier der Oklahomateil des »Trail of Tears« beginnt; der letzte Abschnitt der 1000 Meilen langen indianischen Via Dolorosa, die in Sallisaw endet. Das Dorf Quapaw ist mächtig stolz darauf, daß es in der Gegend ein

bislang unerklärtes Phänomen gibt: In Quapaw, das weiß
jeder, spukt's. Da braucht man nur an einem lauen Som-
merabend ans Ufer des Spring River zu gehen, und mit
Glück wird man von einer Lichtkugel beschossen. Das wabert und strahlt nur so, saust lautlos mit Teufelsgeschwin-
digkeit heran und ist schon wieder weg. Devils Promenade
heißt die Anhöhe über dem Fluß an der State Line Road,
wo man das Licht sehen kann, und alteingesessene Qua-
pawer wissen, daß mit der Erscheinung nicht zu spaßen
ist. Die Army war auch schon da und hat untersucht, was
immer da passiert, aber die können ja nicht mal ihren eigenen Hintern finden. Ab und zu kommt wieder mal ein
Esoteriker von irgendwoher angereist und wartet nachts
draußen am Fluß, doch der leuchtende Plasmaball erscheint
nicht immer. Schon die Quapaw-Indianer haben die Kugel
sausen sehen, vor über 100 Jahren, also ist es ein Tradi-
tionsphänomen und daher ernst zu nehmen. Außerdem will
bis jetzt niemand damit Geld verdienen, was den ganzen
Zauber nur glaubhafter macht, denn entlang der Route 66
kostet jede Schimäre Eintritt.

Miami kommt bald, und an Miami ist nichts ungewöhnlich,
außer der Aussprache des Ortsnamens. Da fallen nämlich
Fremde immer rein und sagen »Mei-ämmi«. Was nicht
stimmt. Hier nennt man's »Mah-ä-mah«. Da kann man die
blöden Kalifornier auslachen, die hierherkommen und nicht
mal wissen, wie man Miami ausspricht. Dafür lachen die
Kalifornier, wenn sie tatsächlich die alte Main Street aus
Miami hinaus Richtung Afton fahren. Da war die Route 66
so schmal, daß sie »Bürgersteig-Highway« hieß. Das kam
so: Die Bundesbehörde schrieb den Straßenverlauf vor,
und die Staaten, die den neuen Highway dazu noch befe-
stigten, bekamen einen ordentlichen Zuschuß, den sie an die
ausführenden Landkreise weiterreichten. Oklahoma baute
seinen Route-66-Abschnitt, betonierte gleich, aber für die
Strecke Afton-Miami reichte das Geld einfach nicht mehr.
Landkreis und Staat waren am Ende. Höchstens die Hälfte
der Strecke hätte man termingerecht finanzieren können.
Da kamen die cleveren Okies auf die zündende Idee: Sie

würden die Straße pflichtgemäß bauen – aber über die Breite stand nichts im Vertrag. So wurde die Strecke von Afton nach Miami in Angriff genommen, glänzte so rosa wie die anderen Betonstraßen in Oklahoma, und war doch nur drei Meter breit.

Vinita! Da zieht's mich immer wieder hin, denn ich liebe die hier wachsenden Pecannüsse.

Don Gray und seiner Frau Michelle gehört eine uralte Pecan-Anpflanzung gleich außerhalb Vinitas. 14 Meter hohe Bäume stehen da in Reih' und Glied auf einer Wiese, die sorgfältig von Unkraut freigehalten wird. Schon seit den frühen Achtzigern gehört die Farm den Grays, und sie haben die Pecannuß zu ihrem Lebensinhalt gemacht. Don hat jahrzehntelang für eine Ölgesellschaft gearbeitet. Kräftig gebaut, wie er ist, kann man sich vorstellen, daß er auf dem Ölfeld gut zurechtkam, ehe er einen leitenden Job bei dem Unternehmen annahm. Aber irgendwann hat jeder die Schnauze voll, und Don kündigte und kaufte sich das Pecanparadies.

Direkt am Flüßchen liegt sein Besitz, am Little Cabin Creek, was sich wie eine kitschige Sonntagnachmittags-Fortsetzungsserie anhört, aber für Don und Michelle ist es harte Arbeit. Ein Helfer ist noch da, und die Akkordlohnkolonne zieht zur Erntezeit durch die Plantage wie die Heuschrecken durch Ägypten. Ansonsten machen die Grays alles selbst. Und natürlich haben sie ihrem Betrieb noch einen Pecanladen angegliedert, denn auch in der Landwirtschaft ist der Gewinn das, was am Ende in der Tasche bleibt. Sie verkaufen Souvenirs und kitschiges Geschirr, Fließbandgemälde und Zeug, das mit dem Route-66-Logo bedruckt ist. Weil sie leben müssen, die Nußbauern, und seit die 66 nicht mehr existiert, ist das verdammt schwierig geworden.

Aber die Nüsse, die frischen Nüsse! Pecan ist die typische Südstaatennuß; sie wächst nur, wo es warm und feucht ist: im Sumpfgelände und dort, wo sich sonst Alligatoren und derartiges Getier aufhalten. Sie schmeckt himmlisch, und aus einem völlig unerfindlichen Grund ist sie in Europa kaum bekannt. Dabei steht sie mit der spektakulären hawaiischen Macadamianuß auf einem epikureischen Rang. Man darf – sollte! – Pecannußkuchen ruhig warm essen. Hat man das Vanilleeis dazubestellt (»a la mode« heißt das seltsamerweise, aber die Amis sagen ja auch »Entree« zum Hauptgericht), kann nichts mehr schiefgehen. Wie kann ein derart auf Süßes versessenes Volk schlecht sein? Kann's nicht.

Oklahoma ist für seine tiefe Religiosität und seine Verfressenheit bekannt. Nun paßt ja beides hervorragend zueinander, was man in Europa schon lange weiß. Doch im Fernsehzeitalter ist das nicht unbedingt zu vereinbaren, jedenfalls nicht, wenn man dem TV sein Einkommen verdankt. Da muß selbst der Religionsfachmann schlank sein. Der Prediger soll zwar säuseln und brüllen können – möglichst übergangslos –, aber immer eine gute Figur machen. Sonst gibt's keine Kohle, und dann hilft selbst Gott nicht, den Laden weiter zu betreiben. Deshalb dürfen die vielen Lehrprediger nicht, was Oklahomans so gern tun: sich in einem der unzähligen Bar-B-Q-Restaurants richtig gehenlassen. Die Grillbuden sind eine Spezialität der Gegend. Im entlegensten Winkel findet man ein Barbecue; meist gibt's eine Riesenauswahl Grillfleisch, »all you can eat«, was natürlich bei Bedarf einiges ist. Die Barbeque-Schreibweise mag zwar von Ort zu Ort differieren, aber das Grillbüffet ist immer vom Feinsten.

Die armen Prediger, die wie Models auf die Figur achten müssen, finden in der Großstadt Tulsa eine geistige Heimat. Oklahoma liegt mitten im Bible Belt, im Bibelgürtel – und manche behaupten, Tulsa sei dessen Gürtelschnalle. Die Bibelbegeisterung so vieler Amerikaner ist hinreichend dokumentiert; ein Viertel der 235-Millionen-Bevölkerung betrachtet sich als zu den »Wiedergeborenen Christen« gehörig. Sie legen die Bibel wörtlich aus, was nicht heißt, daß sie sich daran halten, aber die Christen achten doch sehr auf das gottgefällige Wohlverhalten ihrer Nachbarn. Christen im Bible-Belt-Sinne sind übrigens nicht Lutheraner oder gar Katholiken; die sind des Teufels, weil sie den rechten Pfad noch nie eingeschlagen haben. Nur die Born-Again-

Sorte Mensch ist dem Herrn wohlgefällig; alles andere ist Schrott und wird auch oft so behandelt.

Diese Christenmenschen nun glauben an die Macht des Gebets; so sehr, daß sie – wie im verhaßten Lamaismus, wo die Mühle Tag und Nacht »Om mani padme hum« sendet – unablässig Gottes Namen murmeln. Jedesmal ein Gutpunkt – das summiert sich im Laufe eines Lebens. So ein Gottesdienst ist für Außenstehende die reine Gebetsmühle. Der Prediger unterbricht die tränenfeuchte Rede ständig mit einem staunend gehauchten oder jubilierend gejauchzten »Praise The Lord!«, die Schar der Gläubigen zwitschert im Choral ein Hallelujah!, und wie schon im Branson-Kapitel erwähnt, artet das Ganze sehr leicht in ein allgemeines Toben aus. Das macht sich natürlich prima im Fernsehen. TV ist ein Bildmedium, und ohne Action wird's schnell fad. Gottes Wort muß man doch verkaufen können, und wenn man's richtig macht, springt dabei ganz ordentlich was raus. Schon der alte Luther nahm an der Sitte Anstoß, aber Ablaß ist trotz Luther Big Business im gläubigen Amerika.

Das Fernsehzeitalter begann erst richtig, als genügend Amerikaner so ein Ding im Wohnzimmer stehen hatten. Das mag so um 1956 gewesen sein, als »Ike« Eisenhower und sein Vize »Tricky Dick« Nixon zur Wiederwahl standen. Damals entdeckten auch die unermüdlich ackernden Zelt-Prediger das neue Medium. Mit der Kiste konnte man Proselyten machen, das ging jedem auf. Tausende auf einmal; man war an keine Zeit gebunden, das Wetter spielte keine Rolle, und die Kamera lenkte den Blick dorthin, wo ihn der Gottesmann haben wollte – auf krückenwegschleudernde »Lahme«, auf erstaunt blickende »Blinde«, auf weinende »Angehörige« und auf die eingeblendete Kontonummer des Wunderheilers. Endlich konnte der Prediger rationell arbeiten. Weg mit dem Zelt, rein ins TV-Studio. Eine neue Berufsbezeichnung entstand: Televangelist. Die elektronische Kiste, der man alles glaubte, machte es möglich. Der Siegeszug des Fernsehens läutete auch den Siegeszug des Televangelisten ein.

Natürlich sind Politiker noch schneller als Prediger, obwohl sich sonst in ihrer Vita nicht viel unterscheidet. Bessergestellte Amerikaner konnten ihren enigmatischen Senator Nixon schon 1952 im Fernsehen bewundern, als er geschickt Fragen nach seiner mafiosen Wahlkampffinanzierung damit beantwortete, daß er seine Frau im Stoffmantel (!) auftreten ließ, um zu demonstrieren, wie ärmlich die Nixons doch lebten, und seinen kleinen Hund Checkers auf den Schoß nahm und der Kamera mit Hundeblick klarmachte, wie sehr er sich vor seinem knuddligen Hausgenossen schämen müsse, wenn er jemals unehrlich gewesen sei. Das würden weder er, der Tricky Dick, der gerne Vizepräsident werden wollte, noch seine Stoffmantelträgerin, noch sein Hündchen Checkers überleben. Die Amis schluchzten gerührt, machten Dick Nixon erst zum Vize, dann zum Chef, und dann wunderten sie sich. Solch fruchtbaren menschlichen Boden beackern die Televangelisten gern. Da lohnt die Mühe.

Oral Roberts aus Tulsa, Oklahoma, war ein Pionier des Bible Broadcast Business. Auch er begann mit einem Zelt, damals, in den Nachkriegsvierzigern. »The World's Largest Gospel Tent« annoncierte der junge Feuerfresser Gottes; im Boomjahr 1954 tauschte Oral das Evangeliumszelt gegen ein TV-Studio, merkte, daß seinen Sendungen das gewisse Etwas fehlte und funkte fortan aus seinem vermeintlich ausgedienten, nun wieder bummvollen Gospel-Zelt. Und da begab es sich, daß Anna Williams, seit Jahren gelähmt und an den Rollstuhl gefesselt, zu Hause in Wichita Falls, Kansas, die Glotze einschaltete. Oral forderte gerade die Zuschauer auf, ihre Hände auf das Fernsehgehäuse zu legen, damit die heilende Kraft Gottes durch die Braunsche Röhre auch ankomme. Der Empfang war perfekt; Anna fühlte, erzählte sie Tags darauf allen Zeitungen, ein Kribbeln, und als Brother Roberts brüllte, JETZT mit VOLLER KRAFT VORAUS zu beten, fuhr Gott in die Anna, die auch prompt aufsprang und durchs Wohnzimmer tanzte. Seither gilt der Oral als Wunderheiler, und seit dem Tag unterhält er sich dauernd mit Gott.

Mit der tanzenden Anna hatte Oral Roberts das große Los

gezogen. Er hegte und pflegte sie, die Kohle floß in breitem Strom, viele Neider gab's und Nachahmer, aber die Number One blieb halt die Number One. Bis 1967. Da ging Brother Oral vom Sender, aber zwei Jahre später war er wieder da; nunmehr sendete er aus der eigenen Universität. Das kann man sehr wohl in Amerika, die eigene Uni aufmachen, wie andere eine Dönerbude. Bruder Roberts hatte die Zeichen an der Wand gesehen und machte sich an die großflächige Verbreitung seiner Religion, während sich im rapide wachsenden Geschäft Professoren aller Fachrichtungen um das Training der Verkaufsmannschaft kümmerten. Er baute seinen Campus aus, erstellte ein privates Krankenhaus mit 777 Betten. (Übrigens fordert er auch Anhänger auf, in Siebenern zu spenden: 7 Dollar, 77, 777, 7 777 und so weiter. Nein, Numerologe sei er nicht, aber in der Bibel sei die Zahl Sieben Symbol der Perfektion, der Ganzheit, der Unendlichkeit. Die Anschrift der Universität ist 7 777 South Lewis Avenue.) Oral ließ ein 27 Meter hohes Kitschwerk, betitelt »Betende Hände«, aufstellen (jegliche Ähnlichkeit mit Dürer ist rein zufällig), er dressierte Sohn Richard zu seinem Ebenbild. Und daß die alte Roßtäuscherei immer noch klappt, machte der einstige Zelt-Revival-König im Jahr 1986 klar; da erzählte er während einer seiner regelmäßigen Sendungen, daß Gott ihm am Abend zuvor gedroht habe. Klipp und klar habe der HERR ihm gesagt, daß Roberts entweder am nächsten Ersten acht Millionen Dollar abliefern solle, oder er, der HERR, hole den Oral heim. Endgültig. Das war ja nun ein echtes Ultimatum. Entweder ihr schickt sofort die Kohle, oder ich fehle.

Daß die Sammelaktion klappte, sieht man daran, daß Oral immer noch unter uns weilt. Er betreibt seine Uni, munter verscheuert er seine Religion, wunderheilt ab und zu, und er kassiert bei allen Unterfangen. Unbefangen. Immer.

Tulsa, die Gürtelschnalle des Bible Belt, war auch bedeutendes Erdöl- und Erdgas-Gebiet. Aber die vielen Bohrungen in und um Tulsa lohnten sich nur, als der Rohölpreis richtig hoch war. Damals entstanden die Prachtbauten, die

Geschäftshäuser und Villen. In typischer Bescheidenheit nannte man sich »The Oil Capital of the World«. Doch als die OPEC-Scheiche die Barrelpreise senkten, fiel die Industrie in sich zusammen, und sie hat sich bis heute nicht erholt. Natürlich wird noch gefördert, und nach wie vor sind viele Ölfirmen in Tulsa zu Hause, aber der Glanz ist weg. Öl ist inzwischen nur ein Geschäft wie jedes andere. Die überlebenden Erdölfirmen haben diversifiziert, haben sich auf Immobilien und Viehzucht verlegt. Daß die Route 66 eines Tages eine Touristenattraktion werden könnte, dachte niemand. Die Stadt hat sich eher auf die modernen Highways konzentriert, die aus allen Richtungen über Tulsa herfallen, hat die historische Strecke vernachlässigt. Nur noch Relikte aus der großen Zeit der Überlandstraße sind vorhanden, zum Beispiel der riesige blaue Beton-Wal in Catoosa, einem Vorort Tulsas, aus dessen linkem Lungenflügel eine Wasserrutsche in ein veraltetes Schwimmbecken zielt. Geld wird gesammelt, um den touristisch bedeutsamen Walfisch wieder präsentabel zu machen, aber es scheint recht aussichtslos. Jeder bessere Vergnügungspark bietet das Zehnfache an Coolness und Action. An der Eleventh Street, beim Sportstadion der University of Tulsa, findet man den Metro-Diner, der zwar nachgebaut, aber Spitze ist. Echter als die echten alten Diners, wie man sie aus Filmen, wie »American Grafitti«, kennt: mit Hackbraten auf der Speisekarte, kurzberockten Kellnerinnen und starkem Neon. Weiter zur Stadtmitte hin steht der Warehouse Market, auch auf der Eleventh Street, eine Art-Deco-Minimarkthalle aus den Dreißigern, deren schräge Architektur einfach sehenswert ist. Schön, wenn Bauämter Humor haben und großzügig handeln.

»Guitar Man« J J Cale – Tulsa-Sound pur

Dieses hyperfromme Tulsa hört sich ja recht zugeschürt an; als heranwachsender Tulsaner, meint der Außenstehende, hat man nicht viel Aufregendes zu berichten. Das täuscht natürlich, denn gerade dort, wo Verhalten vorgeschrieben wird, wächst meist Schrägstes heran. Schon vor 40 Jahren war das der Fall; eigentlich noch viel mehr als heute, denn damals war Oklahoma ein »Dry State«, ein alkoholfreier Staat. Unfroh und gottesfürchtig, middleamericansuperpatriotisch, ein Zustand, der nur heruntergeschnurrt werden kann, ohne Atem zu holen. Anderswo übte sich Schmuddelknabe Elvis Presley vor fassungslos staunendem Teeniepublikum auf High-School-Turnhallenbühnen im Trockenficken, Little Richard probte im heimatlichen Macon, Georgia, spitze Tuntenschreie zu flott gespielten Klaviertriplets, und in Tulsa zupfte John Cale seine Harmony-Gitarre. Im zwölften Schuljahr war er, besuchte die Central High in Tulsa und freute sich auf den Abschluß. John hatte sich, jung, wie er war, als Gitarrist und Sänger einen Namen gemacht. Er spielte nur das absolut Nötigste, sein gelegentlicher Gesang wurde eher als weiteres Instrument wahrgenommen, so sehr ging die Stimme im Song unter, und seine Gruppe *Johnnie Cale and the Valentines* verdienten trotz Schulpflicht schon recht gute Dollars. Und sie waren Rebellen. Darauf kam's an. Sie waren nicht wie die anderen: schmieriger Entenschwanz mit Pomaderille und schwarze Lederjacke. Jimmy Dean, Marlon Brando und Elvis: frühe Vorbilder kommender Johnny Rottens und Sid Vicious'.

Die Musikszene Oklahomas, und damit Tulsas, existierte notgedrungen im Untergrund. Zu ihr gehörten Leon Russell, der Klavier spielte, Carl Radle und Chuck Blackwell, Jimmy Markham, der weiße Soulsänger Bill Davis, der die gleiche High School wie Cale besuchte, und David Gates, der später mit seiner Pop/Rockgruppe *Bread* mit Sicherheit das meiste »Bread«* von allen verdienen würde. Und Cale. Cale war auch da. Er war vor Jahren mit seinen Eltern aus seiner Geburtsstadt Oklahoma City hergezogen, hatte schon früh angefangen, auf einer alten, geschenkten Gitarre herumzuzupfen, und betrachtete die Musik nicht als Arbeit, sondern als Vergnügen. Tulsa hatte ja nur wenige Nachtklubs, aber den berühmten Cains Ballroom, von wo aus jeden Sonnabend Bob Wills mit seinen *Texas Playboys* live über den Sender KVOO spielte. Brady Theatre und Magician's Theatre boten Tanz und Konzerte, und im Cimarron Ballroom waren die großen Acts; Fats Domino spielte da, Jerry Lee Lewis, Chuck Berry und Ray Charles. Zwei Dollar Eintritt, ein Vermögen, wenn man die Sieben-Dollar-Gage vergleicht, die einheimische Gruppen für einen ganzen Abend Einheizen kassierten.

John versuchte, wie Chuck Berry zu spielen oder wie Les Paul. Presley-Gitarrist Scotty Moore machte einen nachahmenswerten Sound, und der Schwarze Clarence »Gatemouth« Brown, der eine Mischung aus Country und Blues spielte – auf einer Saite nur, aber wie schneidend. John Cale versuchte alle Sounds nachzuspielen, doch sie klangen nie wie das Original – immer nur wie John Cale aus Tulsa. Also ließ er's nach einer Weile bleiben, weil sein eigenes sparsames Spiel bestens ankam. John war wer in Tulsa. Ein großer Fisch im kleinen Teich.

Der andere große Fisch in dem winzigen Weiher Tulsa war Leon Russell. Der war drei Jahre jünger als Cale, hatte aber schon in den Windeln Klavier und Trompete gelernt. Kaum 13, taufte sich Hank Wilson in Leon Russell um und gründete seine erste Band. Mit dem neuen Namen konnte der hart aussehende Jüngling behaupten, volljährig zu sein, was die Gig-Suche unendlich erleichterte. Und Gigs bekam er, jede Menge. So viele, daß er einige dem Kollegen

* dt.: Brot, aber auch Slang-Ausdruck für Geld

96

Cale überließ, der sich dann gelegentlich auch revanchierte. So brummte die ganze, ungewöhnlich jugendliche Tulsa-Szene vor sich hin, und sie wäre vermutlich heute noch so homogen, wenn Leon Russell nicht das Fernweh gepackt hätte.

Leon wollte nach Kalifornien. Da spielte die Musik; alles andere war nur Vorstufe. Er war erst 17, aber sein halbes Leben hatte er sich ja älter gelogen. Jedenfalls verließ der frühreife Knabe Tulsa und ging nach Los Angeles. Das war 1958, und Leon trat erst mal der Musikergewerkschaft bei. Dann legte er zu einer der glanzvollsten Studiokarrieren los, die je ein Musiker aus Oklahoma hatte. Lernte von keinem Geringeren als James Burton Gitarre spielen, James Burton, der mit seinem oft kopierten Solo schon 1957 den Dale-Hawkins-Song »Suzie Q« zu einem Hit gemacht hatte, und der nun für TV-Star und Teenyidol Ricky Nelson rockte. Die Kids in Oklahoma beobachteten Leons kalifornischen Werdegang mit Adleraugen.

Tulsa war ein guter Nährboden. Die Daheimgebliebenen wurden bei ihrem Geschrammele allen möglichen musikalischen Einflüssen ausgesetzt; von den Schwarzen des benachbarten Südens lernten sie den Blues, die Western Swing Bands aus Texas und Oklahoma machten ihren regionalen Einfluß noch immer geltend, aus Memphis und Nashville kamen immer wieder neue Popsounds. Rock 'n' Roll und Country/Hillbilly waren eine Symbiose eingegangen, die als Rockabilly beide Lager verprellte. John Cale spielte alles. Wenn Blues verlangt wurde, erzählt er, setzte er die Sonnenbrille auf, wenn ein Gig Country erforderte, kam der Hut aus dem Schrank. Polka? Kein Problem, Cale spielte Polka. Er war Musiker geworden, übergangslos, ohne zusätzliche Lehrzeit hatte er begriffen, daß er von der Musik leben konnte. Nur ab und zu mußten kurzzeitig Hamburger geflippt, Fahrstühle bewegt oder Stahl gegossen werden. Doch meist nährte der Unterhaltungsjob den jungen Mann.

Dann rief Leon. Der hatte soviel zu tun, daß er bald nicht mehr nachkam. Die ersten Studiojahre waren noch hart gewesen, aber inzwischen ging er einmal im Monat zur Gewerkschaft und holte seinen Scheck ab – und oft waren das

Tausende. Aus dem Wunderkind war ein gefragter Musiker und Produzent geworden, und der machte jetzt John Cale den Mund wäßrig mit seinen Erzählungen aus der Musikhauptstadt. Mit Phil Spector arbeitete er ständig, spielte unter dem Pseudonym Russell Bridges (für sein Klavierspiel auf den *Byrds*-Singles »Tambourine Man« und »I Knew I'd Want You« gab's laut AFM-Vertrag 88 548 vom 20. Januar 1965 genau 101,68 Dollar brutto), und er hatte Beziehungen. John hatte nichts zu verlieren. Er hatte schon probiert, allein in Nashville Fuß zu fassen, aber das hatte nicht hingehauen. Jetzt packte er seinen Koffer und zog nach Los Angeles.

Nicht nur Cale ging nach Kalifornien. Tulsa leerte sich; Carl Radle, Karstein, Tripplehorn waren nur die Speerspitze des musikalischen Exodus. Kalifornien war frei, großzügig, immer schön warm, immer gab's Arbeit. Hier wurde Pop gemacht. Hierhin gehörte, wer Pop machen wollte.

Die Sechziger waren gerade so richtig in Schwung; die *Beatles* hatten soeben ihre erste US-Tour hinter sich, als John nach Los Angeles kam. Schön warm war's ja wirklich, einen schicken Strand gab's, aber die Stadt wollte ihm nicht so recht gefallen. Und doch blieb er. Er wurde zum gefragten Aufnahmetechniker, komponierte viel, spielte mit der eigenen Band und bei befreundeten Gruppen und nahm im Laufe der Jahre drei Singles auf – die dritte war seine Eigenkomposition »After Midnight«. Ein Album war 1967 in der Planung, und dazu taufte John Cale seinen Verein *The Leather Coated Minds*, nahm unter Leitung des Produzenten Snuff Garrett einen Haufen psychedelische Coverversionen auf und nannte das Ding »A Trip Down Sunset Strip«. Ein Fehler, wußte Cale damals; noch heute sagt er's. John Cale nannte sich inzwischen J J auf Veranlassung eines kalifornischen Nachtklubbesitzers, weil der eine Verwechslung seines Musikers mit dem wilden Mitbegründer der New Yorker *Velvet Underground* unbedingt vermeiden wollte. Und clevere Journalisten machten aus dem doppelten J. ein »Jean Jacques«; warum auch nicht? Der J J gab ja kaum Interviews, also konnte man ihn nicht fragen.

Gegen Ende der Sechziger hatte J J die Schnauze voll.
Südkalifornien war wirklich nicht das Gelbe, obwohl es an
Arbeit nicht fehlte. Aber Tulsa zog doch mächtig. Cale
packte Gitarre und Schreibblock ins Auto, lenkte auf die
Route 66 und fuhr nach Hause. Er schlug sich recht und
schlecht durch, bis er eines Tages, oder besser gesagt, eines
Nachts um drei, einen Anruf erhielt. Da rief Saxophonspieler Bobby Keyes aus London an, um Cale zu sagen, daß Eric
Clapton gerade sein »After Midnight« gecovered habe. Cale
war sauer.«Hier ist's tiefe Nacht! Ruf'mich tagsüber an«,
soll er gemotzt haben, ehe er auflegte.

Ein halbes Jahr später, sagt Cale, war's ihm, als habe er
»Öl im Garten entdeckt«. Jede Menge Tantiemen rollten
plötzlich herein. »After Midnight«, die Clapton-Version, war
im Oktober 1970 herausgekommen, war ein weltweiter Hit,
schenkte dem Eric eine ganz neue Karriere und machte
Cale unabhängig. Man kannte ihn jetzt als Komponisten,
und die Bekanntheit nutzte er, um endlich ein Album nach
eigenem Gusto zu machen. Er hatte sich ja vor einem Jahrzehnt in Nashville erfolglos vorgestellt, hatte versucht, seine
Kompositionen anzubringen, seine Bänder bei Rundfunksendern vorzuspielen, aber er war nicht mal an der Sekre-
tärin vorbeigekommen. Diesmal war's anders; er war immerhin J J Cale. Das RSO-Album »Eric Clapton« war kaum
fertig, als er schon im Moss-Rose-Studio war und fünf Songs
aufnahm. Baßspieler Carl Radle war noch dabei, den sich
Clapton gleich danach für seine Gruppe *Derek and the Do-
minoes* griff. Eine Woche später wurden die nächsten Lieder aufgenommen, vom zweiten bis vierten Oktober 1970,
im Bradley's Barn Studio, Mount Juliet, Tennessee. Als
Clapton »After Midnight« fest etabliert hatte, nahm Cale
im Juni des darauffolgenden Jahres erstmals seinen eigenen Song auf, und es dauerte noch ein Jahr, bis das Album
»Naturally« herauskam. Das Mercury Label präsentierte
es 1972 stolz der Öffentlichkeit; die Kritiken waren erstklassig, die Fans verblüfft, seine »After-Midnight«-Version
galt Puristen als Offenbarung. Cale hatte sie bewußt ver-
langsamt, damit sie nicht wie die Clapton-Version rockte,
sondern vor Tulsa-Sound strotzte. Ein Lokomotiven-Groove,

sparsamste Instrumentierung, ein murmelnder J J, dessen Worte Wahrheit, Natürlichkeit, Echtheit ausstrahlten. Cale hatte mit seinem ersten Album eine Fangemeinde geschaffen, die fortan alles kaufen würde, was der Meister aufnahm. Und das war alle zwei Jahre ein Album. Mehr wollte er nicht, zu mehr hatte er keine Lust. Ein Songwriter sei er, kein Musiker, das behauptete er immer wieder. Und ein erstklassiger Toningenieur, weil er als Musiker genau wußte, was wohin gehörte. Weil er gern experimentierte, nahm er den Song »Crazy Mama« auf seinem tragbaren Panasonic-Tonbandgerät auf und spielte den Rhythmus mit einer der damals brandneuen Acetone Drum Machines. »Crazy Mama« wurde, wie »After Midnight«, ein Rockklassiker, das seltsame Aufnahmeverfahren hielt sich. Cale betrachtet nämlich seine Alben nicht als gutverkäufliche Endverbraucherware, sondern als Demos für andere Musiker, für diejenigen, die Coverversionen seiner Songs einspielen. Das ist sein Geschäft. Deshalb mißtraut er auch der geschniegelten Produktion. Oft, sagt Cale, nimmt er neu eingespielte Bänder mit nach Hause, wo er eine Studioeinrichtung hat, und »verdreckt« sie erst mal. Die Songs sollen sich nicht perfekt, sondern leicht angeschmuddelt anhören.

Mit »Really« folgte im gleichen Jahr ein Album, das teilweise in Mussel Shoals, Alabama, aufgenommen wurde, im berühmten Soul-Studio. Mit Jimmy Johnson und Vassar Clements hatte J J zwei Giganten der amerikanischen Musik auf dem Album; den damals 44jährigen Chicagoer Bluesmann Johnson, der eine unglaublich vielseitige Gitarre spielte und Bluegrassfiedler Clements, der schon mit Emmy Lou Harris und der *Nitty Gritty Dirt Band** Rockerfahrungen gesammelt hatte. »Ridin' Home« und »Soulin'« waren die beiden Songs, die wieder weltweit Anklang fanden. Der Don-Nix-Song »Going Down« war dabei, das Lied, das sich der texanische Bluesgitarrist Freddie King zu eigen gemacht hatte. Die gesamte Hippie-Insel Ibiza vi-

* siehe auch das Kapitel über die *Nitty Gritty Dirt Band* im Buch »Rock-Highway« von Peter J. Kraus, Berlin 1996

brierte im Sommer 1973 zu den Sounds, die J J Cale auf »Really« herausbrachte. Der Mann aus Tulsa war – ohne es zu ahnen – Weltstar.

Cale war in Nashville geblieben. Das erste Album machte riesigen Spaß, er lernte so viele nette Leute kennen, und die Vibes* waren einfach richtig. Es gab in der Countrymusik-Hauptstadt viel Arbeit. J J Cale hatte den zweiten großen Tapetenwechsel hinter sich.

Leon Russell hatte derweil den großen Coup gelandet. Er hatte sich 1968 mit Delaney & Bonnie für deren Tour zusammengetan und fiel Joe-Cocker-Manager Denny Cordell auf. Die beiden mochten sich; so sehr, daß sich Russell und Cordell entschlossen, ein Label zu gründen. So entstand Ende 1969 Shelter Records, eines der erfolgreichsten Rocklabels der Siebziger. Denny sorgte dafür, daß Joe Cocker sein zweites Album unter Russells Aufsicht im A&M Studio in Los Angeles aufnahm, und daß Joe »Delta Lady« sang – eine Leon-Russell-Komposition, die er ursprünglich für seine Freundin Rita Coolidge geschrieben hatte. Eine glückliche Fügung, wie der Fan weiß, denn »Delta Lady« ist ein echter Joe-Cocker-Song geworden. Leon war glücklich, Joe freute sich auch, daß die anstrengende Studioarbeit vorüber war und war so geschlaucht, daß er die anschließenden festgebuchten amerikanischen Konzerttermine einfach platzen lassen wollte und sich auf den Heimweg machte. Nun fiel das der US-Einwanderungsbehörde unliebsam auf, die für langhaarige englische Doper eh nichts übrig hatte. Die Grenzer sagten dem Abreisewilligen freundlich, daß er, wenn er jetzt ins Flugzeug steige, nie wieder eine amerikanische Arbeitserlaubnis erhalte. Peinlich, daß die *Grease Band* schon in alle Winde verstreut war, weil sich die Mitglieder über die selbstherrliche Tourabsage geärgert hatten, Pech, daß Joe niemanden hatte, mit dem er die Tour fertigspielen konnte. Da erinnerte sich Denny an Partner Leon in Los Angeles. Der sprang sofort an, stellte über Nacht eine 21köpfige Gruppe zusammen,

---

* Vibrations, dt. Schwingungen

J J Cale kann über den »Unplugged«-Rummel nur lachen.
Er hat noch nie etwas anderes gespielt.

besorgte Bühnenbild und Filmteams, schrieb ein Drehbuch – alles sehr ungewöhnlich für 1970 – und machte die
»Mad Dogs and Englishmen Tour« und das live aufgenommene Album zu einem popweltbewegenden Ereignis, für
sich und für Joe. Sie hatten in 57 Tagen 65 Auftritte; eine
absolute Gewalttour, nach deren Ende Cocker völlig schlaff

Richtung Kalifornien kroch. Jetzt mußte er sich wirklich erholen. Im darauffolgenden Januar kam der während der Tour gedrehte Film in Londoner Kinos und kanonisierte Leon Russell.

Sein alter Freund Cale indessen galt als Tramp, als ruheloser Wanderer, ein Image, das durch seine Zurückhaltung nur noch gefördert wurde. »Okie« nahm er 1974 auf, bezeichnenderweise wieder mit dem Studiohinweis »Cale's House, Tulsa«, und »Troubadour« folgte zwei Jahre später. Da, nun, war »Cocaine« drauf, ein Song, den Clapton wiederum coverte, der ein riesiger Hit für ihn wurde und der den Ruf Cales als außerordentlichem Songwriter zementierte. »Cocaine« scheint heute etwas antiquiert; nicht die zeitlose Melodie stört, sondern der Text. Damals galt Kokain als harmlose Vergnügungsdroge, die natürlich nicht süchtig machte – im Gegenteil, man genoß den teuren Schnee durch einen zusammengerollten Hundertdollarschein, möglichst druckfrisch, möglichst in guter Gesellschaft. Das besingen Cale und Clapton; die »ehrliche« Droge, in die sich der müde Papa nach getaner Arbeit fallen lassen kann. »She don't lie.« Man wußte es nicht besser.

Cale ging 1976 endlich auf Tournee, um »Troubadour« auf die Beine zu helfen. So wollten es die Plattenfirmen, und manchmal hatten sie sogar recht. Seine Alben hatten ihm viele europäische Freunde gemacht, und die besuchte er nun. Cale fliegt höchst ungern; daß er dennoch tourte, ehrt ihn. In London verkaufte er auch die letzte Eintrittskarte zum Hammersmith Palais. Selbst in Mannheim war kaum noch ein Sitzplatz in der mittelgroßen Halle zu haben. Endlich sah man den sagenhaften Cale, diesen angeblichen Jean Jaques, über den man schon so viel gehört hatte: Stories im Rundfunk, Geschichten über ihn in amerikanischen Rockheften, und in der Tat stand er außerhalb des Lichtkegels, Bühne hinten rechts, spielte dort und murmelte, und die Fans reckten die Hälse wie die Truthähne bei Regen. David Knopfler, der mit seinem Bruder Mark die *Dire Straits* gründete, staunt noch heute über das Familienvorbild Cale. »Mir imponierte seine absichtliche Zurückhaltung – er stand am seitlichen Bühnenrand und spielte als Bandmitglied, sodaß der Durchschnittsmacker bis zum vierten Song nicht wußte, welcher nun Cale war. Und ich hatte noch nie eine so zerlegte Harmony Sovereign (Gitarre) gesehen; sie sah unglaublich aus, fast unmöglich, und doch entlockte er ihr die großartigsten Töne. Als Student kaufte ich vom eigenen Geld eine gebrauchte Harmony Sovereign, gegen 1972 war das, und für die bezahlte man nur etwa ein Zwanzigstel des Preises einer Martin. Als ich den herrlich bauchigen Klangkörper sah, mußte ich sie haben, denn trotz des etwas seltsam geformten Halses hatte sie einen supergeilen Ton. Na, was ich sagen will, ist, daß es seltsam war, daß Cale den verqueren Gitarrenhals behielt, aber eigentlich scheiß auf den Körper sagte; er steckte einfach einen elektrischen Tonabnehmer, einen Pick-up, drauf.«

Die gesamte europäische Rockelite ging damals zum Cale-Konzert. Sein Einfluß war gewaltig; und selbst junge Spieler, die sich noch nicht entschließen konnten, eine eigene Band zu gründen, wurden durch den »easygoing« Amerikaner ermuntert. David Knopfler: »Produzent Audie Ashworth mit Cale und seiner Gruppe hat den Rhythm & Blues erneuert, mit heißeren Grooves als sonst jemand in den Mittsiebzigern – vielleicht mit Ausnahme Dr. Johns und Lowell Georges. Natürlich hätte sich die kleine Combo, die ich mit meinem Hausgenossen und meinem Bruder 1977 gründete, ohne Cales entscheidenden Einfluß ganz anders angehört. Alle vier Gruppenmitglieder hatten seine Alben. Ein Blick auf die damaligen britischen Kritiken bestätigt, daß vier von fünf Kritikern die drei wichtigsten Einflüsse unserer Gruppe erkannten; Dylan, Cooder und Cale.«

Die Tour muß ihm trotzdem im Nacken gesessen haben; es dauerte bis 1994, ehe Cale wieder in Europa auftauchte.

Cale lebte noch immer in Nashville. Seine Alben nahm er dort auf, hatte es von Tennessee aus gleich weit nach Neuengland oder an die Westküste und fühlte sich unter seinen südstaatlichen Landsleuten pudelwohl. Er arbeitete regelmäßig, nicht mehr so oft im Studio, sondern häufig »on the road«, den Highway 66 von Chicago bis L. A.

entlang, und schrieb laufend neue Songs, die auch von den richtigen Leuten vertont wurden. »Call Me The Breeze« wurde zur Erkennungsmelodie der Southern-Rock-Superstars *Lynyrd Skynyrd*, Clapton griff noch mal bei »I'll Make Love To You Anytime« zu, »Cajun Moon« wurde für Maria Muldaur und Cissy Houston ein Hit. So ging's weiter; Cale schrieb, erstklassige Leute spielten seine Songs, Cale kassierte. Und zwischendrin immer wieder ein eigenes »Demoalbum«. »5« kam 1979, mit jeweils einer Komposition der Bandmitglieder Christine Lakeland und Bill Boatman/Roger Tillison, und »Shades« wurde 1980 aufgenommen – teilweise noch in Nashville, zum Teil schon in Los Angeles, denn Cale war wieder ruhelos. Er wollte Freiheit, wollte nicht mehr jedem zur Verfügung stehen, wollte einfach öfter allein sein, und das kann man in Südkalifornien besser als anderswo. Also kaufte sich J J Cale einige Hektar Land zwischen Los Angeles und San Diego, stellte ein Mobilheim drauf, dieses uramerikanische Haus, das zwar aus steuerlichen Gründen Räder haben und zugelassen sein muß, aber selten wegbewegt werden kann. Ein richtiges Haus, nur ist es eben vorgefertigt und läßt dem träumenden Besitzer die Illusion, er könne bei Bedarf sein Haus hinter den Pickup-Truck hängen und innerhalb kürzester Frist über alle Berge sein. Das ist etwas für Einsiedler, für Eigenbrödler, für solche, die gern allein sind. Das ist das ideale Cale-Haus.

Inzwischen ist er ein alteingesessener Kalifornier, der J J Cale. Das Mobilheim ist einem etwas festeren gewichen, was darauf schließen läßt, daß Cale bleiben will. Er hat 1996 das zwölfte Album seiner Karriere herausgebracht, »Guitar Man«, wird immer sparsamer – nur J J, Christine Lakeland und James Cruce sind als Musiker genannt, das gesamte Album ist bei ihm auf der Farm entstanden – und kratzbürstiger als die vorherigen. »Unplugged«, spottet Cale, wenn er wieder darauf angesprochen wird, »ich hab' noch nie was anderes gespielt!« Stimmt. Das Bild auf dem Albumcover seines »Guitar Man« spricht Bände. Sein Name in den Gitarrenhals eingelegt, woran man die besonders für ihn angefertigte akustische Martin erkennt;

eingelegte Gelenkfalten auf den Fingerrücken, Eingelegtes auch unter den kurz geschnittenen Fingernägeln. Das aussagekräftige Schwarzweißfoto erinnert an einen perfekten Rennmechaniker, einen, der mit Menschen nicht viel am Hut haben mag, der aber seinen Job bis ins Detail beherrscht. Da gibt's keine Schnörkel und Sperenzchen – millimetergenau wird gearbeitet, unverziert, nur der Sache dienlich. Und es wird perfekt. Das ist Cales Musik, so geht er sie an, und so gerät sie ihm auch. Folgerichtig rät er Jungmusikern, die Komposition ernst zu nehmen. Gitarrenspiel mache zwar Spaß, aber es sei schwer zu verkaufen. Durchs Komponieren, sagt der Mann, der's wissen muß, bekomme man das ganze viele Geld ohne den Verdruß, den Auftritte immer mit sich bringen.

Seine Songs werden nach wie vor gern genommen; Gitarrengott David Lindley, der übrigens in Cales Nähe wohnt, hat auf seinem »Playing-Even-Better«-Album ein sagenhaftes »Tijuana«-Cover. Von Captain Beefheart über *Deep Purple* und Johnny Cash bis hin zu Chet Atkins, José Feliciano und Carlos Santana kommt keiner an J J Cale vorbei. So mag er's, der Songschreiber, und daß Hollywood seine Lieder entdeckte und Cale jetzt noch Soundtrack-Tantiemen bekommt, mag er noch mehr.

Alle paar Jahre ein Album, alle paar Jahre eine Tournee, und in der Zwischenzeit schreiben, relaxen, gitarrespielend auf der Veranda sitzen und sich um den Hund kümmern; so bleibt der Tulsa-Sound pur, unvermengt, so bleibt J J Cale der alte.

Der Schwarze Sonntag und der Treck der Okies

John Steinbeck und Woody Guthrie haben ihn dokumentiert

Der Arkansas River ist sehr breit, sehr flach, voll ewig wandernder Sandbänke, und er fließt durch Tulsa. Hinter der Flußebene ändert sich die Landschaft allmählich. War Oklahoma bis jetzt flach, eine gerade Linie bis zum Horizont, nur durch vereinzelte, wie Hünengräber wirkende Erhebungen unterbrochen, wird die Topografie jetzt wieder dreidimensional. Die Route 66 heißt hier Free Road, im Gegensatz zur parallel verlaufenden Interstate 44, für deren Benutzung bezahlt werden muß. Die Städte entlang des vielbefahrenen alten Highways machen einen geknickten Eindruck; Sapulpa, Kelleyville, Bristow, Depew erinnern daran, daß sich ländliche Okies noch immer von ihrer Heimat trennen, um in der Fremde ein angenehmeres Leben zu suchen. Doch das kleine Stroud, etwa mitten zwischen Tulsa und Oklahoma City gelegen, macht deutlich, daß die Wanderlust auch umgekehrt funktioniert. Das Rock Café ist der Stroudsche Mittelpunkt, und zu recht. So einen Peach Cobbler bekommt man selten vorgesetzt, selbst bei guten Freunden aus dem Süden, und in der herkömmlichen Kneipe schon gar nicht. Und das Erstaunliche daran ist, daß mit der süßen Speise auch der Chef am Tisch erscheint, der Cobblers und andere landestypische Spezialitäten aus dem Effeff beherrscht. Der heißt Christian Herr, stammt aus Thun in der Schweiz, ist seit 1992 Cafetier in Stroud und hat das altehrwürdige Gemäuer zu einem der wenigen Pflichtbesuchsrestaurants entlang des Highways gemacht.

Seit 1939 gibt's das Rock Café. Der Erbauer hat genau fünf Dollar für die Pflastersteine bezahlt, aus denen das Gebäude besteht. Er hat drei Jahre daran gemauert, und

Das Rock Café in Stroud

als es endlich fertig war, hielten die Reisenden, weil es sich in jeder Beziehung von sämtlichen anderen Tränken in weitester Umgebung unterschied. Christian und seine Frau Dawn sind die dritten Besitzer des Rock Cafés, und ein Besuch lohnt sich. Der umtriebige Flachlandschweizer arrangiert übrigens auch Cadillac- und Harley-Touren die Route entlang – allein das mag manchem schon ein Kennenlernen wert sein.

Oklahoma wurde als Agrarstaat konzipiert. Der weite, flache Verlauf seiner Landschaft eignet sich zum Anbau, die hügeligen Gegenden des Staates geben prima Viehweiden ab, und die Bedingungen der Landvergabe und des Eigentumserwerbs begünstigten vor allem Bauern, deren Erdverbundenheit sie mit allen Berufskollegen dieser Welt verbindet. Die Neubürger beackerten dann auch ihren jungfräulichen Prärieboden, der seit Urzeiten die gewaltigen Bisonherden des Westens ernährt hatte, aber zum Zeitpunkt der Besiedlung bisonfrei war. Die Herden waren den Eisenbahnen, der Army und dem Sportsgeist zum Opfer gefallen. Den Eisenbahnen, weil die sich eine Streckenführung freischießen und freihalten mußten, der Army, weil die durch strategische Ausrottung der Bisons den Indianern die Lebensgrundlage nahm, und dem Sportsgeist, weil schußgeile Reiche selbst aus Europa herkamen, um an einem Tag einige Dutzend tonnenschwere schwarzbraune Bisons abzuknallen. Bisonfelle wurden Mode, Bisongebein wurde zu Knochenmehl verarbeitet, Bisonzunge zur Spezialität erklärt. Innerhalb eines halben Jahrhunderts wurden die etwa 30 Millionen amerikanischen Bisons zu einem kümmerlichen Rest von nicht mal mehr einer Million zusammengeknallt. Ab 1883 grasten Viehherden auf den alten Buffalo grounds – Kühe und Bisons können nicht nebeneinander existieren, weil Bisons den für Vieh tödlichen Brucella-Erreger tragen –, doch schon sechs Jahre später pflügten Farmer erstmals die Scholle und säten Mais, Weizen und Baumwolle. Der Zyklus sollte sich nicht ändern; jeder Ernte folgte eine neue Aussaat, jedesmal wurde die gleiche Furche gepflügt, und die hauchdünne nährende Humusschicht trug sich zusehends ab. Und dann kam, nach zwei Generationen nur, die große Trockenheit der 30er Jahre. Die Dürre fiel ausgerechnet mit der schlimmsten Wirtschaftskatastrophe des Jahrhunderts zusammen. In den Städten gab es keine Arbeit, weil die Wall-Street-Seifenblase geplatzt war und eine auf Spekulation aufgebaute Volkswirtschaft mit in die Tiefe riß. Auf dem Land wuchs nichts, weil es seit Jahren nicht mehr geregnet hatte. Die Landwirtschaft Nordtexas' und Westoklahomas galt als Wirtschaftswunder in der traurigen amerikanischen Businesslandschaft, schrieb *Nations Business* noch 1930, doch dann begann die Dürre. Durch die Rekorderne des

Jahres 1931 verfiel der Weizenpreis auf ein Drittel, und verschuldete Bauern gaben auf. Das ganze Jahr fiel kein Regen; 1932 und 1933 auch nicht. Dafür fegte ein zunehmend stärker werdender Sturm von Kanada über 1000 Meilen Flachland herunter, wo ihm kein Hügel und kaum ein Haus im Weg stand. Die brachliegenden Felder der Pleitebauern wurden weggeblasen, die noch weiterwurstelnden Farmer pflügten ihre geraden Furchen – nicht etwa der Topografie angepaßt, sondern bolzengerade, wie sie's von den Vätern erlernten –, und dem ewig blasenden Wind kam nichts mehr in die Quere. Er hob die Erde an und transportierte sie, durch dreijährige Trockenheit zu mehlfeinem Staub geworden, viele hundert Meilen weit. 1934 war trocken, ein heißes Jahr mit 139 Staubstürmen, die inzwischen »Dusties« genannt wurden. Und immer noch hofften Bauern; sie pflanzten nichts mehr an, sondern versuchten es mit Viehzucht. Die dürren Kühe zogen über Staubdünen, versuchten, durch Staubwehen an Futter zu kommen. Schweine wurden mit der Kuhmilch gefüttert, Hühner kratzten in Mondlandschaften, aus denen selbst die Würmer verschwunden waren. Am 14. April 1935, einem warmen, sonnigen Sonntag, zog plötzlich eine dunkle Wolke von Norden heran; es war Staub, zwei Kilometer hoch, der alles Licht verdunkelte und so schnell über die ausgedorrte Mitte Amerikas hinwegfegte, daß selbst Vögel nicht fliehen konnten. Als Schwarzen Sonntag kennt man den Schrekkenstag noch in Oklahoma und Texas.

Erst 1936 regnete es wieder, doch bis dahin existierte fast die gesamte Landwirtschaft Oklahomas nicht mehr. Die Dürre hatte einfach zu lange gedauert. Die letzten Dollar gingen für Saatgut drauf, für Lebensmittel, für die wenigen nicht verhungerten Tiere mußte Futter angeschafft werden. Der Mittlere Westen, besonders Oklahoma, war am Ende. Das ahnten zwar die Betroffenen, doch nur die Bankiers wußten es. Die hatten noch beliehen, was zu beleihen war, und jetzt forderten sie Darlehenstilgung. Wer konnte schon zurückzahlen? Die Banken begannen mit der Zwangsvollstreckung. Einer nach dem anderen bepackte den alten Truck mit Möbeln und verließ die Heimat. Es wür-

den fast 300 000 Menschen mit dem Treck ins Ungewisse
ziehen.

Immer geil auf eine griffige Schlagzeile, hatte ein cleverer
Journalist das jahrelange Ereignis »Dust Bowl«, Staub-
schüssel, genannt, und der Name blieb hängen. Bauern
aus Arkansas, Kansas, Colorado und Texas waren betrof-
fen. Insgesamt zehn Staaten spürten die Katastrophe,
aber Oklahoma war am schlimmsten dran. Die Flüchtlinge,
die sich ab 1936 zur Route 66 durchschlugen und nach
Westen fuhren, waren für die Bewohner der Staaten, die sie
durchquerten, Okies, egal, woher sie stammten. Und Okies
waren, weil arm, unwillkommen. Der Strom der Heimatlo-
sen wurde immer stärker, immer öfter havarierten ihre
klapprigen Autos und strandeten die Okies in netten Klein-
städten, wo man arbeitslose Strolche nicht duldete. Nicht
aus christlicher Nächstenliebe, sondern aus sozialhygienischen Gründen gab man ihnen aus der Stadtkasse genügend Sprit, um über die Landkreisgrenze zu kommen, und
genügend Mehl, daß die Kinder nicht auf städtischem Gebiet verhungerten. Der Sheriff hatte immer einige depu-
tierte Penner parat, und die standen mit ihren Schrotgewehren auf der 66 und achteten darauf, daß die fremden
Habenichtse weiterfuhren.
    Der nicht betroffene Rest Amerikas nahm von der sich
entwickelnden Tragödie überhaupt keine Notiz; man hatte
selbst zu tun, die Weltwirtschaftskrise zu überstehen. Der
Okie-Exodus rührte allerdings den jungen kalifornischen
Schriftsteller John Steinbeck. Der kam aus guter Familie,
hatte sich auf Wunsch der Familie sechs Jahre an der
Stanford University umgeschaut, ohne jemals einen Abschluß zu wagen, und 1929 seinen ersten Roman, »Cup of
Gold«, veröffentlicht. Rastlos war er, der John Steinbeck,
wechselte mit jedem neuen Buch den Verleger, und be-
mühte sich um die detailgetreue Schilderung sozialer Miß-
stände, denn er war im Salinas-Tal aufgewachsen und hatte
dort miterlebt, daß Wanderarbeiter ähnlich wie Tiere gehalten wurden. Mit seinem fünften Roman, »Tortilla Flat«,
kam 1935 der erste Erfolg, und ein Jahr darauf etablierte

ihn »In Dubious Battle« als Sozialkritiker. Steinbeck fuhr in die UdSSR, schaute sich im Arbeiterparadies um und kam mit einer modisch theoretischen Grundlage der bisher eher gefühlsmäßig erfaßten Not seiner Romanfiguren wieder heim. Am 14. April 1939 veröffentlichte Steinbeck seinen Roman über den Exodus der Okies; »The Grapes of Wrath«, nur unzulänglich als »Früchte des Zorns« übersetzt, schlug wie eine Bombe in das amerikanische Volksgewissen ein. Die fiktive Familie Joad fuhr ihren schrottreifen, vollbeladenen Hudson Super Six stellvertretend für Hunderttausende künftiger Flüchtlinge die Route 66 hinab, hinein ins rettende, blühende, goldene Kalifornien, wo ein Neubeginn nicht nur möglich, sondern sein Gelingen sicher war. Das Traumkalifornien in den Wolken, das Ende aller Mühsal, die gebratenen Tauben. Steinbeck wußte, wovon er schrieb, denn er kannte nicht nur das Milieu der Oklahomans, sondern war mit seinem Kalifornien aufs beste vertraut. Er wußte genau, wie engstirnig man auch am westlichen Rand Amerikas sein konnte, kannte die Menschenverachtung als Voraussetzung einer erfolgreichen Farmerkarriere im Central Valley, und er begleitete die vorerst letzten amerikanischen Pioniere auf ihrer 2000-Kilometer-Fahrt. »Früchte des Zorns« war zwar ein Roman, aber die Leser erkannten, daß Steinbeck einen existierenden Zustand beschrieb. Die Behörden auch. Einige Städte verboten das Werk als kommunistisches Hetzpamphlet; seine Heimatstadt Salinas hielt gleich zwei öffentliche Bücherverbrennungen auf dem Marktplatz ab. Aber Hollywood erschnüffelt Profit auf weiteste Entfernung. Sofort wurde der Roman angekauft, für Regisseur John Ford zu einem Drehbuch umgeschrieben und kam im Januar 1940, gleichzeitig mit Steinbecks »Of Mice and Men«, in die Kinos. Und dort summierte sich die ganze erzählerische Kraft Steinbecks, Fords und Henry Fondas. Zeitungen und Zeitschriften nahmen sich der Katastrophe an, Wohlfahrtseinrichtungen suchten Bedürftige, hatten aber Schwierigkeiten, welche zu finden, denn erstens gingen sie nicht in die Okie-Camps, die überall in Kalifornien entstanden waren, und zweitens hatte es auch wieder angefangen, ganz ordentlich auf Oklahoma herunterzuregnen. Die verbliebenen Okies – weitaus die meisten – säten wieder aus und nahmen ihr Leben dort auf, wo es fast ein Jahrzehnt zuvor stehengeblieben war. Steinbeck bekam den Pulitzer-Preis, viele Jahre später den Nobelpreis. Amerikaner lernten, daß es immer noch Landsleute gab, die nicht genug zu essen hatten und denen das Recht, Gewerkschaften beizutreten, ausgeprügelt wurde. Die aus Oklahoma stammenden Neukalifornier lebten sich trotzdem allmählich im Westküstenstaat ein, denn das tut früher oder später jeder, der hierherkommt.

Um Bakersfield herum ließen sich viele nieder, weil dort in der Halbwüste das Land umsonst war, wenn man es zum Blühen bringen konnte. Sie begannen dort ganz von vorn, und sie hielten wie Pech und Schwefel zusammen.

Eine Diaspora entstand dort, am Rand des fruchtbaren Central Valley, und die neue Okie-Kultur Bakersfields wurde Teil des amerikanischen Popgeschehens. Die verfeindeten Countrymusiker Buck Owens und Merle Haggard haben das Nest so berühmt gemacht, daß es in Industriekreisen entweder Nashville West oder Buckersfield heißt. Der *Beatles*-Hit »Act Naturally« stammt von Buck Owens; der hat die Nummer selbst aufgenommen, und als die Pilzköpfe den Buckschen Originalrock hörten, mußten sie ihn haben. Als »Bakersfield Sound« kennt man diesen rockigen Countrystil, der sich höchstens durch die Instrumentierung vom »echten« Rock unterscheidet. Jungcowboy Dwight Yoakam hat den unglaublich erfolgreichen Bakersfield Sound zum Yoakam Sound umgestylt, und in den Kneipen Bakersfields, Tafts und McFarlands ist »Unplugged« schon seit 50 Jahren der große Hit. Durch sein »Okie From Muskogee« wurde Merle Haggard zwar zum Ehrenbürger des Prärienestes, aber geboren wurde er in Bakersfield – okiegerecht in einem zum Behelfsheim umgepolten stillgelegten Eisenbahnwaggon, aber eben doch in Kalifornien. Wo er übrigens auch zwei Jahre im Zuchthaus saß, wegen Raubüberfalls. Im berühmtesten natürlich: San Quentin. Merle hatte nämlich eine junge Frau, einen Job auf den Ölfeldern Bakersfields und kein Geld. Mit zwei Freunden überfiel er in den frühen Morgenstunden einen rund um die Uhr offenen Truck Stop. Aber die drei hatten sich erst mal Mut angesoffen und sich in der Zeit vertan. In der Tat war's erst halb elf abends, und die Bude war bummvoll. Als die Colts schon auf die Kassiererin gerichtet waren, merkten die Bandidos den Fehler.

Und die Fehde zwischen Merle und Buck? Bonnie ist der Zankapfel; die einstige Frau Owens ist seit vielen Jahren Frau Haggard, und sowas kann ja nerven. Buck hat's überwunden; eine seiner Fernsehproduktionsgesellschaften ist in Oklahoma City beheimatet, wie seine Aufnahmestudios, und Merle ist oft Gast in Owenschen Produktionen.

Zwischen Tulsa und Oklahoma City, südlich des Highways, liegt Okemah. Knapp 3000 Seelen leben in dem Prärienest, und jeder von ihnen weiß, daß Woody Guthrie hier geboren wurde. Am 14. Juli 1912. Das Elternhaus gutbürgerlich, Vater Charlie Immobilienhändler und Notar, die Mutter stammte von irisch-schottischen Lehrern und Bauern ab. Beide liebten den Gesang, der Vater sogar die Songs der Schwarzen und der Indianer, Mutter Nora Belle trällerte Solides aus dem Volksliedgut. Der Sohn Woodrow Wilson Guthrie, jüngstes von drei Kindern, wurde geliebt, gehätschelt. Okemah wuchs, und als man außerhalb des Dorfes auf Öl stieß, begann der Landrausch. Das Dorf zeigte sich von seiner wilden Seite – Huren und Spieler, Säufer und Roßtäuscher, Prediger und Wucherer kamen zuhauf, und Nora Guthrie konnte sich nicht daran gewöhnen. Ihre Lieder wurden immer trauriger, ihr Blick richtete sich in immer weitere Ferne. Das schöne große Haus brannte ab, und die Familie mußte in ein kleineres Quartier umziehen. Nora entfernte sich zunehmend, bat ihren Mann inständigst, sich aus der Immobilienspekulation zurückzuziehen, und Charlie tat das ihr zuliebe. Er wußte, wie es weitergehen würde. Charlie Guthrie hatte sich verhoben; zu tief steckte er im Spiel mit Börsentickern und Zinsscheinen. Der Pfiffikus sah sein Immobilien-Imperium einstürzen – 30 Tage lang verlor er jeden Tag eine Farm, geht die Mär – und konnte die Lawine nicht aufhalten.

Sie zogen in immer kleiner werdende Häuser, bis Woodys Schwester bei einer Ofenexplosion ums Leben kam. Nora war nun schon lange in ihrer eigenen Welt gefangen, doch Vater Guthrie kümmerte sich um sie und vernachlässigte auch seine Kinder nicht, und obwohl die Familie inzwischen in einer Hütte hauste, erinnerte sich Woody an eine recht glückliche Kindheit. Doch dann mußte die Mutter in die staatliche Nervenklinik nach Norman, und kurz darauf brannte auch die Hütte ab. Charlie wollte löschen, wurde aber schwer verletzt und mußte bei seiner Schwester in Pampa, Texas, Unterschlupf suchen. Eineinhalb Jahre lag er, war auf die Großzügigkeit der Schwester angewiesen, während der 13- oder 14jährige Woody auf die Walz ging. Nach Galveston, an den Golf von Mexiko, wanderte er, arbeitete unterwegs als Traubenpflücker und Bauhelfer, Brunnenbohrer und Schreinergehilfe und hatte abends immer seine Mundharmonika in der Hand, sang Songs, die er gehört hatte oder selbst auf der Stelle reimte. Er tanzte, warf die Würfel bei Hinterhofzockereien und hielt sich über Wasser. Die späte Kindheitserfahrung prägte. Auf der Irrfahrt durch den Südwesten fand Woody Guthrie seinen Lebensrhythmus.

Nora Belle starb in der Anstalt in Norman, und Woody erbte ihre gesamte irdische Habe: eineinhalb Dollar. Der Vater heiratete wieder, und Woodrow tauchte öfter in Pampa auf, lernte von Vaters Halbbruder Jeff Gitarre spielen, half Charlie mit seinen diversen Unternehmungen, aber er war selbständig, wartete nur auf die Gelegenheit, endlich etwas mit seinem Leben anzufangen. Jeff und Woody spielten auf Rodeos und bei Handelskammerfeten, Jeff, der Hilfssheriff von Pampa und Woody, der einen Ladenschwengeljob angenommen hatte. Der Schwarze Freitag war wie eine Heuschreckenplage über Amerika gekommen: Von der Wall Street bis nach Pampa in der westtexanischen Prärie und weiter noch blieb nichts verschont. Die Musikjobs trockneten genauso aus wie die texanischen Felder, es gab kein Geld mehr für Zerstreuung; erst kam das Fressen, dann die Musik, hätte Herr Brecht sicher beobachtet. Woody wußte nur, daß es Zeit war, wie die vielen Nachbarn aus Oklahoma und Texas das Weite zu suchen. Er hatte – sicher auch etwas vorschnell – Mary Jennings geheiratet, und die beiden setzten in blitzartiger Folge zwei Töchter in die Welt. Die Familie lebte in tiefster Armut, bewohnte eine klapprige Holzhütte in Pampa, und die einzige sichere Aussicht war die auf weitere Kinder.

Woody packte seine Malutensilien mit einem Hemd und einer Hose in ein großes Handtuch, knotete das um seinen Spazierstock, hängte die alte Gitarre um und rannte außerhalb von Pampa einem Güterzug nach. Woody Guthrie schwang sich in einen der Waggons und war Tramp.

Nach Kalifornien trieb's ihn, immer an der Route 66 entlang, denn die folgte dem Schienenbett der Santa-Fe-Eisenbahngesellschaft. Unterwegs verdiente er die lebensnotwendigen Groschen als Schildermaler. In Kalifornien suchte er seinen Cousin Jack auf, bekam mit ihm ein viertelstündiges Rundfunkprogramm, denn die Okies, arm wie sie waren, stellten doch inzwischen einen recht erheblichen Teil des ländlichen Publikums in der Bakersfielder Ecke dar, und der Sender KFVD wollte mit den von Guthrie gesungenen Volksliedern die Neukalifornier als Hörer gewinnen. Woody lernte die junge »Lefty Lou« Crissman kennen, die auch solche Songs sang, und die beiden taten sich zusammen. Ihre Sendung machte Furore – über tausend Briefe bekamen die beiden Okies, die sich im breitesten Bauerndialekt unterhielten. Ein Job in Mexiko wurde ihnen angeboten; Woody und Lefty Lou gingen nach Tijuana, zum mächtigen Sender XELO, der – von amerikanischen Rundfunkgesetzen ungehindert – halb Amerika beschallte. Guthrie hatte schon einige politische Texte geschrieben, als er im zugigen Güterwaggon reiste, aber in Mexiko sah er erstmals tiefste, strukturbedingte Armut, während er gleichzeitig die mexikanische Musik kennenlernte, und beide Erfahrungen regten seine Kreativität mächtig an.

Er kehrte nach Los Angeles zurück, bekam seinen alten Job bei KFVD wieder, diesmal allerdings solo, und er holte seinen jüngeren Bruder George und Frau Mary mit den Kindern nach. Woody sang nun bei jeder Gelegenheit vor

Landarbeitern, Industriemalochern, Fischern und Gewerkschaftern. Er schrieb eine Kolumne für die *People's Daily World*, die amerikanische *Prawda*, und las die Aritkel während seiner täglichen Sendung. Er lernte den linksradikalen Schauspieler Will Geer kennen, der für seine Hollywooder Wohnung 150 Dollar monatlich zahlte – soviel wie Woody für seine Wohnung im ganzen Jahr. Mit dem Mode-Commie Geer klapperte er die Gewerkschaftsbosse und Landarbeiterführer ab, und Woodie schrieb die Erlebnisse als Songs auf; jeden Tag welche, immer wieder neue, überall fanden sich Zettel mit Texten. Er spielte vor allem in den »Hooverville« genannten Zeltlagern, in denen die Okies Unterschlupf gefunden hatten. Er machte sich einen Namen, wenn auch nur unter Habenichtsen, aber seine Bekanntheit wuchs. Nach New York ging er mit Geer, spielte dort, man wurde auf ihn aufmerksam, und Bluesarchivar Alan Lomax suchte ihn auf, nahm ihn zur Library of Congress mit und ließ Woody erzählen und spielen. Eine Flasche Whiskey leerten sie, die beiden Experten, während das Aufnahmegerät lief. Lomax hatte schon Robert Johnson aufgenommen, hatte den Mörder und Liedermacher Huddie Ledbetter aus seiner texanischen Todeszelle befreit, damit dessen Beitrag zur amerikanischen Kultur nicht verlorenginge, und setzte sich nun für Woody Guthrie ein. Für das Victor Label nahm er am 3. Mai 1940 zwölf Platten unter dem Titel »Dust Bowl Ballads« auf, nachdem er sich einige Male den Film »Früchte des Zorns« angesehen hatte. Sein Song »Tom Joad« stammt daher; den schrieb Woody im dunklen Kino, unter dem Eindruck des in der Hollywood-Bearbeitung zur Hauptfigur gewordenen Romanhelden. Kurz zuvor hatte er »Government Road« geschrieben, und dem Notenblatt eine Anleitung beigelegt, wie der Käufer künftig seine eigenen Songs schreiben könne. »Government Road« handelt von der Arbeitslosigkeit und der Fluchtallee nach Kalifornien, der Route 66. »Wir Okies haben kein Geld, keinen Job«, schreibt er und rät, die Route 66 zu verbreitern, weil dadurch die vielen tödlichen Unfälle auf der schmalen Überlandstraße vermieden werden könnten.

In New York lernte Woody den jungen Folksänger Pete Seeger kennen sowie Bob und Ina Wood. Die Woods waren Organisatoren für die amerikanische KP, und von ihnen lernte Woody, warum es so viele Arme, Unterdrückte, Besitz- und Hoffnungslose gab. Die beiden Kommunisten leisteten ganze Arbeit; plötzlich sah Woody, welche Bewandtnis es mit Großgrundbesitzern und Pächtern hatte, warum die vielen ausgemergelten, hohläugigen Menschen mit ihren Schrottautos auf der Route 66 unterwegs waren, weshalb die Farmen in der »Dust Bowl« leerstanden. Ihm wurde klar, welche Funktion die Polizei, die Sheriffs, die wamperten, versoffenen Deputierten mit ihren abgesägten Schrotgewehren hatten, wem sie dienten, wer sie bezahlte, warum ein Henry Ford auf streikende Arbeiter schießen lassen durfte – und warum die Arbeiter und nicht der Schießbefehlsgeber bestraft wurden.

Er war nun offiziell anerkannter Antifaschist, eine gute Haltung im Jahre 1940. Amerika war noch nicht im Krieg, aber jeder wußte, daß es nicht mehr lange dauern konnte. Guthrie bekam Jobs bei den großen Rundfunksendern New Yorks, doch er wollte mit der Zensur der mächtigen Sender nicht leben, wollte nicht von ihren Werbekunden gegängelt werden. Er kaufte sich einen neuen 41er Pontiac und fuhr wieder los in den Süden, nach Oklahoma und dann auf der Route 66 von Oklahoma City über Santa Fe und Kingman nach Santa Monica.

In Kalifornien erreichte ihn ein Angebot der Bonneville Power Administration. Die Staatsfirma hatte die Bonneville- und Grand-Coulee-Dämme erstellt und brauchte nun Käufer für ihre neuemittierten Obligationen, von deren Erlös sie Stromleitungen bauen wollte. Woodie schaute sich die ganze Sache an, setzte sich hin und schrieb 26 Lieder über die Wunder der modernen Technik, die Vorteile der Elektrifizierung und die patriotische Bedeutung der Stromversorgung. Er nannte sich gelegentlich einen Kommunisten, aber er schrieb anstandslos für den superkapitalistischen Staat, und zusammen überzeugten sie das Volk von der Nützlichkeit und Gewinnträchtigkeit des Unternehmens.

Folksänger Woody Guthrie im Jahre 1941

Und wieder taten sich Woody und Pete Seeger zusammen. Sie waren Teil einer Tour, die durchs ganze Land tingelte und vor Arbeitern und Gewerkschaftern auftrat. Einige Schallplatten nahmen sie auf, zogen hinunter nach Mexiko, die beiden Weltverbesserer, und sangen für den Frieden und gegen Hitler und Mussolini.

Nach New York zurückgekehrt, ließ sich der Junge aus Oklahoma von Mary scheiden; das Leben war beiden über den Kopf gewachsen, sie konnten miteinander nichts mehr anfangen. Zwei Töchter, seinen Sohn Bill und eine Frau, die sich ans Leben einer Prominentengattin gewöhnt hatte, ließ Woody sitzen. Er sprach künftig kaum noch über diesen Abschnitt seines Lebens. Überhaupt hatte Woody das Talent, die Vita so hinzubiegen, wie sie am authentischsten wirkte. Im vorerst letzten Friedensfrühling stellten Woody, Pete Seeger und Alan Lomax ein Buch amerikanischer Arbeiterlieder zusammen, dazu politisches Liedgut aus zwei Jahrhunderten. Also behauptete Woody in der Einführung des Buches, die vergangenen acht Jahre durch Amerika getrampt zu sein, in Stoppelfeldern, unter Brücken und in Gefängniszellen übernachtet zu haben. Kein Wort über den neuen Pontiac, keinen Ton über die Stadtwohnungen mit Garten, die die Familie Guthrie sowohl in New York wie in Kalifornien unterhielt, nichts über die Einladungen zu hippen Hollywooder Cocktail-Partys, keine Erwähnung der vielen Auftritte, Radiojobs, Zeitungskolumnen, Schallplatten und des Regierungsauftrages für die Dammbauer. Seine Schreibweise paßte zur schizoiden Publicity. Je nach Empfänger wurde da ordentliches Englisch geschrieben oder übelster Oklahomadialekt gebrabbelt, mit doppelter und dreifacher Verneinung, fehlenden Vokalen – phonetisch hingekünstelte Gebilde. Woody verkaufte sich als Mann des Volkes; sehr erfolgreich tat er das, und man kann es ihm nicht verübeln, denn die gleiche Masche ist in der Politik wie im Showbusiness heute gang und gäbe. Nur behauptet keiner mehr von sich, Kommunist zu sein.

Er lernte eine Tänzerin »kennen und lieben«, wie's im Klischee heißt, eine Marjorie Greenblatt Mazia, aus guter jüdischer Intellektuellenfamilie. Sie heirateten und zeugten sofort Cathy Ann. Woody nannte den Embryo in Unkenntnis seines Geschlechtes »Railroad Pete« – auch wieder ein Stück Legendenbildung und Kundschaftspflege, denn der Unterdrückte reiste in jenen Jahren grundsätzlich als Tramp unter oder in Güterwaggons, und »Railroad Pete«

war wie »Whiskey Joe« oder »Ladykiller Jack« ein Hobo-Name. Er schrieb Elegien an »Railroad Pete« – die aufhörten, als sich herausstellte, daß Pete eine Cathy Ann war.

Man muß Woody jedoch eines lassen: Er lernte schnell. Als er kapierte, daß viele seiner einflußreichen linken Freunde tiefe Sympathien für die Situation der amerikanischen Schwarzen hegten, setzte er sich fortan für die Afro-Amerikaner ein – keine Rassistenwitze mehr im Radio, Anteilnahme in seinen Artikeln. Er war echter Antifaschist, wie die Aufschrift auf seiner Gitarre unerschrocken klarstellte: This instrument kills fascists. Er hatte zweifellos eine unstete, teilweise harte Jugend, mußte als junger Erwachsener ordentlich ran, aber Woody Guthrie schob nie den Kohldampf, der vom nahen Tod kündet, war nie so blank, daß er nicht mehr weiterwußte, hatte nie Grund, den Glauben an die Zukunft zu verlieren.

Für Amerika begann der Krieg am Sonntag, den 7. Dezember 1941. Woody tat das seine; er meldete sich beim Office of War Information und verkaufte denen ein Rundfunkprogramm mit seinen Antifa-Liedern, das auch getreulich über die Soldatensender ausgestrahlt wurde. Mit den einheimischen Sendern war nicht mehr viel Geschäft zu machen; die nahmen übel, daß der Woody ein schmutziger Commie war und wollten mit ihm nichts mehr zu tun haben. Mit Schallplatten war im Krieg wegen der Schellackrationierung kein Geschäft zu machen. Er setzte sich also hin, dieser nach eigenen Angaben aus dem letzten Loch pfeifende, unbekannte Hobo, und schrieb seine Autobiografie, »Bound for Glory«, die ihn 1943 im ganzen Land berühmt machte. Das Buch verkaufte sich, und es führte sogar zu einem Korrespondentenjob bei der altehrwürdigen und gar nicht arbeiterfreundlichen *New York Times*. Moe Asch, der Chef des Folkways-Labels, bat ihn ins Studio und schnitt zentnerweise Guthrie-Songs auf Wachs. Für später.

Erst mal zog Woody in den Krieg. Als er befürchten mußte, trotz seiner vier Kinder und der kriegswichtigen Entertainer- und Journalistenkarriere zur Armee eingezogen zu werden, meldete er sich bei der Handelsmarine, zusammen mit seinen Freunden Cisco Houston und Jimmy Longhi. Die drei schipperten kurz nach Weihnachten 1943 Richtung Italien und unterhielten die Matrosen, bis sie kurz vor der europäischen Küste torpediert wurden. Die Jungs retteten sich in Palermo an Land, wo die Mafia schon ein halbes Jahr zuvor für geordnete Verhältnisse gesorgt hatte. Dann erwischten die drei Bruchpiloten einen Dampfer nach Nordafrika, wurden 17 Meilen vor Bizerte wieder torpediert und kamen auf dem Schwarzen Kontinent wieder per Rettungsboot an. Ein drittes Schiff sank im Dienst, und dann kam von der Army Post; am 8. Mai, am Tag des Sieges in Europa, meldete sich der Rekrut Guthrie. Wie sich herausstellte, war er so stolz auf seine Mitgliedschaft in der tiefroten Seemannsgewerkschaft, daß einer seiner torpedierten Kapitäne nachfragte und ihn wegen seiner kommunistischen Umtriebe anzeigte. Das war im Frühjahr 1945 schon sehr uncool. Woody verbrachte die letzten vier Monate des Krieges auf verschiedenen Air-Force-Stützpunkten in Amerika, war noch Friedenssoldat bis zum 22. Dezember und konnte zu Weihnachten wieder zu Hause sein.

Amerika, erst durch die Kriegsindustrie aus tiefster Wirtschaftskrise herausgezogen, saß nun buchstäblich »on top of the world«. Vollbeschäftigung war angesagt, Freizeit für alle stand in Aussicht, Optimismus war an der Tagesordnung. Die Musikindustrie lief wieder an und befriedigte einen riesigen aufgestauten Bedarf, Woody Guthrie gehörte nun zu den eingeführten Markennamen. Er kehrte zu Frau und Kind nach New York zurück, ins eigene Haus im Vorort Coney Island, Moe Asch brachte endlich seine Alben heraus, darunter ein Album mit Kinderliedern, und Woody gründete mit Pete Seeger und einem Dutzend anderer linksgerichteter Folkies die Musikerkooperative People's Songs. Woodie schrieb für Moe Asch einen Sacco-and-Vanzetti-Zyklus und Kinderlieder, die als »Songs To Grow On« und »Work Songs To Grow On« erschienen. Er komponierte »Deportees (Plane Wreck at Los Gatos)«, einen Song über

den Absturz eines Flugzeuges voller illegaler Einwanderer im kalifornischen Los Gatos, eines der ersten Lieder
über die illegal ins Land kommenden Mexikaner und die
De-facto-Sklaverei, in die sie sich begaben.

Er beschrieb die Lebensbedingungen der Außenseiter,
während sich seine eigene Situation dramatisch verschlech-
terte. Mit dem Ende des Krieges begann eine Hexenjagd
auf Kommunisten, auf Sozialisten, auf alles, was links von
Dschingis Khan stand. Woody Guthrie war einer der ersten, die der Senator Joseph McCarthy aufs Korn nahm.
Er war »prematurely antifascist«, hieß es, vorzeitig antifa-
schistisch, was wohl heißen sollte, daß Blitzmerker abser-
viert und Abwarter-und-Teetrinker belohnt wurden. Guthrie kämpfte gegen die staatlich sanktionierte Blödheit, als
wieder einer dieser die Familie Guthrie so oft heimsu-
chenden Brände ausbrach; am 10. Februar 1947 starb seine
vierjährige Tochter Cathy Ann bei einem Wohnungsbrand.

Ein Abstieg begann. Woody spielte zugesagte Konzerte,
wenn er Lust dazu hatte; oft blieb er einfach zu Hause.
Mit Pete Seeger und dem Schwarzen Leadbelly arbeitete
er, mit Sonny Terry und Champion Jack Dupree, denn die
waren alle bei Asch unter Vertrag. Trotz Kommunistenjä-
ger McCarthy schrieb er seine Beiträge für den *Daily Wor-
ker*, ging wieder mit Lee Hays und Burl Ives auf Tournee,
hatte seinen Kriegskameraden Cisco Houston dabei und
plante wieder einen Roman. Im Juli 1947 wurde Arlo geboren, Joady Ben folgte im Dezember 1948 und die nach
seiner Mutter benannte Nora am 2. Januar 1950. Da war
Woody schon lange nicht mehr der alte. Er war unbere-
chenbar, hatte manchmal zittrige Hände und die Ärzte
waren der Meinung, er sei – wie seine Mutter – geisteskrank
oder Alkoholiker, wahrscheinlich beides. Die sprudelnde
Kreativität war versiegt. Was noch geschaffen wurde, kam
nur unter mächtiger Anstrengung aus ihm heraus.

Erst im September 1952 diagnostizierten Woodys Ärzte
seinen sich verschlechternden Zustand richtig: Chorea
Huntington, die gleiche degenerative neurologische Krank-
heit, an der seine Mutter Nora gestorben war. Es ist die

»Tänzerkrankheit« des Mittelalters; Huntington-Opfer wurden damals verbrannt oder auf Gardemaß gestreckt, weil ihr Zucken und Herumtanzen als sicheres Zeichen der Besessenheit galt. Heute weiß man, daß es sich um eine Erbkrankheit handelt, die meist ab der Mitte des dritten Lebensjahrzehnts aktiviert wird und Neuronen zerstört, unersetzliche Hirnzellen also. 15 bis 20 Jahre nach dem Erscheinen der ersten Symptome tritt der Tod ein, aber die Zwischenzeit ist besonders für die Angehörigen grauenvoll, denn der Nervenkranke verliert zunehmend das Erinnerungsvermögen, ist nicht Herr seiner Bewegungen – auffallend, wie die gestochene Handschrift der Guthrieschen Tagebücher erst zittrig, dann unleserlich wurde. Huntington kann zu Obsessionen führen; der normalerweise ruhige Bürger Guthrie war auf einmal von Sexuellem besessen.

Die Diagnose warf ihn völlig aus der Bahn. Er hatte seine Mutter leiden sehen, hatte ihren Verfall verfolgt, und er wußte, was ihm blühte. Woody packte seine Siebensachen und floh – allein – nach Kalifornien. Im Topanga Canyon, der Bergwildnis neben Hollywood, die sich vom Meer bei Malibu hoch in den Nordwesten Los Angeles' zieht, wohnten Geer und Freunde. Dorthin, in das Paradies gutverdienender Naturanbeter, zog Woody Guthrie, kaufte sich acht Acres ziemlich steiler Berglandschaft und baute eine Hütte. Er schrieb unablässig, immer in der Erwartung, bald zu verstummen. Er schrieb sich vieles von der Seele, schrieb Lyrik und Agitprop, Erinnerungen und wehmütige Hoffnung.

Woody Guthrie lebte bis zum 3. Oktober 1967. Die letzten Jahre verbrachte er fast ausschließlich in Krankenhäusern. Dort erlebte er mit, wie seine Lieder Volksgut wurden, wie die Songs, die er gegen Krieg und Ausbeutung geschrieben hatte, von einer neuen Generation Folksänger aufgenommen und verkauft wurde. Angefangen hatte es schon 1950, als die Pete-Seeger-Gruppe *The Weavers* seinen Oklahoma-Song »Dusty Old Dust« in »So Long« umbenannte und damit einen überraschenden Pop-Hit landete.

Ramblin' Jack Elliott, ein junger Möchtegern-Guthrie, modellierte sich und seine Songs schon 1951 nach Woody. Robert Zimmerman besuchte den Barden im Krankenhaus, machte sich allein durch stete Anwesenheit zum Freund, gab sich den Namen Bob Dylan und zog dann durch die Kaffeehäuser in Greenwich Village mit Liedern, die er Woodys Œuvre nachempfand. Er spielte auf seinem ersten Album einen »Song To Woody«, und als Elektra 1964 eine Auswahl der Library-of-Congress-Aufnahmen herausbrachte, kassierten die Guthries allein an Komponistantiemen über 50 000 Dollar jährlich.

Woodys Sohn Arlo hütet mit Songs wie »Alice's Restaurant« die Familientradition, seine Imitatoren, von Ramblin' Jack über Dylan, halten die Guthrie-Fahne hoch, Country Joe McDonald und Pete Seeger singen sein Material mit Inbrunst und Guthries Songs sind auf der Bühne, im Film und in der Fernsehwerbung zu hören. »This Land Is Your Land« gilt heute schon fast als Nationalhymne, der rote Dichter aus Oklahoma als nationaler Kulturschatz. In die Rock 'n' Roll Hall of Fame wurde er 1988 aufgenommen, sein Einfluß ist am Ende dieses Jahrhunderts wieder riesig – siehe Bruce Springsteen, der sich ja auch gern als einfacher Mann gibt. The Boss hat ein Album aufgenommen, das direkt auf Steinbeck und Woody zurückzuführen ist: »The Ghost Of Tom Joad«. Bruce ging auf Solo-Tour, füllte kleine Hallen, spielte eine furiose Version von Woodys »Tom Joad«, verkaufte von seinem anspruchsvollen Album keine Superzahlen, aber er machte tapfer weiter, predigte Gerechtigkeit, spielte akustische Gitarre, sah modisch angeschmuddelt aus und ging im Bewußtsein nach Hause, die einzige einigermaßen politische Pop-Tour des Wahljahres 1996 gespielt zu haben. Dafür bekam er natürlich den Grammy fürs beste moderne Folkalbum.

Woody sitzt vielleicht irgendwo im offenen Tor einer dahinsegelnden Wolke, läßt die dürren Beine baumeln, dreht sich aus Bull Durham Tobacco eine Aktive und grinst sich eins.

»Oklahoma City looks mighty pretty«

Oklahoma City ist eine Überraschung und eine Enttäuschung. Die Stadt sei »mighty pretty«, dichtete Bobby Troup, aber das ist ja ein halbes Menschenleben her. Die Jahre sind nicht spurlos an der Hauptstadt Oklahomas vorbeigegangen. Sie erinnert an eine Zielscheibe: eine hübsche Mitte, umgeben von Slums, Armut und Verfall, daran anschließend wiederum ein nettes Wohngebiet. Das saubere, frischglänzende Stadtzentrum ist nur durch einen Straßenring von der Hoffnungslosigkeit getrennt. Von einst weitblickenden Architekten etwas außerhalb der Innenstadt erstellte, marmorsäulengeschmückte Verwaltungs- und Gerichtsgebäude schweben wie steinerne Glucken über verlassenen Holzbuden, vernagelten Hotels und Schmuddelkneipen mit Neonwerbeschriftzügen in dreckigen Fensterchen. Sie ist hügelig, die City; dadurch wirkt vieles freundlicher. Man sieht die Misere nicht sofort. Ein plattes Rom wäre vermutlich auch nicht auszuhalten.

Zwei Erlebnisse bleiben haften: das Grateful Bean Café und das Alfred P. Murrah Federal Building. Beide sagen viel über die City aus, denn beide zeigen die miesen und die guten Seiten der Leute, die in Oklahoma zu Hause sind.
Das Grateful Bean Café ist Nachfolger des alten Kaiser's Old Fashioned Ice Cream Parlour, dessen Neonschriftzug noch an der Fassade hängt. Und gut so, denn sonst wäre ich vermutlich nicht darauf aufmerksam geworden. Es war eine kleine Eisdiele im Außenbezirk, die 70 Jahre lang die stadtnah Wohnenden belieferte, bis sich Wohn- und Arbeitsstätten immer mehr voneinander entfernten. Irgendwann wurde der altmodische Laden aufgegeben, und sein letzter

Besitzer wollte der Stadt (und vielleicht seiner Steuer-situation) was Gutes tun; der Anonymus, wahrscheinlich ein Nachfahre des aus Bern stammenden Firmengründers, vermachte dem Oklahoma City Bean Project seinen hübschen, einstöckigen Bau an der Ecke 10th und North Walker Avenue. Und das Bean Project, das es sich zur Aufgabe macht, Drogen- und sonstigen Abhängigen durch praktische Ausbildung und Hilfe bei der Jobsuche aus dem Wohlfahrts-Teufelskreis herauszuhelfen, machte dort ein Café auf. Die Angestellten, von der stellvertretenden Geschäftsführerin über die Köche bis zum freundlichen Ober, waren bislang nicht vermittelbar; ein flottes Völkchen, das mit seinem bisherigen Leben wirklich nichts mehr zu tun haben will und sich daher anstrengt, gutverkäufliche Fähigkeiten zu erlernen. Ein Spezialitätenversand ist dem Café angegliedert. Auch dort arbeiten einige nicht mehr ganz junge Menschen zum erstenmal im Leben regelmäßig. Sie sind hoffnungsfroh, die Bean-Leute, und das sorgt für exzellente Stimmung. Ab und zu kommt ein Masseur, der seinen Schragen in der Ecke aufstellt und für wenige Dollar Streßsymptome wegknetet. Manchmal besuchen offiziell aussehende Herren das Café (man erkennt sie an den berufstypischen klobig-bequemen Schuhen; kein Wunder, daß Polizisten seit Urzeiten im Volksmund »Flatfoot« heißen), die sich bei einem Espresso unterhalten und unauffällig über den Zeitungsrand in die Runde blicken. Der Laden ist empfehlenswert, denn nicht oft sieht man Leute, die sich buchstäblich an den eigenen Dreadlocks aus dem Dreck ziehen, und denen dabei von privater Seite geholfen wird. Außerdem schmeckt's auch im Grateful Bean.

Das Murrah Federal Building machte am 19. April 1995, morgens um 9.02 Uhr Geschichte. Es flog in die Luft und mit ihm die liebgewonnene Mär, daß nur verrückte Ausländer, möglichst noch fremdländischen Glaubens und dunkler Hautfarbe, Terroristen sind. Es gab über 800 Verletzte, 168 Menschen starben, darunter 19 Kindergartenkids, als der sprengstoffgefüllte Miet-LKW eines mutmaßlichen Berufs-»Patrioten« hochging. Seine rechtsradikale

Hier stand das bombardierte Federal Building. Bewohner von Oklahoma haben zur Erinnerung an die ermordeten Kinder Spielzeug u. a. Gegenstände an den Absperrzaun gehängt.

Gruppe wollte damit verdeutlichen, daß die Bundesregierung der Verfassungsfeind und damit Feind des Volkes sei. Doch nicht die Regierungen in Washington oder den Bundesstaaten, sondern die Milizen sind die Verlierer. Vor dem Anschlag genossen Mitglieder der »Selbstverteidigungsvereine« ein ähnliches Ansehen wie Prediger einer etwas suspekten Gemeinde. Man war zwar skeptisch, aber die nannten sich »Patrioten« und genossen die Unterstützung – zumindest die stillschweigende Duldung – der Behörden, also zollte man ihnen einen gewissen Respekt. Murrah hat klargestellt, daß die Kampfanzugträger, die schwer bewaffnet durch amerikanische Wälder flitzen, bestenfalls spinnerte Nazis sind, schlimmstenfalls potentielle Massenmörder. Ihre Vereinswälder und -dörfer, seien sie nun in Kalifornien, Texas, Michigan oder einem anderen der 50 Staaten, gelten jetzt als Terroristenbrutstätten, ihre Anhänger werden endlich richtig eingeschätzt: als paranoide vaterlandslose Gesellen nämlich. Der Mittlere Westen, allen voran Oklahoma, pflegte lange eine Tradition des Mißtrauens gegenüber der Staatsgewalt. Man sah sich gern als Nachfolger der mythischen Pioniere, betete den Colt und mit ihm die Gewalt an, und man war Individualist. Die Murrah-Explosion hat viele auf den Boden der Tatsachen zurückgebracht. Man hat wieder erkannt, daß Amerika nicht als Einsiedelei, sondern als Verein gegenseitiger Hilfe immer bestens funktionierte. Murrah hat eine Wagenburgmentalität hervorgerufen – »to circle the wagons« heißt der Pionierspruch aus der Zeit der Indianerkriege –, es hat die Leute daran erinnert, daß die fragmentierte amerikanische Gesellschaft des ausgehenden 20. Jahrhunderts doch durch viele gemeinsame Fäden verbunden ist. Der tödlichste Terroranschlag der amerikanischen Geschichte hat die Bürger einander wieder nähergebracht.

Präriesonne und Cowboyromantik

Western Oklahoma ist schon fast Texas; alles ist größer, schöner, weiter, höher. Hinter Oklahoma City beginnt für viele der richtige Westen. Alles, was vorher kam, zählt für diese Puristen nicht. Hier beginnt die Prärie, hier sieht man wieder viel zuviel Horizont, und die rote Erde nimmt eine bräunlich-gelbe Färbung an. Wie im Western. Deshalb ist Oklahoma City die ideale Heimat für ein Cowboymuseum.

In unserem Fall heißt das National Cowboy Hall of Fame, liegt an der Northeast 63rd Street, und ist das Stetson-hut-Walhalla der Wildwestfans. Alles, was mit dem Cowboymythos zu tun hat, zeigt die Hall of Fame – und noch einiges mehr. Zuckersüße Ölschinken neben realistischen Tagesablauf-Darstellungen, Wildwest-Filmstars dicht an dicht mit unrasierten texanischen Hirten. Die Hall of Fame sollte man gesehen haben, denn erst dann bekommt der Mitteleuropäer einen Schimmer, in welcher Verehrung die Bauernburschen hier gehalten werden. Das hat beileibe nicht nur mit Cowboyromantik zu tun, sondern mit der unglaublichen Härte, die das Westernleben abverlangte. Auch heutige Amerikaner wären gern Cowboys – allerdings sollten dabei die Fernbedienung und die Mikrowelle nicht fehlen. Der Individualismus, der den Pionieren einen Dreimonatsritt über die Prärie von Texas nach Montana erst ermöglichte, ist heute in jedem schmerbäuchigen Trucker lebendig; oft nur als Ideal, aber er ist da. In seiner Westernmusik spiegelt sich das eigene Dasein, in Texten von Suff und Verfehlung, einem zornigen Gott und dem Sheriff, der sich wie ein Höllenhund auf die Spur eines armen Schluk-kers setzt. In der Schlafkabine seines Peterbilt oder Mack-

Truck sieht er seine Unabhängigkeit; im CB-Funk, dem Bürger-Amateurfunk, hört's der ganze Highway mit, wenn sich der harte Trucker einen Namen gibt, einen »Handle«, der vor Cowboyromantik nur so trieft.

Leistung zeichnet sie aus, die Cowboys in der Hall of Fame, Leistung, durch die der Westen und das Ideal des amerikanischen Westens gefördert wurden. John Wayne ist hier der große Honcho, weil er für den Rest der Welt den Westen symbolisierte, der geborene Marion Michael Morisson aus Iowa. Auch der *Nitty-Gritty-Dirt-Band*-Gründer John McEuen hat seinen Ehrenplatz in der National Cowboy Hall of Fame. John sammelte und schrieb die Musik für die zehnteilige historische Serie »The Wild West«; so authentisch wie die Bilder und Stories der Serie war die Musik, und 1993 wurde sie von der Hall of Fame mit dem Western Heritage Wrangler Award ausgezeichnet – eine gewaltige Ehre für einen, dem noch immer der Ruf als schlichter Rocker anhaftet.

Yukon und El Reno heißen die Nester an der Route 66, westlich von Oklahoma City, Bridgeport und Hydro. Das Zentrum der »Dust Bowl« ist hier, das alte Oklahoma, wo der Dialekt alle Vokale auf ein einziges langgezogenes A reduziert. Indian Country, hier am Canadian River. Überhaupt ist Oklahoma noch immer Indianergebiet, auch wenn fast hundert Jahre vergangen sind. Von den 3,3 Millionen Oklahomans bezeichnen sich volle 15 Prozent als Indianer – also knapp eine halbe Million Leute. 252 000 Menschen, oder acht Prozent der Bevölkerung, leben als anerkannte, vollblütige Native Americans, entweder in Reservaten oder in den Städten. Sie sind es, derentwegen das ländliche Oklahoma so polyglott ist. Allein 55 indianische Sprachen werden in Schulen und Reservaten gesprochen, wozu natürlich noch die vielen asiatischen und europäischen Sprachen der Einwanderer kommen. Babel total. Doch irgendwie klappt das wohl. 20 Prozent der Okies leben unterhalb der Armutsgrenze, wobei ein großer Prozentsatz dieses Fünftels die Ureinwohner sind. Ihre Situation ändert sich trotz wohlmeinender Gesetzgebung beschämend langsam. Dabei bringen sie erstaunliche Dinge zuwege, wenn man sie nur gewähren läßt. Wer weiß schon, daß das erste Telefonnetz des Staates 1885 von Indianern aufgebaut und jahrelang betrieben wurde. Als also die ersten weißen Landpiraten 1889 angerannt kamen, konnten sich die Indianer wenigstens telefonisch über eine eventuelle Gegenwehr verständigen. Doch selbst das treue John-Wayne-Publikum hätte seinem Helden telefonierende Rothäute nicht abgenommen.

Aus dem ausgesprochen indianisch benannten Südwestoklahomastädtchen Comanche stammt übrigens Hoyt Axton. Der ist fast jedem Rockfan bekannt, nur wissen's die meisten auf Anhieb nicht. Hoyt schreibt nämlich eher die Riesen-Hits, als daß er sie singt. Das hat er mit seiner Mutter gemeinsam, der in sämtlichen Pop-Kreisen hochverehrten Mae Boren Axton. Die »Dust-Bowl«-Bäuerin schrieb nämlich 1956 »Heartbreak Hotel« für Elvis Presley, und seither ist sie ein Begriff. Mutter Mae brachte Hoyt 1932 zur Welt, und als er erwachsen war, schrieb er erst mal »Greenback Dollar« für das *Kingston Trio*, packte dann mit »The Pusher« und »Snowblind Friend« das nackte Entsetzen auf den »Easy Rider«-Soundtrack, machte mit »Joy To The World« und »Never Been To Spain« die *Three Dog Night* reich, und Ringo Starr hatte mit Hoyts »No No Song« einen Pop-Hit. Nach einer beneidenswerten zusätzlichen Karriere als Labelbesitzer und Sänger, dessen Balladenversion seines »Never Been To Spain« die Schönheit des Liedes erst verdeutlicht, zog Hoyt nach Nordkalifornien. Nach einem bösen Schlaganfall im Jahr 1996, der ihn oft an den Rollstuhl fesselt, suchte er in Montana mehr Einsamkeit. Dort wurde Hoyt Axton Ehren-Sheriff des Ravalli County und erzählte Schulklassen von den Gefahren des Kiffens, aber als Sheriff Jay Printz ein Pfündchen Marihuana bei Hoyt fand, nahm er ihm den Stern ab. Jetzt sitzt der geniale Songwriter zu Hause herum und muß sich wohl oder übel besaufen.

Clinton heißt das 10 000-Einwohner-Städtchen im Westen Oklahomas. Das hat jahrzehntelang vom Verkehr der Route 66 gelebt, und als die Umgehungsstraße kam, dachten sich die Clintoner, daß es doch schön wäre, der Route ein Denkmal zu setzen. Also bauten sie ein ganz tolles Route-66-Museum. Mit eigens entworfenem Gebäude und einer Ausstellung, die in Umfang und Erhaltungszustand erstaunlich ist. Das Clintoner Museum ist keine Privatsammlung, wie man sie an vielen Tankstellen und Truck Stops sehen kann, sondern zeigt als Mitglied der Oklahoma Historical Society eine Kulturgeschichte des Highways. Daß etwas viel Nostalgie dabei ist, kann man den Clintonern nicht zur Last legen; das ist ein Phänomen, das sich entlang der gesamten Strecke nicht vermeiden läßt. Dabei hat die Route 66 diese Schwelgerei gar nicht nötig. Sie ist lebendig, zeigt, was heute in Amerika geboten wird, technisch, menschlich, kulturell. Wozu dann die ganze verklärte (und oft verlogene) GI-Seligkeit des Zweiten Weltkrieges, die feuchtäugige Anbetung damaliger

Route 66 Museum in Clinton

Hudson- und Studebakerautos (die es schon ewig nicht mehr gibt, weil sie keiner kaufen wollte); wozu verklärte Erinnerungen an sommerliche Überlandfahrten mit Kind und Kegel und an die Hilfsbereitschaft dieser Salz-der-Erde-Farmer, die einem angeblich noch das letzte Hemd gaben. Die Betrachtung stimmt vielleicht, wenn der Sicherinnernde weiß, nicht jüdisch, gebürtiger Amerikaner war und frömmlich grinste. Alle anderen konnten eher mit einer Ladung Schrot in den Arsch rechnen.

Was ja nicht die Schuld des Clintoner Museums ist. Im Gegenteil, es ist seine drei Dollar Eintritt wert, zumal auf der gegenüberliegenden Straßenseite ein prima Restaurant steht, das zu jeder Tageszeit gut besucht scheint. Und wer sich ein ausgesprochen gewaltiges Bar-B-Q-Vergnügen gönnen will, der fährt kurz auf die I-40 und biegt nach wenigen Minuten an der Parkersburg Road wieder ab. Dort, zur Rechten der Interstate, ist Jiggs Smokehouse, und wer von der Bude schwärmt, der ist verfressen und stolz darauf. Jiggs macht zwar zu, wann er will, aber wenn der Laden offen ist, gibt's die beste Grillauswahl in Oklahoma. Und Texas. Keine Frage.

Die Landschaft wird wieder europäischer, je weiter man nach Westen kommt. Bäume tauchen auf und vereinzelte Hügel. Durch Sayre, über den Red River, der die Gegend mit einigen Seitenarmen durchquert, nach Texola – auf dessen riesigem Werbeschild am Highway einst ein Scherzkeks das T durch ein S ersetzte, was angeblich im Dorf zu Verkehrsstaus führte, weil sich jeder nach den Damen erkundigte. Dann mit Gebraus nach Texas hinein, Traumziel jedes Jugendlichen, Cowboy-Hochburg par excellence. West Texas: Ölfelder, gewaltige Viehherden, flache, sturmzerzauste Pionierlandschaft. Unter der Präriesonne verdorrtes Büffelgras, grüngraue Wüstenvegetation, dürre, verhärmte, vorzeitig gealterte Bauersfrauen in enganliegenden Kattunkleidern. Mühselig gewaschene, vielfach geflickte Wäsche, die im Sturm waagerecht auf der Leine knattert. Rostzerfressene Pickup-Trucks ohne Ladeflächenbordwände, hinterlistige Hunde, den Schwanz zwischen die Hin-

terläufe geklemmt, freundliche rotgesichtige Bauern mit
ausgestreckter Rechten.

Mein Gott, was waren wir doch naiv. Fanden das gewaltig
aufregend, in der Vorstellung und zwischen Buchdeckeln.
Die Wirklichkeit erschüttert.

Texas –
Cadillacs und Zweikilosteaks

Daß die ärmlichen Westtexasdörfer so traurig wirken, liegt vielleicht an der verblichenen Fassadenfarbe, die schon seit Generationen nicht erneuert wurde. Oder an den vielen handgemalten Schildern, die etwas zum Kauf anbieten: Hängebauchschweine und Barbecue, einen 83er Dodge Sedan oder gleich die ganze Farm, deren Dach den nächsten Winter nicht überstehen wird. Oder es liegt daran, daß tatsächlich der Wind dauernd bläst, daß sich die Menschen deshalb lieber in ihren Häusern aufhalten. Spazieren tut keiner, und der Durchfahrende wird nur gelegentlich von einem Köter angebellt.

Der Ruf des riesigen, reichen Texas ist erheblich besser als die Wirklichkeit. Hier oben, im Nordwestzipfel, den man auch Pfannenstiel nennt, meint man wirklich, die Dreißiger seien noch immer nicht vorüber; die »Dirty Thirties«, voller Staub und Armut. Jo Harvey Allen und ihr Mann Terry schrieben vor einigen Jahren das Theaterstück »Chippy«. Es geht um eine Hure aus Westtexas, die in den Boomtowns des Panhandle ihr Geschäft betreibt, im Panhandle, wo der Himmel größer als Gott sei. Dort habe sie über 6 000 Männer rangelassen, singt sie, »and every last one of them was a chickenshit«, jeder einzelne war ein Arschloch. Ein Musical ist aus dem Bühnenstück geworden; Joe Ely, Butch Hancock und der Allroundkünstler Terry Allen haben die Songs geschrieben und zu einer wunderschönen CD zusammengefaßt. »Chippy« heißt Flittchen, und dieses Flittchen aus den Ölfeldern des Panhandle lebte und schaffte tatsächlich während der Dreißiger an – in einer Ödnis, die sich kaum verändert hat. Der ewige

Wind aus den Prärien Kanadas pfeift über die texanische Hochebene, und dagegen helfen auf die Dauer nur Schnaps und Religion. Es erstaunt dann auch nicht, daß von den sechs oder sieben Rundfunksendern, die man hier im Auto empfängt, gut die Hälfte knallhartes Christentum verkauft. Dagegen ist der Nachbar Oral Roberts aus Tulsa ja noch ein gemäßigter Hirte; die Feuerfresser im Pfannenstiel wissen, daß nur Drohungen und Gebrüll in die Dickschädel eindringen.

Shamrock, Texas, entspricht ganz dem Muster der texanischen Kleinstadt. Eine ihrer Sehenswürdigkeiten – die einzige, seit die Raffinerien dichtmachten, weil das Erdgas ausging – ist eine im frühbabylonischen Art Deco gehaltene Tankstelle mit angeschlossenem U-Drop-Inn-Café. Ein völlig nutzloser Turm krönt den erdfarbenen, stuckverzierten Bau, viele Fotos gibt's von dieser fremdländischen Pracht in texanischer Ebene, und als ich zuletzt im Winter 1996 dort war, hatten sich die Betreiber den Gesetzen des Kapitalismus gebeugt; die Bude war schlicht dicht, Schilder erwähnten die einmalige Gelegenheit, eine bekannte Ecke der Route 66 zu kaufen, aber die Schilder sahen fast so alt aus wie das Gebäude. Es ist trotzdem auf perverse Art hübsch, und ein Foto löst bei den Daheimgebliebenen sicher Kopfschütteln aus – was will man mehr? Einsamkeit? McLean wäre da richtig. Der Flecken ist zwar bewohnt, hat sogar ein Stacheldrahtmuseum* im Hinterhaus der örtlichen Feuerwehr, einige Coffee shops, Friseure und eine Autoreparaturwerkstatt auf der Hauptstraße, wo auf dem Hinweg ein Auto aufgebockt stand, und zwei Wochen später auf dem Rückweg immer noch – aber das Leben findet in McLean unter Ausschluß der Öffentlichkeit statt. Dabei haben sie ein Motel mit hübschem Neon, das sogar abends in voller Pracht strahlt, aber der Wind scheint die Bewohner weggeblasen zu haben.

* »Barbed wire« heißt die Erfindung, die im Texas des vergangenen Jahrhunderts Weidekriege auslöste, und die Texaner sprechen's »Baab Waar« aus. Devil's Rope sagten die Leute auch dazu, das Teufelsseil, was wieder mal typisch ist. Gott und Teufel sind texanische Ehrenbürger.

In McLean muß man unweigerlich an Wim Wenders' Filme denken.

Von hier aus steigt das Terrain an; es ist zwar noch immer Prärie, aber die Straße windet sich durch zerklüftete Halbwüste auf eine Hochebene. Hinter Alanreed beginnt das 1000 Meter hohe Plateau der Llano Estacado, der Staked Plains, der abgesteckten Prärie. Die spanischen Conquistadores Francisco Vásquez de Coronados, die vor fast 500 Jahren auf der Suche nach den sagenhaften Sieben Goldenen Städten von Cibola hier durchzogen, fürchteten sich vor der baumlosen Ebene, ohne Berge, konturlos, ohne Anhaltspunkt. Wie auf hoher See kamen sie sich vor und steckten daher immer in Sichtweite voneinander mannshohe Pfähle in den texanischen Lehm (span. Llano Estacado), bis die Schwierigkeit nicht mehr die fehlende Orientierung, sondern die fehlenden Markierungspfähle waren. Wer konnte auch wissen, daß sich die verdammte leere Llano Hunderte von Kilometern hinzieht?

Pampa liegt nur wenige Meilen nördlich, der Ort, in dem Woody Guthrie einen Teil seiner Jugend verbrachte. Jericho heißt das nächste Dorf in der Route-66-Einsamkeit, Groom liegt hier – am schiefen Turm von Groom zu erkennen. Der Wasserturm, wie jedes Dorf einen hat, damit's überhaupt Wasserdruck gibt, wurde absichtlich so gebaut, daß es aussieht, als wolle er jeden Moment umkippen. Es wird wohl der Lehrer oder sonst ein Gebildeter gewesen sein, der die unkonventionelle Bauweise vorschlug, denn Pisa fährt ja seit Jahrhunderten mit einem ähnlichen Weltwunder ganz ordentliche Touristen-Lire ein. Wozu sonst taugt ein schiefer Turm? Nun steht das Ding da, eine gute Meile außerhalb von Groom, rostet still vor sich hin, und gelegentlich strahlen ihn die Groomer mit Scheinwerfern an. Dann kommen wieder Reisende von der I-40 oder der Route 66 herüber, halten an und staunen. Ob sie Geld in Groom lassen, ist zu bezweifeln. Selbst die Kamerafrauen des national ausgestrahlten Travel Channel, die an einem sonnigen Novembertag dort drehten – mit Corvette Cabrio und Blondchen – packten ihre Siebensachen wieder in den Winnebago und zogen weiter. Sie hielten nicht mal am Groomer Kreuz, der zweiten Sehenswürdigkeit des staubigen Präriedorfes. Das steht fünf Minuten außerhalb, ist gute zehn Stockwerke hoch, aus hellblauem Wellblech mit hellblau angestrichenem Beton- und Stahlgerüst und wurde vom Cross Ministries in Plains, Texas, erstellt. Die haben auch den lebensgroßen, segnenden Bronze-Jesus davorgestellt und den sitzenden, händewaschenden Pilatus. Zum Glück gibt's hier keine Tauben oder gar Möwen.

Die wenigen Bäume auf der Fahrt nach Amarillo sind vom Wind verkrüppelt; die Nordwestseite der Krone ist hochgewachsen und kahl, die südöstliche Seite dicht begrünt. Selbst im Auto hört man den Wind, man spürt ihn, kann ihn förmlich riechen, obwohl der Geruch, je näher man der einzigen Stadt des Panhandle kommt, eher an ausgeschüttetes Motorenöl in einem vielbenutzten Klo erinnert. Vieh wird hier gehalten, nicht nur auf der Prärie in freier Wildbahn, sondern in riesigen Corrals eingepfercht. Dort steht es zu Tausenden im westtexanischen Dreck herum, werden gemästet, und zwischen Zeugung und Zerlegung stinken sie gewaltig vor sich hin.

Man will sich nicht unbedingt in Amarillo aufhalten, obwohl einiges verlockt. Die Big Texan Steak Ranch, beispielsweise, mit ihrem berühmten 72-ounce-Steak. Das sind lockere zwei Kilogramm Fleisch, auch noch nach dem Grillen, und wer das – mit Beilagen und allein – innerhalb einer Stunde ißt, der bekommt's umsonst. Wer's nicht packt, zahlt (Anfang 1997) 35 Dollar, was auch nicht schlecht ist. Die Stadt erinnert wieder an die Familie Joad, die John Steinbeck auch durch Amarillo klappern ließ. Sie ist unschön, den Verfall ihrer ärmlichen Bausubstanz hält kaum jemand auf, der Wind treibt gewaltige Mengen Staub aus der Prärie durch die numerierten Straßen der Innenstadt. Eine der wenigen Sehenswürdigkeiten Amarillos ist der erste Baum in Texas, der 1888 von Thomas Cree angepflanzt wurde. Der steht elf Meilen nordöstlich der Stadt, am Highway 60. Und in der entgegengesetzten Richtung findet man eine der schönsten und unbekanntesten Landschaften Amerikas, den Palo Duro Canyon. Der Red River bahnte sich hier seinen Weg und schnitt auf eine Länge von 100 Meilen ein bis zu 400 Meter tiefes Flußbett in den Sandstein. Palo Duro liegt etwa 25 Meilen südöstlich Amarillos, ist auf der I-27 einfach zu erreichen und ist einen Besuch wert. Man kann in den Canyon hinabfahren und auf einer gut ausgebauten Straße durchs Herz des Tales fahren. Im Sommer gibt's hier eine große Show (Heimatfest würden wir's vermutlich nennen), die den Amarilloern richtig gut gefällt, weil sie bunt ist, unterm Sternenhimmel stattfindet und der flachen Präriemetropole einen Hauch der hohen Kultur verleiht. Karten sind vorzubestellen; wie gesagt, das Ganze ist sehr bunt und daher schnell ausverkauft.

Ach, Amarillo. Die Cadillac Ranch ist sicher das bekannteste Kulturwerk dieser ansonsten recht öden Stadt. Zehn Cadillac-Limousinen, die von der Hippie-Kooperative Ant Farm 1974 in den texanischen Boden gepflanzt wurden. Die Kunstkommunarden aus San Francisco wurden vom lokalen Milliardär und Mäzen Stanley Marsh 3 beauftragt, irgendwas Aussagekräftiges auf sein Ranchgrundstück zu stellen. Die drei Ant-Farmer Doug Michels, Hudson Marquez und Chip Lord schauten sich das dafür vorgesehene Weizenfeld an. Der Texaswind blies die Halme zu Wellen, was die Künstler an kalifornische Delphine denken ließ. Aus den Delphinflossen wurden Cadillac-Heckflossen. Das war die Idee zur Cadillac Ranch. Stan finanzierte den Ankauf verschiedener Cadillac-Jahrgänge, die Kalifornier buddelten die Dinger ein.

Nun muß man dazu erklären, daß Stanley fast 90 Prozent des Weltheliumaufkommens gehören. Stan ist Mister Helium, keine Frage. Man findet das Edelgas auf seinem riesenhaften Stück Texas, er fördert, verpackt und verscheuert selber, und die Monopolstellung ist nicht ganz spurlos an seinen Bankkonten vorbeigegangen. Daher kann er's sich leisten, als etwas skurril zu gelten. Toad Hall nennt er eine seiner Ranches, nach dem Kinderklassiker »The Wind in the Willows« von Kenneth Graham, das von A. A. Milne zum

Ein Kunstwerk der besonderen Art: die Cadillac Ranch in Amarillo

Bühnenstück »Toad of Toad Hall« umgeschrieben wurde. Ein Freund der Literatur also. Etwas eigen auch – wenn er zum Beispiel den Nachbarssohn Ben Whittenburg in einen Hühnerstall sperrt und dafür von der Grand Jury des Kreises Amarillo zur Rechenschaft gezogen wird. Ein Witzbold, wiegelt sein Anwalt Charles Rittenberry ab, einer, dem der Spaß im Leben über alles geht. Daß Stanley nicht viel zu fürchten hat, macht er schon in einem Interview im Dokumentarfilm »The Plutonium Circus« von 1994 klar; nicht nur nennt er im gleichen Atemzug Whittenburgs und die Bundesbehörden Diebe und Räuber, sondern sagt auch, daß nach seiner Auffassung die Gesetze für ihn nur gelten, wenn er sie auch beschließt. Stanley, wie er leibt und lebt.

Die Cadillacs stehen, Nase nach unten, die Heckflossen in den Himmel gereckt, 100 Meter neben der alten Route auf Stanleys Feld. Kein Hinweisschild, keine Erklärung stört die Harmonie, nur ein hellblauer Helium- oder Wasserturm steht dahinter. Ansonsten Feld. Very cool. Eine Lücke im brusthohen Drahtzaun dient als Tor zum Detroit-Dinosaurier-Monument, neben das Sträßchen hingeworfener Schotter ist ein improvisierter Parkplatz.

Ich schaute mir das Ganze an, staunte, war tief beeindruckt von diesem spätkapitalistischen Wunderwerk, zog das Handy aus der Tasche und rief Stanley Marsh 3 zu Hause an. Es war Sonntag, kurz nach Mittag, und Stan ging auch gleich ans Rohr.

So, ein Buch entstehe? Prima. Und eine Rundfunksendung zum Thema 66, und seine Cadillac Ranch kommt da vor? Aha. Toll. »Ja, das schreibe ich auf deutsch und ...«

Ein Gurgeln, und dann legte Stanley los. Verbrecher, brüllte ein dünnes, hohes Altmännerstimmchen, größte Verbrecher der Weltgeschichte, will nicht, daß Angehörige dieses Verbrechervolkes meine Grundstücke betreten, nicht mal ansehen – ich bekam trotz heftiger Bemühungen kein Wort dazwischen –, und dann drohte mir der Giftgasmilliardär mit der sofortigen Einlieferung ins Dachauer Konzentrationslager, das er »Däckau« aussprach, aber die Absicht war klar. Er knallte den Hörer auf die Gabel – sein Sonntag war offensichtlich im Eimer.

Ich ging zurück, pinkelte gegen den dritten Cadillac von links, und es wurmte mich, daß Stanley das nicht mit ansehen konnte.

Stevie Ray Vaughan und der Texas Blues-Rock

Man behauptet ja von Texanern, daß sie außerordentlich selbstsicher sind; das ist die nette Auslegung. Größenwahn, sagen viele Amerikaner, sei ihr definierendes Merkmal. Was in gewisser Weise zutrifft, denn der Staat selbst, die Entfernungen, der Horizont sind riesig, und die Größe färbt ab. Die unglaubliche Weite hat aber einen Menschenschlag hervorgebracht, der offen ist, der mit ausgebreiteten Armen auf den Fremden zugeht. Das traf auf jeden Fall auf einen der »favorite sons« des Südzipfelstaates zu, auf Stevie Ray Vaughan.

Stevie Ray – traditionsbewußte Südstaatler haben zwei Vornamen, die auch zusammen verwendet werden – kam in Dallas zur Welt, im Vorort Oak Cliff. Am 3. Oktober 1954 war das, einem Tag, an dem der ebenfalls texanische Blues-gitarrist Albert Collins seinen 23. Geburtstag feierte (was bei Sternguckern vielsagendes Kopfnicken auslöst). Der Vaughan-Haushalt war lustig: Vater Jim liebte Musik und den geselligen Schluck, hatte oft Besuch von befreundeten Musikern, Gruppenmitgliedern der berühmten *Texas Play-boys*, Mutter Martha schaltete, waltete und spielte für ihr Leben gern Domino, und der dreieinhalbjährige Bruder Jimmie freute sich, daß da endlich einer zum Spielen gekommen war.

Sieben war er, der Stevie Ray, als er endlich die Gitarre bekam, auf die er schon lange scharf war. Eine Original Roy Rogers, kindgerechte Größe, mit eingebrannten Bildchen breitkrempiger Cowboyhüte, Saguaro-Kakteen und zusammengerollter Lassos. Darauf klimperte er die Liedchen nach, die Jimmie schon richtig spielen konnte. Der hatte eine dreiviertelgroße Gitarre, nahm Unterricht und wollte unbedingt eine Band gründen.

Ein Jahr später bekam Jimmie seine erste richtige Gibson, eine ES 300, und Stevie Ray erbte deren Jugendausgabe, die Gibson Messenger. Mit 14 war Jimmie endlich in einer Bar-Band, sein kleiner Bruder durfte ab und zu mit auf die Bühne und zum Ergötzen des angeschickerten Publikums einen oder zwei Songs spielen. Er hatte ein Repertoire drauf, das von Bar-Virtuoso Lonnie Mack über B. B. King, Buddy Guy und Albert Collins bis hin zu Muddy Waters und Howlin' Wolf reichte. Jimmie schleppte immer Platten an, immer etwas Grundsolides.

Der jüngste Vaughan wollte nie etwas anderes, als Musik machen. Seine Berufswahl traf er früh, richtete alle Energie auf sein Ziel, und es ist daher kein Wunder, daß er die High School allzu früh verließ – jedenfalls nach amerikanischen Vorstellungen. Sein Vorbild Jimmie haute mit 16 von zu Hause ab. In dem zarten Alter nannte man ihn schon »Freddie King Junior« und schrieb, er sei der heißeste Gitarrenspieler in Texas, eines Staates, der von Gitarrenspielern nur so wimmelte. Er war vom Chef der *Beatles*-Coverband *Chessmen* angeheuert worden, als deren Gitarrist ertrank. Die Band um Sänger Doyle Bramhall war voll ausgebucht, und sie mußten schnell für Ersatz sorgen. Jimmie Vaughan paßte so nahtlos in die Gruppe, daß er schon nach Wochen ein echter Rockstar in Dallas war. Er übte einen faulen britischen Bühnenakzent ein, ließ die Haare auf Überlänge wachsen und wurde deshalb prompt von der Schule verwiesen. Jimmie benahm sich wie ein Star – soff, kiffte und bumste sich durch das Nachtleben der texanischen Großstadt, bis Vater Vaughan mit der Faust auf den Tisch haute: entweder clean oder raus. Jimmie zog ins *Chessmen*-Gruppenhaus.

Stevie wollte wie sein großer Bruder sein, und die Eltern hielten dagegen, so gut es ging. Stevie sollte die Finger von der Gitarre lassen, hieß es, und sich neben der Schule einen Aushilfsjob suchen. Er versuchte, so zu werden, wie es seine Eltern forderten, aber es klappte einfach nicht. Der Zwölfjährige lernte einige ältere Musiker kennen, und sie gründeten zusammen eine Gruppe, die auch prompt Arbeit bekam. Stevie Ray lernte, daß ein Kind mit einem Bier in der Hand älter aussieht.

Und dann kam Jimi Hendrix. 1967 war sein »Are You Experienced« in Amerika erschienen, und Gitarristen jeden Alters verloren den Glauben an sich selbst. Jimmie lernte Hendrix-Riffs und Hendrix-Aussehen, spielte mit seinen *Chessmen* Hendrix und *Cream* statt *Beatles*, und als der echte Jimi nach Dallas kam, waren die *Chessmen* seine Vorgruppe. Stevie Ray hatte Freikarten, saß in der ersten Reihe und bekam den Mund nicht mehr zu. Er ging heim, holte seine Gitarre, setzte sich in den Park und lernte ganz neu.

Als sich Jimmie und Doyle entschlossen, ihre musikalische Richtung radikal zu ändern, erforderte das einigen Mut. Sie wollten Bluesrock und Rhythm and Blues spielen, »Niggermusic«, wie man in der Rednecks-Hochburg Dallas damals dazu sagte, und sie bekamen kaum Arbeit. Die winzigen Gagen reichten gerade für zwei Leute, drei vielleicht, also war an eine klassische Besetzung nicht zu denken. Jimmie fragte seinen kleinen Bruder, ob der vielleicht für die *Texas Storm* Baß spielen wolle. Keine Frage; sein ganzes Leben war Jimmie das Idol des kleinen Stevie Ray gewesen. Er war der Ältere, spielte sagenhaft Gitarre und sah auch noch gut aus. Stevie Ray dagegen fand seine Nase unförmig, weil sie Jahre zuvor von einem Arzt »aufgebohrt« worden war, um Polypen zu beseitigen; deshalb sang er auch lebenslang nasal. Kurzum, für Jimmie tat Stevie Ray alles. Er durfte also in der hart bluesrockenden *Texas Storm* mitschrammeln, und er verblüffte jeden, der ihn hörte.

Liberation war die Band aus Dallas, die richtig gute Gigs im Kalender hatte, aber keinen Baßspieler. Als Jimmie seinen jüngeren Bruder aus *Texas Storm* entließ, weil die jetzt ordentlich verdienten und daher keine umsonst arbeitenden Kinder mehr brauchten, spielte Stevie Ray für den Baßjob vor. Er bekam ihn, aber als der Boß und Gitarrist der Band Stevie auf der Gitarre hörte, bot er an, selbst

Baß zu spielen. SRV war mit 14 schon besser als bekannte erwachsene Musiker aus dem hartumkämpften Nachtgeschäft. Das fanden auch die drei Boys, die während eines *Liberation*-Gigs als Pausenfüller spielten. Dusty Hill und Frank Beard aus Dallas hatten ihren Freund Billy Gibbons aus Houston herübergeholt, um mit ihm ein neues Konzept auszuprobieren. *ZZ Top* nannten sie sich. Und als Stevie fragte, ob er einen Song mit dem Trio spielen dürfte, luden sie ihn auf die Bühne ein. Auf Anregung des kleinen Vaughan spielten sie eines seiner Lieblingslieder, »Thunderbird«, aus dem Repertoire einer Bluesgruppe aus Dallas. Dem erheblich älteren Dusty Hill verbot sein Manager danach, sich auf öffentliche Gitarrenduelle mit Kindern einzulassen.

Mit der Gruppe *Blackbird* kam der Erfolg. Stevie Ray hatte nun von der Schule die Schnauze gestrichen voll, aber er konnte sie noch nicht an den Nagel hängen, weil Jim und Martha Vaughan der Schlag getroffen hätte. Schlimm genug, daß der Knabe auch Gitarre spielte – manche behaupteten sogar, gefälliger als Jimmie –, spät heimkam und eine Fahne hinter sich herzog. Daß der 16jährige aber auch regelmäßig Speed rauchte, schniefte und schoß, ahnten sie zum Glück nicht. Methamphetamin kochte jeder Zweite in Dallas, und die Verteilung war Sache der Motorradbanden. Die leisteten ganze Arbeit, denn das Zeug namens Go, Crank (engl. ankurbeln), Rocket Fuel und Gofast gab's offen in jeder besseren Musikkneipe. Speed hielt, was es versprach: stundenlange Hochtouren, nichtendenwollende Aktivität, ein Geschwindigkeitsrausch, ewige Wiederholung. Ein gitarrenspielender Speedfreak konnte sein Publikum stundenlang auf Höchstgeschwindigkeit unterhalten, wenn es sein mußte. Außerdem nahm das Zeug die Angst vor der Bühnenmitte; Stevie Ray, der sich häßlich fand, konnte endlich im vollen Scheinwerferkegel zwanglos seine Soli spielen und sogar singen.

Irgendwas mußte geschehen, denn der Tag hatte nicht genügend Stunden. Trotz der elterlichen Drohungen schmiß er die Kimball High School; kein großer Schaden, denn er hatte sowieso miese Noten. Die Schule war zwangsläufig zum Schlafen und Ausruhen da. Stevie war 17, als er sich entschloß, nach den Weihnachtsferien nicht mehr zurückzukehren. Zu Hause konnte er nicht bleiben; die öde Glenfield Street, auf drei Seiten von Gleisen der Eisenbahngesellschaft Atcheson, Topeka and Santa Fe umgeben, brachte es einfach nicht mehr. Stevie Ray wollte raus aus dem Elternhaus, wollte weg aus der Geburtsstadt. Er zog mit der Gruppe nach Austin.

Die Universitätsstadt im Süden hatte schon damals den heißesten Musikmarkt des Staates. Nicht nur wegen der 35 000 Studenten, sondern ebensosehr wegen der ausgesprochen hübschen Lage der Stadt. Austin liegt zwischen San Antonio und Houston, man kann in drei Stunden am Golf von Mexiko sein, und durch die Stadt selbst fließt in weitem Bogen der Colorado River, auf dem Kahnfahren ein heimisches Vergnügen ist. Ein mildes Klima und die texanische Weite regen zum Laisser-faire an. Eine halbe Million Leute wohnen in Austin, unter ihnen der Gouverneur und die Mitglieder der Staatsregierung, denn Austin ist die Hauptstadt von Texas. Hierher zogen die *Blackbirds*, und sie sollten es nicht bereuen. Besonders Stevie Ray war glücklich, denn sein Bruder war schon in Austin heimisch geworden. Der zeigte ihn nun herum.

Die Konzertkneipen in Austin – Threadgill's, der Soap Creek Saloon und besonders die 1970 gegründete Armadillo World Headquarters – boten Jobs und die kleinen Bluespinten Spaß. Stevie spielte Rock, spielte seinen Blues und stand mal mit dieser, mal mit jener Band auf der Bühne. Ihm kamen seine *Blackbirds* immer lahmer vor, und nach einem Jahr löste er die Gruppe auf. Sie hatten sich selbst überlebt. Stevie wurde in anderen Bands so eine Art Stellvertreter; wenn einer im Knast oder Krankenhaus war, wegen Überdosis endgültig abgetreten oder kurzfristig nach Hollywood abberufen wurde, stand Stevie Ray schon bereit.

1973 begann vielversprechend. Marc Benno war in Austin und suchte einen Gitarristen. Der hatte sich einige Jahre zuvor in Los Angeles mit Leon Russell zusammengetan, war durch Leon die Karriereleiter hinaufgeklettert und hatte als Solomusiker und Songwriter einen Plattenvertrag mit dem Herb-Alpert/Jerry-Moss-Label A&M. Marc hatte schon mit der Creme der Studiomusiker in Los Angeles zwei Alben aufgenommen, mit Ry Cooder und Jesse Edwin Davis, mit Carl Radle und dessen Boß Eric Clapton, und jetzt suchte er sich eine Band zusammen für das große Durchbruch-Album. Jimmie Vaughan, den er zuerst fragte, wollte nicht, aber er empfahl seinen kleinen Bruder. Der hörte Hollywood und sagte auf der Stelle zu.

Die nächsten Monate waren wie aus dem Bilderbuch. A&M zahlte alles, die Limousinen, das Dope und den Suff. Stevie Ray spielte, Doyle Bramhall war mitgegangen und sang, Marc war immer zufriedener mit seiner zusammengewürfelten Band, die er *Nightcrawlers* nannte, und seinem werdenden Album. Als Labelchef Moss das Ding hörte, warf er es in den Abfall.

Für Stevie Ray brach eine Welt zusammen; eine Tour war geplant, er hatte sich an das Hollywooder Leben gewöhnt, gemeint, es geschafft zu haben, und jetzt stand der kleine Marc Benno vor ihm und sagte, daß es ihm leid täte.

Zum Glück war die ganze Söldnerband aus Austin, und sie blieben nach dem Fiasko zusammen. Gut aufeinander eingespielt waren sie, und die *Nightcrawlers* hatten bald ihren regelmäßigen Gig im One Knight, der »echtesten« Blueskneipe Austins. Dort lernte Stevie Ray singen. Wer eines der neueren Doyle-Bramhall-Alben auflegt, meint, Stevie Ray Vaughan zu hören. Unglaublich, wie sich die Stimmen der beiden ähneln. Stevie Ray muß so singen gelernt haben, wie er Gitarre lernte: einfach den Besten zuhören und es mindestens genauso machen. Die Gruppe wurde nicht nur gut, sie entwickelte sich zu einem außergewöhnlichen Haufen. Das merkte auch Bill Ham, der Impresario, der *ZZ Top* »gemacht« hatte. Der versprach der Gruppe, sie groß herauszubringen, aber erst müsse sie eine vierwöchige Tour durch die Dörfer machen, eine Art Bewährungsprobe. Doch jede Kneipe war leerer als die vorhergehende, jeder dritte Gig wurde abgesagt, und die Boys sahen keinen Pfennig. Irgendwo im Süden flog die Gruppe auseinander. Die *Nightcrawlers*, stärkste Band Austins und reif für die großen Bühnen, scheiterte am Lokalmatadorsyndrom; sie kamen außerhalb ihres Kirchturms mit dem unbekannten Alltag nicht klar.

Die *Cobras* brauchten einen Gitarristen, log deren Chef Paul Ray. Sie hatten zwar mit Denny Freeman einen, die Bude war auch immer restlos ausverkauft, wenn sie dienstags im Soap Creek Saloon spielten, aber Paul wollte unbedingt Stevie Ray unter Kontrolle haben. Der dürre Jüngling war der beste Gitarrenspieler, den er je gehört hatte, und er wollte seinen Anteil daran haben. Mit Stevie wurde die Band unschlagbar; sie tourten, sie hatten ihre regulären Gigs in Austin, und sie hatten soviel Kokain, wie sie in die Nasen stopfen konnten. Mitte der Siebziger galt Schnee aus Kolumbien als harmlos, und wer welchen hatte, war auf der Hip-Leiter ganz oben. Stevie Ray war im siebten Himmel. Koks war noch besser als Speed.
  Wahrscheinlich wären die *Cobras* noch heute der größte Fisch im kleinen Teich, wenn Sänger Paul Ray nicht die Stimmbandknötchen bekommen hätte. Ray mochte Stevie, aber der Rest des Vereins konnte ihn nicht leiden. Stevie Ray hatte keinen Führerschein, kein Auto, keine Wohnung, kein Geld, weil er dauernd Drogen brauchte, schlief immer bei irgendwelchen Frauen oder auf fremden Sofas und fand es ganz normal, daß ihn Leute immer abholen und irgendwohin bringen mußten. Ein Penner, wie er im Buch stand. Als Paul Ray eine längere Pause einlegte, sang Stevie Ray. Doch der meinte, er käme allein besser zurecht, und als er nach sechs Wochen den *Cobras* adieu sagte, waren die erleichtert. Bis in der gleichen Woche bekannt wurde, daß die Leser der Stadtzeitung die *Cobras* nicht nur zur beliebtesten Band Austins gewählt hatten, sondern trotz der von Jimmie Vaughan und Kim Wilson neugegründeten *Fabulous Thunderbirds* auch zur besten Bluesband. Daß damit vor allem der Beitrag Stevie Rays gemeint war, ging ihnen schweren Herzens dann doch noch auf.

Am 15. Juli 1975 öffnete Antone's seine Tore in Austin. Clifford Antone war ein Lebensmittelhändler, dem der Blues viel eher zusagte als Brötchen, Bier und Brausepulver. Er fand einen leeren Laden im Schwarzenviertel und baute ihn zum Bluesklub aus. Die einheimische Angela Strehli wurde Managerin des Ladens, und die war unter Blues-freaks als einwandfreie Sängerin und Kennerin der Materie bekannt. Mit einer grandiosen Einweihung und den *Thunderbirds* als Hausband machte der Laden einen gewaltigen Eindruck, nicht nur in der Stadt, sondern auch bei schwarzen Bluesern aus Chicago. Antone war in erster Linie Fan, und die Blueser genossen die Verehrung, die ihnen Clifford Antone engegenbrachte. Und dann die Hausband! Jimmie spielte eine umwerfende Bluesgitarre, und der weiße Kerl neben ihm blies die Mundharmonika wie einer der vielen Sonny Boy Williamsons. Mundharmonika-Könner Kim Wilson stammte aus dem Mittleren Westen, aber seine Eltern waren in den Sechzigern nach Santa Barbara gezogen, in den High-Tech-Vorort Goleta, und dort begann Turbanträger Kim seine Musikerkarriere. Als »Goleta Slim« steht er heute noch bei vielen südkalifornischen Bluesfreunden in hohem Ansehen und er freut sich über jeden Fan, der ihn so nennt! Jimmie hatte ihn nach Austin geholt, und in der Band, die beide zusammenstellten, fühlte sich Kim endlich wohl. Die machte nun im Antone's regelmäßig Rabatz.

Der kleine Bruder schaute immer zu, wenn er nicht gerade einen Gig hatte. Allzuviel war nicht los mit Stevie Ray, und er wußte nicht warum. Keiner, so schien es, wollte ihn dabeihaben, er bekam kaum Arbeit, also hing er bei Antone's rum. Und als Albert King ankam, Stevie Rays großes Vorbild, durfte er mit auf die Bühne und mit Albert einen seiner Songs spielen. Aus dem einen Song wurde ein ganzer Abend. Albert war von dem weißen Kid mit dem großen Sound begeistert, und er erzählte seinen Kollegen vom kleinen Texaner, der sein musikalischer Zwilling war, was an denen nicht vorbeiging. Deshalb schauten viele in der Bluesbranche auf die neue Band, die Stevie Ray zusammenstellte. Die zügellose texanische Punkerin Lou Ann Barton sang mit ihm, W. C. Clark spielte die zweite Gitarre, Freddy Pharoah am Schlagzeug und Jackie Newhouse am Baß bildeten die Rhythm Section. *Triple Threat* nannten sie sich und hatten wegen des guten Rufes von Lou Anns und Freddy gleich jede Menge zu tun. Touren durch Texas und Gigs in Austin, aber immer noch war Stevie dauernd blank. Er nassauerte Kokain, er schlief, wo er konnte, und eines Tages kam er auf Lenny Bailey. Das war die Freundin eines zwielichtigen, aber gut verdienenden Dealertypen, die sich sofort in Stevie Ray verliebte; so sehr, daß sie sogar einen Job suchte, um für sich und den Gitarristen eine Wohnung mieten zu können. Daß er sein Geld noch immer in die Nase steckte, kratzte Lenny nicht, aber die *Triple-Threat*-Mitglieder wurden langsam sauer. Stevie Ray wurde immer unzuverlässiger, und die Sängerin, Lou Ann, soff dazu noch wie ein Loch. Langsam löste sich die Band auf. Im Mai 1978 wurde aus *Triple Threat* die nach einem Otis-Rush-Song benannte *Double Trouble*. Lou Ann röhrte durch den Sommer, und im Herbst konnte Schlagzeuger Freddy seine Vorliebe für Speed nicht mehr im Zaum halten. In jeder Beziehung flog er also, und für ihn kam Chris Layton an Bord. Der wollte schon lange mit Stevie Ray spielen.

Die Gruppe wurde nach San Francisco eingeladen, zum alljährlichen Blues Festival. Gigs in Nordkalifornien folgten, der junge Robert Cray wurde Fan. Robert war der einzige junge Schwarze, der damals an der Küste Blues spielte, und kam immer dann aus seiner Heimat Eugene, Oregon, nach Kalifornien hinunter, wenn eine der wenigen Blues Societies wieder eine Minitour mit garantierter kostenloser Übernachtung anbot. Stevie Ray gefiel ihm; er schnallte seine Gitarre um und spielte mit dem Texaner einige Gigs, nur so zum Spaß.

Double Trouble hatte die Feuerprobe also bestanden, war erfolgreich getourt und wollte jetzt den nächsten Karriereschritt tun. Ein Album mußte her.

Joe Gracey verlor seinen Radiojob in Austin wegen Kehlkopfkrebs, aber er hatte in seinem Keller ein Studio eingerichtet, in dem er Werbespots und Geburtstagsgrüße aufnahm. *Double Trouble* spielte bei ihm ein Demo ein, und als Joe einen Geldgeber aufgetan hatte, gingen sie alle nach Nashville ins Studio und verbrieten 10 000 Dollar für ein Album, das beschissen aufgenommen und noch schlimmer gemischt war. Stevie sperrte sich gegen eine Veröffentlichung, und der Zwist darüber führte dazu, daß Lou Ann endlich die Gruppe verließ. Die hatte sowieso ihre eigenen Pläne, und als *Double Trouble* auf Ostküsten-Tour spielte, blieb sie bei der Band *Roomful of Blues*. Stevie Ray war's recht, denn er wollte ohnehin das Repertoire etwas härter gestalten und selbst mehr singen. Als sich das als ordentlicher Plan erwies und die Gruppe immer bessere Gigs bekam, schlug Stevie eines Winterabends seiner Freundin Lenny vor, hier und jetzt zu heiraten. Warum nicht, dachte die und rief einige Freunde an. Als die kamen, und jemand einen Pfarrer aus den Gelben Seiten ausgewählt hatte, war Stevie Ray Vaughan ein Ehemann. Statt Champagner gab's Whisky, anstatt Hochzeitstorte zu futtern schnüffelte jeder eine Furche Kokain.

Die Nachtklubszene Austins wurde in den nächsten Jahren immer trüber. Hohe Mieten und eine Strukturkrise in der örtlichen Wirtschaft fegten die alten Klubs weg, und heimische Gruppen suchten Arbeit auf Tournee. *Double Trouble* spielte Anfang 1980 mit Willie Dixon in New York, und einer, der durch Freunde vom gewaltigen Gitarrentalent aus Texas hörte, war Mick Jagger. Der hatte eine Nase für sowas. Der notierte sich den Namen.

Stevie fand im selben Jahr endlich einen Manager, dem er vertrauen konnte. Bislang hatte er viel selbst erledigt, hatte zwar mit Joseph Priesnitz einen Agenten, aber die beiden waren sich nicht grün. Nun lernte er Chesley Millikin kennen, einen Hansdampf, dessen Erfahrung mit Psychodrogen ihm seine bürgerliche Existenz als langweilig erscheinen ließ, der sich als Hollywooder Hippie versuchte und auf einer Ranch bei Agoura lebte. David Lindley, der Chesley als Manager der Szenekneipe Magic Mushroom in den Sechzigern kennenlernte, meint, daß da so viele seltsame Menschen wohnten, daß es ebensogut die Spahn

Ranch gewesen sein konnte, wo sich Charles Manson und seine Anhängerinnen herumtrieben. Chesley hatte sich aber bis zum Verkaufsleiter für Europa bei Epic Records hochgearbeitet. Jetzt war er Manager einer neuerbauten Pferderennbahn bei Austin, wo er Konzerte veranstalten wollte. Der schaute sich den Knaben an, erinnerte sich an einige der aufgeblasenen Versager, mit denen er jahrelang in Hollywood verkehrt hatte und die ihm als Veranstalter wieder bevorstanden. Er sagte zu. Chesley kannte sich mit Qualität aus.

Erst mal gab's für jeden 200 Dollar die Woche – fest, als Vorschuß auf künftige Einnahmen. Dann wurde ein Minibus gekauft, und mit dem ging *Double Trouble* auf Tour. Irgendwann tauchte Tommy »Slut« Shannon auf. Der hatte in den Sechzigern mit Johnny Winter gearbeitet, war mit dem Albino-Blueser in Woodstock dabei und war einige Wochen als Bassist der Gruppe *Krackerjack* Bandkollege von Stevie Ray gewesen. Der hatte momentan eine Pechsträhne, was man unter anderem daran merkte, daß er in Houston auf dem Bau arbeitete. Tommy kam auf die Bühne, stöpselte seine Baßgitarre ein – und ab ging's. Einige Wochen reiste *Double Trouble* mit zwei Baßspielern, bis Jackie Newhouse selbst merkte, wer der Bessere war und Tommy den Gig überließ. Das, sagte Stevie Ray immer, war der Anfang des Erfolges. Das Trio war wie füreinander geschaffen. Frau Lenny Vaughan war da etwas weniger angetan. Stevie Ray hätte Tommy heiraten sollen, erzählte sie einigen Interviewern, denn die beiden verstanden sich immer und unter allen Umständen.

Double Trouble machte sich als Blues-Rock-Formation einen soliden Namen in Texas, aber außerhalb waren die drei noch immer wenig bekannt. Sie konzentrierten sich auf Austin, das immer lukrativer wurde. Stevie änderte allmählich sein Aussehen; kleidete er sich bislang als Zuhälter, mit Goldkettchen, bunter Ballonmütze und Röhrenhosen, wechselte er nun den Look. Ein breitkrempiger, flacher Hut mit einer glitzernden Anstecknadel im Umriß seines Heimatstaates krönte einen Seidenanzug tragenden oder einen in einen Kimono gewandeten Stevie Ray.

Hohe, spitze Texasstiefel gehörten dazu und ein Seiden-
schal. Von seiner alten 59er Fender Stratocaster, die er 1974
gekauft hatte, wollte er sich jedoch nicht trennen. Sein
Kumpel Charlie Wirtz besorgte ihm ab und zu eine alte
Strat, die ihm als Anzahlung für neue Instrumente angeboten wurde, und mit der Zeit hatte Stevie Ray eine ordentliche Sammlung. Sie trugen alle sein Monogramm, sie sahen alle mitgenommen aus, und jede hatte ihren besonderen Ton.

Manager Milliken rief Stevie unterwegs an, um ihm einen
Vorschlag zu machen; *Double Trouble* solle auf dem Montreux Festival spielen, in der Schweiz. Das kam aus heiterem Himmel. Wo zum Teufel war die Schweiz überhaupt,
und was sollten sie da? Außerdem würde das bannig teuer
werden. Doch Chesley, der sämtliche Verbindungen hatte
spielen lassen und über Atlantic-Boß Jerry Wexler an das
Festival-Management in der Schweiz weitergereicht worden war, überzeugte die Boys.

In der kalifornischen Wüste sagt man »when it rains it
pours«, wenn's endlich mal regnet, dann richtig. Als *Double
Trouble* die Koffer für ihre erste Überseereise packte, rief
Mick Jagger bei seinem alten Bekannten Chesley Milliken
an. Mick hatte ein Amateurvideo von *Double Trouble* gesehen und wollte unbedingt die Band für ihr Rolling Stone
Label haben. Aber erst mal hören und sehen. Also fuhren
die Knaben nach New York, spielten einen Abend für die
Stones, machten Fotos mit ihnen – und wurden nicht genommen; Mick wollte Rock, und Stevie spielte Blues.

Am 17. Juni 1982 trat *Double Trouble* beim Bluesabend
des 16. Montreux International Music Festival auf. Der
Saal des Montreux Casino war voll, als die drei Texaner die
Bühne betraten, und nach einer Minute tobte die Bude:
Pfiffe, Buh-Rufe, ein amerikanisches Publikum hätte das
Gestühl geworfen. Die Gäste haßten den lauten Rock, der
da als Blues verkauft wurde. Doch einige Fans hörten hin,
waren fasziniert und begannen laut zu klatschen und Bravo
zu rufen. Sie siegten; der Gig ging bestens über die Bühne,
und die Gruppe wurde auf der Stelle eingeladen, während
der nächsten zwei Abende in der Bar des Etablissements

Stevie Ray Vaughan im neuen Look: breitkrempiger Hut mit glitzernder Anstecknadel im Umriß seines Heimatstaates

zu spielen. Dort fand sie David Bowie, der Stevie Ray aufforderte, in seinem nächsten Video aufzutreten. Anschließend kam Jackson Browne mit seiner Band, war hingerissen und bot Stevie sein Down-Town-Aufnahmestudio in Los Angeles kostenlos an, nur damit *Double Trouble* endlich ein Album machen konnte. Stevie sagte sofort zu.

Im November gingen sie drei Tage ins Down Town Studio, denn länger konnte Jackson den Laden nicht entbehren. Die Band spielte ihr ganzes erstes Album »Texas Flood« in den drei Tagen ein, unter Aufsicht des Browne-Toningenieurs Greg Ladanyi. Danach ging's zurück nach Texas, im

Januar nach New York, wo Stevie Ray auf der David-Bowie-Aufnahme »Let's Dance« den Gitarrenpart spielte, auf Single wie Album. Ein riesiger Erfolg war's für Bowie, die Scheibe verkaufte sich fünf Millionen mal, aber aus der avisierten, fest in die Hand versprochenen Welt-Tour mit dem »Thin White Duke« wurde trotz mehrwöchiger Proben nichts. Bowie hatte wohl Bedenken, den heißen, jungen Gitarristen auf der gleichen Bühne zu haben, auf der er stand.

Montreux, *Stones*, Jackson Browne, Bowie..., nicht schlecht für einen, der nicht einmal einen Plattenvertrag hatte. Der kam als nächstes, wußte der erfahrene Chesley, und er sorgte dafür, daß keine Minilabels seinen Geschäftserfolg untergruben. Chesley wollte nur mit einer der großen Plattenfirmen verhandeln, denn er kannte die Gefahr, als Blues-Act eines kleinen Musikproduzenten in die falsche Schublade gesteckt zu werden. Stevie Ray Vaughan mußte mit einem Knall auf der Bildfläche erscheinen, die Kundschaft mit seinem Gitarrenattack überrumpeln, denn die Zeit der Gitarrenhelden war vorbei; es ging nur mit Brachialgewalt.

Da tauchte John Hammond auf. Der war seit 50 Jahren Musikproduzent und Talentscout. Hammond war eine Legende im Business; er hatte nicht nur seinen Schwager Benny Goodman dazu gebracht, Schwarze in seine Band zu nehmen, sondern auch Billie Holiday, Bob Dylan, Aretha Franklin und Bruce Springsteen entdeckt. Er hatte unzählige Studiosessions geleitet, war nie auf Prämien angewiesen, weil er ein Erbe des Vanderbilt-Vermögens* war, und konnte sich ehrlich über Talent äußern, ohne an die eigenen Finanzen zu denken. Hammond hörte Stevie Ray und wußte, daß ihn hier ein Künstler angrinste, wie es ihn in jeder Generation nur einmal gibt. Der Produzent war fast so alt wie das CBS-Label, für das er seit seinem Einstieg ins Musikgeschäft arbeitete, und er brachte Stevie zum Tochterunternehmen Epic. Die bissen sofort an. Ein halbes Jahr später hatten sie eine halbe Million Alben

* Vanderbilt, Cornelius (1794–1877); US-amerikanischer Finanzmann, reichster Amerikaner seiner Zeit

verkauft, Gold für ein Gitarren-Erstlingswerk auf einem Disco-, New Wave- und Electronic-Markt.

Wieder nach Montreux, diesmal als Stars, die erste Europa-Tour, mit Berlin im Kalender, zurück in die Staaten, und immer war Koks dabei, jetzt mehr als je zuvor, denn es mußte nicht mehr aus den Tageseinnahmen bezahlt werden. Aus einem goldenen Döschen bedienten sich Star, Gattin und Kollegen. Immer hinein in die ohnehin versaute Nase. »Couldn't Stand The Weather« nahmen sie auf, und zwischen den Wochen im Studio und dem Debüt des Albums tourten sie ständig. Für ihr in Montreux aufgenommenes »Texas Flood« bekamen sie den Grammy für den besten Bluessong, was dem Tourgeschäft noch mehr Auftrieb gab. Chesley legte sich für die Band voll ins Zeug, warf Priesnitz hinaus und holte die Buchungsagentur Empire. Stevie war nun in der Starkategorie, konnte fünfstellige Gagen für eine 90-Minuten-Show verlangen und tat es auch. Nach Deutschland jetteten sie, für einen Rockpalast-Auftritt, spielten in der Carnegie Hall, waren in dem damals relativ neuen MTV Stammgäste und hatten immer eine weiße Nase. Eine Literflasche Crown Royal Whisky forderte Stevie Ray von jedem Veranstalter zu den üblichen Vertragsbestandteilen: Brötchen und Erdnüsse. Den Crown Royal soff er meist schon vor der Show aus. Reisen, spielen, reisen; die Tage und Monate gingen ineinander über. Charlie Wirtz, sein Gitarrenbesorger, starb. Allzu reines Kokain hatte er geschnupft, und der schlagartig erhöhte Blutdruck zerriß ihm eine Aderwand. Stevie Ray schrieb »Life Without You« für seinen Freund Charlie, aber er kokste unverdrossen weiter.

Double Trouble arbeitete am laufenden Band, und doch wurde Stevie Ray immer wieder gedrängt, mehr zu tun, denn die Einnahmen deckten die Kosten nicht. Er verstand's nicht, aber er beugte sich – war sowieso die falsche Zeit, sich darum Sorgen zu machen. *Double Trouble* wollte wieder ins Studio, hatte mit Reese Wynans einen erstklassigen Keyboardspieler angelockt, der mit Delbert McClinton gearbeitet hatte, und einige Songideen hatte Stevie auch. Diesmal waren sie echte Stars, brauchten sich also um Studiozeit keine Sorgen zu machen. Sie gingen die Sache an, und gar nichts wurde draus. Jeden Tag wurde nur gesoffen, gekokst, und wenn mal jemand etwas spielte, hörte sich das immer an wie das populäre Radioangebot. Stevie rief Doyle Bramhall an, der seiner wilden Jugend abgeschworen hatte, und der kam nach Dallas, um Stevie beim Schreiben unter die Arme zu greifen. Die Zusammenarbeit der beiden führte endlich zu fertigen Songs, und *Double Trouble* konnte mit Verspätung das Album abliefern. Auf »Soul To Soul« hört man die Verzweiflung eines jungen Mannes, der im eigenen Mief zu ersticken droht. Stevie Ray Vaughan brauchte dringend Hilfe, aber niemand hatte Zeit, sich um ihn zu kümmern …

Außerdem drohte die Partnerschaft mit Chesley Milliken zu zerbrechen. Stevie schuldete seinen Managern über 100 000 Dollar und begriff nicht, warum. Er beauftragte einen Wirtschaftsprüfer, die Bücher anzuschauen, aber weder der erste noch der zweite Fachmann konnte Unregelmäßigkeiten feststellen. Doch der neue Gitarren-Guru vergaß die Verdächtigung bald wieder. Er dachte nur selten an Unerfreuliches. Meist war er jetzt völlig weg, stopfte täglich gute zehn Gramm hochwertiges Kokain in seine kaputte Nase und soff seine Flasche Whisky dazu. Immer öfter fiel er unangenehm auf – bei Interviews, Fernsehauftritten, auf der Bühne. Stevie Ray schwankte, sabbelte, fluchte, sah durch die Leute hindurch, brabbelte, kotzte, aber er spielte eben doch eine göttliche Gitarre, und so einem verzeiht man.

Nach Australien gingen sie Anfang 1986, in den australischen Sommer, und sie hatten Jimmies Band, die *Fabulous Thunderbirds* als Opener dabei, aber es änderte sich nichts. Auch nicht, als sich Stevie Ray in Neuseeland in das 17jährige Model Janna Lapidus verliebte. Chesley hatte in Perth die Schnauze voll. Er kündigte seinen Managementvertrag.

Sein Buchungsagent Alex Hodges übernahm den Job. War Chesley ein impulsiver Macher, der notfalls über Leichen ging, hörte Alex erst mal gut zu, überlegte sich, was zu tun war und tat es. Stevie fühlte, daß ihn der neue Mann ernst nahm, und das war schon lange nicht mehr passiert. Er mußte seine Schulden bei Chesley abtragen; Hodges hatte ihm erklärt, daß die Forderung zu recht bestand, und Chesley drängte auf Zahlung. Ehemalige Bandmitglieder klagten unbezahlte Gehälter ein, überall schien jemand die Hand aufzuhalten. Also buchte Hodges die Band für eine ausgedehnte Tour, um Geld einzuspielen.

Den ganzen Sommer waren sie unterwegs, spielten in kleinen und großen Kneipen, Konzerthallen, Stadien, auf Festivals. Stevie mußte zwischendurch feststellen, daß seine Ehe auch nicht mehr das hielt, was sie einst versprach. Er konnte seine Frau Lenny nicht finden; die hatte das gemietete Haus abgeschlossen und war mit irgendeinem Mann unterwegs. Vaughan richtete sich in Los Angeles ein. Dort drängte sein Label auf Vertragserfüllung. Ein viertes Album war überfällig, und weil Stevie und die Band in so mieser körperlicher Verfassung waren, einigten sie sich auf ein Live-Album, dessen Songs teilweise lange vorher aufgenommen worden waren. »Live Alive« stammte zum Teil von seinem zweiten Montreux-Auftritt im Juli 1985, und einige Mitschnitte waren von Auftritten am 17. Juli in Willie Nelson's Opera House in Austin und vom 19. Juli 1986 in Dallas. Auf der Doppel-LP ist »Life Without You«, eine lange Version mit einer Gesprächspause in der Mitte, die auf der CD fehlt. Vermutlich dachte das Label, der Song könnte ruhig weggelassen werden, doch als ich am 17. Mai 1987 Stevie Ray nach seinen Lieblingssongs fragte, nannte er das Stück an erster Stelle.

Vater Vaughan starb im August 1986, aber Stevie konnte nicht lange trauern. Eine Europa-Tour begann am 12. Oktober, und vorher mußten noch einige Termine in Kanada und zu Hause wahrgenommen werden. Europa lief bestens, die Säle waren ausverkauft, das Publikum glücklich, Stevie schwebte über allen Wolken. Am 28. September spielten sie im Ludwigshafener Pfalzbau, und nach dem Auftritt wollte Stevie noch irgendwo etwas trinken gehen. Unterwegs übergab er sich, und Baßspieler Tommy Shannon sah zu seinem Entsetzen Blut im Erbrochenen. Sie fuhren ins Krankenhaus, doch dort hieß es, der Ami sei besoffen, und man solle ihn ausnüchtern lassen. Stevie wußte, daß es ihm an den Kragen ging. Er flehte Tommy um Hilfe an, und der klingelte nachts Alex Hodge aus dem Bett. Alex kannte das Krankenhaus in London, wo Eric Clapton seine Heroinsucht losgeworden war, und dort rief er an.

Stevie blieb in der Klinik, bis er kräftig genug war, heimzufliegen. Er hatte sich entschieden, einen Monat im Charter-Peachford-Krankenhaus in Atlanta zu verbringen, und ließ sich dort im Oktober 1986 einsperren. Zum erstenmal in seinem Leben war Stevie Ray Vaughan entschlossen, ohne Alkohol und Drogen zu leben. Währenddessen ließ sich Tommy Shannon in eine Reha-Klinik in Austin aufnehmen. Der hatte auch genug vom bisherigen Lotterleben.

Im Februar reichte Stevie Ray die Scheidungsklage ein und besorgte sich eine Wohnung in Dallas, gleich in der Nähe seiner Mutter. Janna Lapidus zog mit ihm ein. Er war ein neuer Mensch geworden: klare Augen, einen positiven Ausblick, er wollte unbedingt wieder auf Tournee. Ihm war zwar nicht klar, wie sein Publikum auf diesen neuen Stevie reagieren würde, aber er meinte, noch nie so gut gespielt zu haben. SRV ging mit *Double Trouble* auf Tour, und die Überraschung war, daß sie erstmals sehenden Auges ein ganzes 90-Minuten-Set überstanden. Im Mai waren sie in Santa Barbara, in Kalifornien, und spielten dort vor 4 000 Begeisterten im Amphitheater, unter einem funkelnden Sternenhimmel, mit dem Meer im Hintergrund. Hinterher saßen wir bei einem Orangensaft zusammen, denn Alkohol war in seiner Umgebung streng verboten, und Stevie Ray Vaughan schwärmte von seinem neuen Leben. Wenn er das nur früher gewußt hätte, wieviel besser man ohne Drogen spiele … Er lachte über blöde Witze, freute sich über alles mögliche und hinterließ den Eindruck eines völlig gewandelten Menschen.

In den nächsten Jahren wurde Stevie Ray Vaughan zu einem echten Superstar, zu einem, der verdient hat, was er

Tribut an SRV nach seinem Tode: (v.l.n.r.) B. B. King, Robert Cray, Buddy Guy, Eric Clapton, Jimmie Vaughan, Bonnie Raitt, Tommy Shannon

erntet. Mitte 1988 war er wieder auf Europa-Tour, wurde im Juli geschieden und überschrieb Lenny ein Viertel der zukünftigen Tantiemen seiner vier Alben. Er war jetzt clean, meinte, die besten Jahre noch vor sich zu haben, um neue aufzunehmen, jede Menge neue. Mit dem Solokünstler Mick Jagger war er in Japan – der Opener ist oft die eigentliche Attraktion –, er schrieb mit Doyle Bramhall wieder ein Album, das ihn auf den Gipfel der Popularität hieven würde. »In Step« war ein rockendes, bluesiges, fröhliches Album, das sich zweimillionenmal verkaufte und der Gruppe wieder einen Grammy als bestes Bluesalbum einbrachte. Mit seinem Bruder Jimmie machte er ein Album, »Family Style«, das von Anfang bis Ende soviel Spaß machte, daß Jimmie nach Fertigstellung der Tracks seinen Partner Kim Wilson anrief und ihm sagte, daß er nicht mehr zu den *Fabulous Thunderbirds* zurückkehren würde. Stevie und er hatten vor, weiterhin zusammenzubleiben.

Im Sommer 1990 ging *Double Trouble* mit Joe Cocker auf

US-Tour. Ein mieser Konzertsommer war's, aber die beiden Headliner hatten keine Schwierigkeiten, überall waren die Stadien ausverkauft. Und als die »Power-and-the-Passion«-Tournee vorüber war, flog Stevie mit Janna einige Wochen nach Hawaii und kam nur widerwillig zurück, um noch drei vor langer Zeit zugesagte Konzerte zu spielen. Zwei davon als Vorgruppe für Eric Clapton im Alpine Valley, einem Open Air in Wisconsin, nur etwa 100 Kilometer nördlich Chicagos. Robert Cray war auch gebucht, und Bonnie Raitt würde als Überraschungsgast auftreten. Buddy Guy war für Sonntag zusätzlich eingeladen, dazu noch Stevies Bruder Jimmie. Lauter alte Freunde.

Nachdem die Gitarristen vor 60 000 Zuschauern zusammen die Show beendet hatten, wollte Stevie gleich nach Chicago. Er war müde und wollte heim. Er bestieg den ersten der vier Hubschrauber, die in die Stadt fliegen würden, und mit ihm stiegen Claptons Agent, Tourmanager und Bodyguard ein. Pilot Jeff Browne hob in den dichten Nebel ab, drehte und flog den Bell-Hubschrauber direkt gegen einen Skihügel. Es gab weder eine Explosion noch Feuer. Nur die Motoren standen still. Im Hubschrauber waren alle tot.

Er ist zum Vorbild geworden, der Stevie Ray Vaughan. Seine Lebensgeschichte wird in Schulen erzählt, damit die Kids was draus lernen. Seine Mutter und sein Bruder Jimmie haben eine Stiftung ins Leben gerufen, die begabten Schülern seiner alten High School das Musikstudium ermöglichen soll. Und ein Denkmal steht in Austin im Park. Ein bronzener SRV, dem die Tauben ungeniert auf den Kopf scheißen.

Willie Nelson – vom Country-sänger zum Middle-America-Guru

Stevie Ray Vaughan war insofern ein typischer junger Te-xaner, als er die Großstadterfahrungen seiner Kindheit in seine Musik einbrachte; er schrieb ebenso von Tod und Ver-derben durch Nadel und Meth-Pfeife wie über Liebe und Verlassenheit inmitten der Menge. Er spielte seine Gitarre wie kein anderer, drängend und drohend, auf massiven Sai-ten, die für einen weniger emotionsgeladenen Musiker un-spielbar gewesen wären. Die Texte, die als Poesie durch-gehen können, waren sowohl Drohgebärde als auch Sym-pathieheischung. Die Ehrlichkeit Stevie Ray Vaughans fand in seinem Publikum einen Resonanzboden. Was er durch-gemacht hatte, wovon er sang, das hatten auch einige so erlebt, und der Rest fürchtete sich davor, die Erfahrung auch machen zu müssen. »There's no bad music, there are only bad players«, sagte er. Es gibt keine schlechte Musik, es gibt nur schlechte Spieler. Das traf nun ganz gewiß nicht auf Willie Nelson zu, den kleinen rothaarigen Mann aus Abbott, Texas, dessen dünnes, hohes, waberndes Stimm-chen Musikfachleute die Wände hochtreibt. Willie Nelson ist Beweis dafür, daß Talent in vielen Verkleidungen vor-kommt. Manche erkennen's auf Anhieb, manche schnal-len's nie.

1933 wurde Willie geboren, im schlimmsten Jahr der Wirt-schaftskatastrophe, als Arbeit so schwer zu finden war wie Gold. In Abbott gab's ohnehin nur Landwirtschaft, und die lag wegen der langen Trockenheit und des Unwillens der Banken, nochmal einen Jahreskredit zu gewähren, darnie-der. Die Großeltern kümmerten sich um den schwächli-chen Knaben, denn die Eltern Ira und Myrle ließen sich zur allgemeinen Peinlichkeit scheiden. Oma und Opa waren aktive Christen, die darauf achteten, daß Willie und seine ältere Schwester Bobbie Lee auch immer den Katechismus lernten, daß sie die Psalmen des Tages draufhatten, und daß sie die Gospellieder kannten, die der Gemeinde sonntags abverlangt wurden. Willie mochte die Songs; das mit dem »Sweet Jesus« hatte der Siebenjährige schon richtig gut gelernt, und mit den »Christian Soldiers« auch. American Soldiers übten draußen im Land noch den Notfall, aber ein Jahr später sollten viele von ihnen die lange Wanderung antreten, die der Prediger immer als Lohn der Müh' verspricht.

Sieben war der Knabe und schrieb schon kleine Lieder. Mit zehn trat er, klein für sein Alter, der *Bohemian Polkaband* des John Raycheck bei. Die Stella-Gitarre seiner Kindheit hatte er gegen eine richtige Konzertgitarre eingetauscht, an der er sich festklammerte, wie man auf frühen Fotos sehen kann. Polka ist in Mitt-Texas eine große Sache, denn die Leute haben deutsche Familiennamen und meinen, das Geschrammele und Getöse sei authentische deutsche Volksmusik.

Er mußte Baumwolle pflücken, der barfüßige Rothaarige. Das will die Vita immer, daß Jungamerikaner aus dem ländlichen Süden Baumwolle pflücken. Vorm geistigen Auge des Lesers zogen sie durch die geraden Reihen, einen ellenlangen Sack nachschleppend, und faßten mit zarten Fingern die stachligen, ekelhaft faserigen Samenhaare der Baumwollblüte. Das war beschissen, besonders für ein unschuldiges Kind, und sollte vorbeugend spätere Verfehlungen des nun Berühmten saldieren.

Wir glauben ihm, daß er durch die Baumwolle zog, denn der Willie Nelson singt solch herzzerreißend echte Geschichten aus den cotton fields. Er ging aber auch zur Schule, und da fiel auf, daß der Knabe ausgesprochenes musikalisches Talent hatte. Kunststück; sämtliche Großeltern waren Musiker. Iren, Engländer, Indianer mischten da kräftig mit, und musikalisch waren sie alle. Auch die Schwester spielte und las Musik, und als Willie noch mit der Polkaband für fünf Dollar pro Abend arbeitete, heiratete sie den flotten Bud Fletcher, und der holte sich einige Freunde, um mit ihnen eine Band zu gründen. Willie, 13 und bühnenerfahren, spielte bei Bud Gitarre, seine Schwester Bobbie Klavier. Bob Wills und die *Texas Playboys* spielten Texas Swing, und das war einwandfreier Jazz, dem man Kuhhirtentexte beigab. Willie swingte so hart, daß er zur Kultfigur in den Südweststaaten wurde, ein Bandleader, der es durchaus mit Tommy Dorsey oder Jack Teagarden aufnehmen konnte: wobei er den Vorteil hatte, wie seine Fans zu sprechen, weil er aus der gleichen Gegend stammte. Das verband.

Unser junger Gitarrenfreak schafft es durch die High School, was gar nicht so einfach ist für einen, der mehrere Abende die Woche durcharbeitet und erst bei Sonnenaufgang müde wird. Athletisch ist er, beliebt bei den Schülerinnen, und er weiß, daß die Verehrung einem Musiker zusteht. Willie hat sich früh daran gewöhnt. Deshalb hat er auch keine Bedenken, sich auf vier Jahre zur Air Force zu verpflichten. Wer Gitarre spielt und singt, dem geht's immer gut. Das traf auf seine Grundausbildung in Texas zu und dann auf die Radarmechanikerausbildung in Biloxi. Doch dort stellten die Militärärzte ein Rückenleiden des jungen Landesverteidigers fest und ließen ihn laufen. Dem Willie war's recht; er brauchte sich keine Gedanken mehr über die Wehrpflicht zu machen, und was er bei der neunmonatigen Militärkarriere von dem Verein gesehen hatte, reichte ihm fürs Leben. Willie wurde erst Pazifist, dann Berufsmusiker, dann Ehemann und dann 18.

Martha war 16, froh, den flotten Willie geangelt zu haben, und soff nach der Hochzeit wie ihr Mann. Bald gab's deshalb Ärger, und der Musiker entschied sich, mit Frau und Gitarre nach Oregon zu ziehen. Dort wohnte seine längst wieder verheiratete Mutter, und zu der zogen die beiden. Tochter Lana kam kurz darauf zur Welt, dicht gefolgt von Tochter Susie und Sohn Billie. Willie war Discjockey bei einem Sender in Vancouver, verdiente Pfennige, aber er nahm im Sendestudio eine eigene Single auf, die er einige hundert Male verkaufte. Damals weilte Mae Boren Axton in Vancouver, und nach einem Rundfunkinterview riet ihm die Komponistin, irgendwohin zu ziehen, wo er als Songwriter arbeiten könnte. Also ging's zurück nach Texas, wo Willie einen Song an Paul Buskirk für 50 Dollar verkaufte. Der wurde prompt zum Top-Country-Hit, und als Komponist war Käufer Buskirk eingetragen, der auch locker die Hand aufhielt und sich über seine 50-Dollar-Investition freute.

Die Nelsons zogen weiter. Frau Martha hing die Armut zum Hals raus, und sie wollte endlich Cash sehen, also fuhren sie ins Country-Zentrum Nashville, Tennessee. Willie trat in kleinen Schmuddelkneipen auf, und in einer von ihnen arbeitete Martha als Kellnerin. Die fünfköpfige Familie wohnte in einem Wohnanhänger, und als Cowboy-Star Faron Young Willies ersten Song, »Hello Walls«, aufnahm und zweimillionenmal verkaufte, sollte alles besser werden. Das Gegenteil trat ein; Suff und Streit wurden zur Hauptbeschäftigung der jungen Eheleute. Die Kohle für den Young-Hit ließ ewig auf sich warten, doch der Erfolg der Scheibe öffnete Willie endlich die Türen. Die Erfolge stellten sich bald ein: Patsy Cline sang Willies »Crazy«, Ray Price nahm »Night Life« auf, und Billy Walker hatte mit »Funny How Time Slips Away« den Hit seiner Karriere. Nach den vielen trockenen Jahren kam jetzt Geld ins Haus, aber – hastenichgesehen – war genauso schnell wieder verschwunden, denn die Nelsons hielten die Kehle immer schön feucht und kauften Autos. Willie ging auf Tour und kümmerte sich immer weniger um Frau und Kinder, bis sich Martha ein Herz faßte und den ständig besoffenen Willie mit dem Springseil ihrer Tochter wie einen Sack zuschnürte. Sie verdrosch ihn mit dem Besenstiel, wie ihn noch nie jemand verdroschen hatte. Der aufgestaute Haß entlud sich in einer gewaltigen Prügelorgie, und als Willie nur noch keuchen konnte, schnappte Martha die Kinder und den Cadillac und war weg.

Der Mann, der von 1955 bis 1975 über 2 000 Songs schrieb, fand Zeit, die ersten Alben für das Liberty Label aufzu-

nehmen, sich scheiden zu lassen, eine Band zusammenzu-
stellen, auf Dauertour zu gehen und – wieder zu heiraten.
1963 wurde seine Sängerin Shirley Collie die zweite Mrs.
Nelson. Die beiden kauften sich eine Ranch bei Nashville.
Willie wollte sich eine Weile ausruhen und nur noch Songs
schreiben. Er war 30 Jahre alt.

Drei Jahre hielt die bukolische Idylle. Dann zog's Willie
wieder in die Honky-Tonks, die urwüchsigen Pinten, denn
man kann zwar als Songwriter einen Haufen Geld verdienen, aber außer dem Bankdirektor klatscht keiner, niemand
johlt und stampft mit den Füßen. Es gibt durchaus die
Sucht nach der Bühne, dem Auftritt. Applaus macht süchtig. Fünf Jahre Ehe waren auch schon einige zuviel. Es
lief nicht besser als beim ersten Mal. Shirley und Willie
soffen und stritten sich, und manchmal stritten sie und soffen dabei. Neuerdings hielt eine Connie Koepke den Musiker in Hochform, und keiner hätte was gewußt, wenn nicht
das blöde Houstoner Krankenhaus die Rechnung für die
Geburt seiner Tochter Paula zu ihm nach Hause geschickt
hätte. Dummerweise machte Ehefrau Shirley an dem Tag
die Post auf. Na gut, meinte Willie, und heiratete Connie,
die Mutter seiner jüngsten Tochter. Daß er noch nicht von
Shirley geschieden war, kann ein Versehen gewesen sein.
Wer wirft schon den ersten Stein? Sechs Monate nach der
Hochzeit mit Connie ließ Shirley sich scheiden, was aus
Willie wieder einen ehrlichen Mann machte.

Ein seltsames Jahr war 1971; die Woodstock-Generation
liebäugelte mit den *Osmonds, Three Dog Night* hatte im
April mit »Joy To The World« von Hoyt Axton einen Sechs-
wochen-Dauerbrenner, und Willie spielte seine Kompositionen vor Industrie-Gurus. Er hatte seit zehn Jahren immer wieder Alben gemacht, und sie lagen alle bleischwer
bei RCA im Lager herum. Willie als Songwriter war Spitze,
Willie live war überall ausverkauft, Willie-Alben waren
pures Gift. Dann hörte Jerry Wexler von Atlantic Records
die neuen Sachen, und er engagierte Willie Nelson auf der
Stelle als ersten Countrysänger des Labels. »Shotgun Willie« nahm er für Atlantic auf, sein Freund Leon Russell

spielte darauf Klavier, Doug Sahm Gitarre, und die Plattenkarriere hob ab. Willie hatte das gleiche Konzept wie schon vor zehn Jahren, aber erst jetzt waren die Käufer dort angelangt, wo er sie vorher fälschlich vermutet hatte.

Die Familie zog nach Texas; jeder gute Texaner hält's nur begrenzt in der Fremde aus. Der Songwriter hatte mit dem starren Nashville seine Probleme gehabt, denn die Labelbosse diktierten, was Country war und wie es sich anzuhören hatte. Seine Musik paßte nicht in das hergebrachte Schema, aber eher würde die Welt zum Teufel gehen als Willie seinen Stil ändern. Er wußte, daß er Qualitätsmusik schrieb und spielte. Wenn Nashville nicht wollte, dann wollte Texas vielleicht.

Willie, eine Anzahl Kinder aus mehreren Ehen und Frau Nummer Drei ließen sich in Austin nieder. Da steppte der Bär; Hippie Heaven, wo »man« Gras rauchte und Redneck Rock von Gram Parsons, Commander Cody und den *Thirteenth Floor Elevators* hörte und Janis Joplin verehrte, die lange in Austin gearbeitet hatte, ehe sie wieder nach San Francisco zog. Die Konzerthallen, die Kneipen und Open Airs, die ganze Stimmung war einfach riesig. Willie, der die Freuden eines guten Joints schätzen gelernt hatte, fühlte sich gleich daheim. Er wollte seinen neuen Nachbarn etwas Gutes tun, also rief er einige Freunde an und begann 1972 die Tradition des »Willie Nelson Fourth of July Picnic«. 60 000 kamen, um Kris Kristoffersen, Waylon Jennings, Charlie Rich und Rita Coolidge, Sammi Smith und Tom T. Hall zu sehen und zu hören. Und natürlich den Initiator des Festivals, der auf der Bühne stand und den alten Spiritual »Amazing Grace« sang. Daß sich dank des ersten »Picknicks« sein Image vom Cowboysänger zum Freigeist, zum Countryrocker und Middle-America-Guru wandelte – und er dadurch ein riesiges junges Publikum ansprach, das ihn vorher weder kannte noch kennen wollte –, wird nicht allzuoft erwähnt, aber der neue Willie – langhaarig, mit Bart, Ohrring und lockerer Kleidung – erschien erstmals auf dem Feld bei Dripping Springs, Texas. Kids waren wichtig, sie waren die Zukunft, an ihnen hing das Schicksal der Welt. Außerdem waren sie enorm kaufkräftig. Willie schrieb und spielte für die Kids.

Willie verließ 1975 Atlantic und ging zu CBS. Dort nahm er sein »Red-Headed-Stranger«-Album auf, mit dem er sich bei Popfans jeden Alters etablierte. Es war ein Zwitter; »Outlaw« sollte der Stil später genannt werden, ein rockendes Country-Album mit unglaublich zarten, einfühlsamen Texten. Die Pop- und Country-Charts reflektieren die breite Streuung der Platte; aus allen Bevölkerungsschichten und Altersgruppen stammten die Käufer. Im nächsten Frühjahr verdiente Willie mit »Red Headed Stranger« seinen ersten Grammy.

Zwei Jahre später bringt Willie Nelson, der nun aussieht wie einer der Brüder unter der Brücke, das Album »Stardust« heraus – das waren nobelste Broadway-Standards und feinster Big-Band-Pop aus den Vierzigern. Die Plattenfirma ist überzeugt, daß dem Willie das viele Kiffen die Hirnwindungen verklebt hat, doch das Publikum steht Kopf. Zwei Jahre bleibt das Album auf den Billboard Charts, wieder gibt es Grammies für Mister Nelson – zwei: bester Countrysänger und beste Gruppe –, und auch Country Music Awards Entertainer des Jahres wurde er. Und im Januar 1980 kommt der »Elektrische Reiter« in die Kinos: Robert Redford, Jane Fonda – und Willie Nelson in seiner ersten Filmrolle. Die Story geht zu Herzen, die Stars sind zu der Zeit nicht zu überbieten, und wer noch an Willie zweifelt, dem ist nicht zu helfen. Willie Nelson, 47, ist Mr. Jedermann, Intellektuelle vergleichen seine Kompositionen mit dem Werk Bertolt Brechts und Kurt Weills. Ohne Macken, ohne Starallüren ist dieser Renaissance Man* – und sieht noch aus wie du und ich.

Allerdings wird ihm immer wieder sein Marihuana zum Verhängnis. Während der Dreharbeiten zum »Elektrischen Reiter« fliegt er kurz auf die Bahamas – mit Dope in der Hosentasche. Das Gittertor schließt sich hinter Willie, der US-Star sitzt auf der Pritsche, Kopf in den Händen, und starrt auf eine Edelstahl-Kloschüssel. Schon drei Jahre zu-

* Künstler, der Kunstformen der Vergangenheit wieder aufgreift

vor war er nach einem Konzert mit Bob Dylan wegen des Verdachts auf Drogenbesitz vorgeladen worden. Die Sheriffs in Texas lassen ihn ja in Ruhe, aber im Rest des Landes muß sich Willie verdammt vorsehen – was ihn seinen jungen Fans noch mehr ans Herz wachsen läßt. Ob 17 oder 47 – die Angst vor einer Drogenrazzia ist die gleiche.

Er wird deportiert – und schläft eine Woche danach als Gast Jimmy Carters im Lincoln-Room des Weißen Hauses.

Filme, Alben, Songs, Grammies, alles haut hin. Selbst kitschige Fehltritte wie »To All The Girls I've Loved Before«, die Popduett-Single mit Julio Iglesias, werden gekauft, und wenn nicht, dann wenigstens verziehen. Willie Nelson ist jedermanns Held, ist der Freund der Armen, besonders nachdem er die zweite Tradition aus der Taufe hebt, die Farm-Aid-Konzerte zugunsten pleite gehender Bauern im fruchtbaren Herzen Amerikas. Willie kennt die Armut auf dem Land aus eigener Jugend, und von September 1985 an wird er jedes Jahr viele Millionen Dollar an bedürftige Bauern verteilen. Der rothaarige Texaner bekommt sämtliche Ehrungen und Auszeichnungen, die das amerikanische Musikbusiness zu vergeben hat. Er tourt ständig, kämpft sich jahrzehntelang durch 250 Konzerte pro Jahr, tritt auf der ganzen Welt auf und ist sicher einer der erfolgreichsten Botschafter Amerikas. Willie Nelson personifiziert diesen spezifisch amerikanischen Typus des mit dem Kopf durch die Wand gehenden Individualisten und des gutherzigen, großzügigen Menschen, mit dem sich das Land kollektiv identifiziert. Und als er auf dem Gipfel des Erfolges angelangt ist, endlich etwas länger zu Hause bleiben und sich nach all den Jahren auch mal was gönnen kann, da schlägt die Steuerfahndung zu. Fast 17 Millionen Dollar schuldet der Willie, heißt es, und die Behörde ist nicht zimperlich; die setzt gleich einen Versteigerungstermin an. Die drei Häuser, die sich der Künstler angeschafft hatte, kommen zu Schleuderpreisen unter den Hammer. Sein Studio wird verramscht, sein Golfplatz ist nach einer Blitzauktion futsch. Der Mann, der aus eigenem Antrieb über 100 Millionen Dollar für Leute sammelte, denen die Reagan-

Willie Nelson: jedermann Held

Regierung mit ihrer darwinistischen Wirtschaftspolitik
das Wasser abgegraben hatte, dem geht jetzt auf so klein-
karierte Weise die Puste aus. Die Beamten ließen nicht
mit sich handeln; man konnte förmlich die Schadenfreude
hinter geschlossener Amtstür über den langhaarigen Hip-
pie-Doper hören. Da ist es gut, daß die Korinthenkacker
nicht wissen, wer der Käufer des Nelson-Hauses wirklich
ist; es handelt sich um Darrell Royal, den Footballtrainer
der Texas-University-Mannschaft, das ist bekannt. Unbekannt scheint zu sein, daß Royal ein alter Kumpel des
Sängers ist, der seit ewigen Zeiten mit Willie Golf spielt
und angeln geht.

Zu einer Zeit, als noch niemand etwas von Willie wissen
wollte, schrieb schon der King of Texas Swing, Bob Wills,
daß ihm während seiner langen Musikerkarriere kaum ein
Talent wie Willie Nelson begegnet sei. Das war 1960. Willie ist heute angesehener denn je. Ob er allein auf Tour

geht oder mit seinen Freunden, den *Highwaymen*, die Säle sind immer voll. Auf seine »Picknicks« kann der Texaner zählen (für Nichttexaner finden die Happenings seit einigen Jahren auch in anderen Landstrichen statt). Die Alben, ob auf CBS, dem Independent Justice Label oder neuerdings der Reggaefirma Island, finden soliden Absatz. Willie Nelson hat sich auf der Beliebtheitsskala hinaufgearbeitet, auf der alles wohlgetan ist. Und die Peinlichkeiten mit dem Dope und der Steuer? Kalifornier und Arizoner beschlossen die Legalisierung des Teufelskrautes. Über die Hälfte der amerikanischen Wähler will die Finanzbehörde abschaffen, und sogar Präsidentschaftskandidat Bob Dole versprach so etwas, falls man ihn ins Amt wähle.

Willie hatte also wieder mal, wie seit Jahrzehnten schon, den richtigen Riecher.

Tex-Mex mit Flaco
und Baldemar

Es war nicht einfach, als Farbiger in Texas zu leben. Das Land war zwar jahrhundertelang Teil Mexikos, aber gegen die militärische Übermacht der nach Westen drängenden Amerikaner konnte die im fernen Mexico City sitzende Regierung nichts unternehmen. Am 21. April 1836 wurde der mexikanische General Antonio López de Santa Anna nach der Schlacht von San Jacinto geschlagen, und seither galt das Latino-Fünftel der texanischen Bevölkerung als weniger vollkommen. Das ändert sich rapide, und die Kultur des Tejanos* trägt zur Ansehensaufwertung entscheidend bei. Diese Kultur nun stammt zu einem erheblichen Teil aus Deutschland.

Zur Mitte des vergangenen Jahrhunderts ließen sich viele Neueinwanderer im endlosen Texas nieder. Sam Houston, der starke Mann des Lone-Star-Staates, lud herzlich ein; jeder Europäer untermauerte die Macht der weißen Minderheit ein Stückchen mehr, und viele der Neuen hatten handwerkliche Fähigkeiten, die im jungen Land gebraucht wurden. Bauern und Brauer kamen aus den deutschen Staaten und k. u. k. Österreich, Polen, Böhmen und Tschechen, die Zimmerleute und Schmiede, Schiffsbauer und Maurer waren, ließen sich in Südtexas nieder, an der Grenze zu Mexiko. Hinter der Grenze, in Nordmexiko, bauten andere Deutsche die Eisenbahn, und ehemalige Truppen des unglücklichen mexikanischen Habsburgkaisers Maximilian machten sich im friedlichen, kaum besiedelten Norden ansässig. Man traf sich zu Festen, man musizierte, wobei die

* Bezeichnung sowohl für texanische Landbevölkerung als auch für Musikrichtung (Tejano music), Speisen (Tejano food), Lebensstil

Polkas, die Walzer, die Schottischen und Mazurkas der Einwanderer bei Einheimischen Gefallen fanden. Besonders Blasinstrumente und die Ziehharmonika fielen auf, mit ihnen konnten wenige Musiker alles spielen, wenn sie's richtig machten. Allmählich übernahmen Mexikaner die Melodien, Rhythmen und Instrumente der Deutschen.

Hatte der von Napoleon eingesetzte Kaiser nach seiner Niederlage als letzten Wunsch noch »La Paloma« gehört, ehe er im Morgengrauen füsiliert wurde, flohen 44 Jahre später seine nordmexikanischen Österreicher über den Rio Grande nach Texas, denn der Tod des Präsidenten Porfirio Díaz löste eine sozialistische Revolution aus. Die Deutschen waren wieder beisammen, und das Rio-Grande-Tal schrammelte lustig vor sich hin.

Die Harmonie sollte nicht lange anhalten. Kaum hatten sich die letzten Emigranten in Texas heimisch gemacht, wurde Kaiser Wilhelm frech. Trotz amerikanischer Neutralität waren Deutsche gut beraten, sich ihrer Umgebung anzupassen und leisezutreten. Die Musik hörte jedoch nicht auf, denn inzwischen hatten mexikanische Wanderarbeiter die gut tanzbaren, einfachen Lieder für sich entdeckt. Mit einer Trommel, einer bauchigen, zwölfseitigen Bajo-Sexto-Gitarre und einer Flöte zogen Musiker von Dorf zu Dorf, von Rancho zu Rancho, hatten ein Zelt dabei, und wenn die *Carpa*, die Zeltshow begann, waren Schinderei und Unglück vergessen. Als die junge, hübsche Lydia Mendoza ihre Bajo Sexto im Radio spielte, fand sich bald eine Plattenfirma, die Lydia zum ersten Tejano-Star machte. Das war 1928, und seither hat das Rio-Grande-Tal seine eigene Musik. Norteño wurde sie genannt, die Musik des Nordens, Ranchera und Border Music, und ihr gab der Akkordeonspieler Narciso Martínez bald das typische Instrument bei. Seine Ziehharmonika machte Narciso wohlhabend, sein Stil sollte den Norteno auf Jahrzehnte hinaus bestimmen. Mit Trommel, Baß und Bajo Sexto wurde der Rhythmus vorgelegt, die Bläser akzentuierten ihn, und das diatonische Akkordeon spielte die Melodie. Sänger und Chor sangen meist etwas über die Liebe, den Suff, die

Heimat und den Tod, grundmexikanische Themen also, und die Gruppen, die *Conjuntos**, lockten gewaltige Mengen in die Zelte, die aufgrund steter Überfüllung bald Marktplätzen und Kirchensälen weichen mußten. Bis zum Zweiten Weltkrieg standen die vielen Unterarten des Norteño in hoher Gunst, doch mit der kriegsbedingten Materialknappheit hörte die Schallplattenproduktion auf. Die Soldaten wurden über AFN mit Pop- und Big-Band-Musik gefüttert, Daheimgebliebene hörten Cowboysender, die einzigen Sender, die es in Südtexas gab, und die Minderheitenmusik geriet in Vergessenheit.

Doch einer erinnerte sich, und gleich nach Kriegsende begann er, die alte, ausdrucksstarke Tanzmusik wieder zu spielen. Santiago Jimenez war der Sohn des Ziehharmonika spielenden Conjunto-Musikers Patricio Jimenez, und er hatte schon in den Dreißigern seine Meisterschaft auf der Hohner bewiesen. Nun machte Don Santiago weiter, und bald kamen seine beiden Söhne dazu. Santiago Junior spielte Schlagzeug und Akkordeon, während sein Bruder Leonardo die riesige Bajo Sexto zupfte. »Flaco« nannten ihn alle, denn er war spindeldürr, und das bedeutet »flaco« auf spanisch. Dieser Flaco schuf sich schon als Gitarrenspieler eine Fanbasis im heimischen San Antonio, aber als er 16jährig mit der Gruppe *Los Caminantes* die ersten Schallplatten machte und dabei auch Akkordeon spielte, war der weitere Lebensweg klar. Flaco erwies sich als begnadeter Musiker, der ebenso Blues draufhatte wie Rancheras, der *los schottische* wie *la valsa* und *el polka* aus dem Ärmel schüttelte und der zum Jux auf der Ziehharmonika rockte, ein dunkler Elvis.

Drüben in San Benito war auch ein dunkler Elvis aufgetaucht: der 1937 geborene Baldemar Huerta. Als 16jähriger war er Marinesoldat geworden, hatte Rhythm and Blues gehört und daraufhin die Musik seiner Kindheit verges-

---

* Conjunto – die mexikanisch/deutsch beeinflußte Volksmusik der südtexanischen Latinobevölkerung. Akkordeon ist das Hauptinstrument der Conjuntos (span. Gruppe), der Stil ist ländlich, oft an Polka oder Walzer angelehnt.

Freddy Fender alias Baldemar Huerta

sen. Der gediente Baldy sang Rock – unter seinem eigenen
Namen und auch als Eddie con los Shades und Scotty
Wayne. Eine ursprüngliche Garagenband hatte der Knabe
aus dem Barrio El Jardin, dem mexikanischen Stadtteil.
Sie rockten so lange, bis das winzige Falcon-Label
anklopfte. Die nahmen auf, was Baldemar hergab, und als
er 1957 mit der spanischen Version des Elvis-Hits »Don't
Be Cruel« die Nummer Eins in Mexiko wurde, kam in der
Gestalt des Herrn Lew Chubb ein Angebot von Imperial

Records. Der hatte unter anderen Fats Domino im Programm, einen Hit-Macher erster Güte. Mit »Wasted Days And Wasted Nights« fing Baldemar Huertas Imperial-Karriere blendend an; ein nationaler Hit. Huerta hatte inzwischen den Bühnennamen Freddy Fender angenommen – Fender nach seiner Gitarrenmarke und Freddy, »weil sich das gut anhörte«. Es war angebracht, einen anglisierten Namen zu haben. Bei Baldemar Huerta wußten die Leute gleich, daß er mexikanischer Herkunft war, und das war im weißgeprägten Amerika der späten Fünfziger nicht gut fürs Geschäft.

Gerade als »Wasted Days And Wasted Nights« die Charts hochkletterte, wurde Huerta bei einer Razzia in Baton Rouge, Louisiana, mit zwei Selbstgedrehten erwischt.

Im Mai 1960 wurde er zu fünf Jahren strengster Verwahrung im Horrorzuchthaus Angola verdonnert, aber Jimmie Davis, der musikerfreundliche Gouverneur von Louisiana, sorgte dafür, daß Freddy/Baldemar nach drei Jahren auf Bewährung herauskam; allerdings durfte er einige Jahre nicht in der narko-verseuchten Musikindustrie arbeiten. Die Zukunft schien verbaut.

Lydia Mendoza arbeitete erstaunlicherweise immer noch, und nach seiner Entlassung nahm Freddy Fender einige ihrer Singles auf. Er wurde heimlich Toningenieur beim südtexanischen IDEAL-Label, wo er Lydias Atemtechnik und Übungsverhalten abguckte.

Nach der Labelpleite ging er nach New Orleans, begann ein Soziologiestudium im Community College, wurde Automechaniker – und erzählte allen, er würde Opernarien singen, wenn dadurch »Bohnen auf den Tisch kommen«. Doch die musikalische Dürre dauerte bis April 1975. Da kam seine erste Neuaufnahme »Before The Next Teardrop Falls« in den Billboard Charts auf den obersten Rang – vor John Denver, Ace, den *Carpenters* und *Amerika*. Und gleichzeitig schaffte der Song auch die Spitze der Country-Charts. Baldemar Huerta war ein gemachter Mann. Da stieg er dann von Marihuana auf Schnaps und harte Drogen um.

Flaco Jimenez hatte sich in Südtexas einen Namen gemacht. Sein Bruder Santiago Jr. spielte reinen Norteño, wie der Vater und dessen Vater, aber der dürre Jimenez kam nicht von Rock und Country los. Die gefielen ihm, und die spielte er neben seinen mexikanischen Songs, von denen er lebte. Flaco schrieb und spielte, bis er Doug Sahm fand – und der ihn. Doug ist ein Texasrocker, der als Sir Douglas Popruhm erlangte; allerdings war das 1965, während der Invasion der Briten, und Douglas gab sich als Engländer aus. »She's About A Mover« war der erste Hit des *Sir Douglas Quintetts*, und 1973 war Doug längst wieder in Texas und spielte Blues und Country. Flaco machte mit ihm ein Album, und das fiel dem jungen kalifornischen Supergitarristen Ry Cooder in die Hände. Ry hatte den Gitarristenjob bei den *Stones* abgelehnt, wollte nur seinen eklektischen Blues spielen und lebte davon, Filmmusik zu komponieren und aufzunehmen. Er verpflichtete Flaco 1977 für sein »Chicken-Skin-Music«-Album. Im Jahr darauf spielte der Tejano wieder auf einem Cooder-Album, »Showtime«, und arbeitete künftig an einigen Filmprojekten mit. Eigene Alben machten ihn – und den Norteño – im Rest des Landes bekannt, die *Rolling Stones* fanden Gefallen an dem hochaufgeschossenen Bohnenstangenmann, Willie Nelson und Carlos Santana riefen. Mit Peter Rowan tourte er durch Europa, machte mit »Tex-Mex Breakdown« 1983 ein Album, das ihm Puristen heute noch vorhalten; er habe seine Herkunft verraten, habe sich an den Kommerz verkauft. Flaco kümmerte sich herzlich wenig um den Blödsinn, weshalb er wohl auch 1987 seinen ersten Grammy erhielt. Der war für ein ausgesprochen traditionelles Album, »Ay Te Dejo En San Antonio«, eines der über 60 Alben, die Flaco Jimenez seit den frühen Fünfzigern unter seinem Namen herausbrachte.

Als der King of Conjunto Accordeon von Freddy Fender angerufen wurde und die beiden über eine Bandgründung sprachen, sagte Flaco sofort zu. Freddy hatte zwar 1983 seinen letzten Chart-Hit gehabt, aber er war seit einigen Jahren wieder sauber, von seiner Sauferei und seinem Drogentrip geheilt, hatte im Robert-Redford-Film »The

King of Conjunto Accordeon: Flaco Jimenez

Milagro Beanfield War« gespielt, war als Moderator einiger Fernsehbeiträge aufgefallen und schlug nun vor, mit
Doug Sahm und Augie Meyers zusammen die *Texas Tor-*
nados zu gründen. Was er vorhatte, war genau, was Flaco
liebte: Conjunto mit Rock vermischen, zwei, drei Genres
durcheinanderschütteln und etwas neues Altes daraus
machen. Doug und Augie hatten seit Jahrzehnten bewiesen, daß sie alle texanischen Musikrichtungen perfekt be-
herrschten, waren beide Multiinstrumentalisten und mach-

ten seit Jahren erfolgreich Karriere. Im Sommer 1989 begann die Zusammenarbeit der vier Musiker; die nächste Grammy-Auszeichnung war ihre. Ganz klar, daß die *Texas Tornados* den Tex-Mex-Grammy bekamen, aber genauso klar war, daß die Band einen Trend mitbegründet hatte, der in den Folgejahren mächtig boomte. Fast jedes Jahr ein Album, wiederholte Grammy-Nominierungen und jede Menge internationale Touren, und zwischendurch arbeitet jeder an eigenen Projekten. Die *Tornados* haben sich hervorragende Studio- und Tourmusiker wie Louie Ortega herangeholt, haben von den *Stones* gelernt, nur die Creme mit der Band arbeiten zu lassen, und halten mühelos die Spitzenstellung.

Freddy schnappt oft seine Fender-Gitarre und spielt Solo-Gigs. Ihm gefällt, daß die Volksmusik Nordmexikos und Südtexas' ihren Weg nach Deutschland zurückgefunden hat. »Der Kreis hat sich geschlossen«, sagt Freddy Fender. Er ist zufrieden, daß Amerikaner mexikanischer Abstammung nicht nur ihre eigene Grammy-Kategorie haben, sondern auch Rundfunk- und Fernsehsender, die ihre Kultur bedienen. Daß die Musik der »Raza«, der mexikanischen Bevölkerung, Eingang in die herrschende Kultur fand, freut ihn, und er kann sich stundenlang über die Wandlung dieser amerikanischen Gesellschaft unterhalten. Ganz klar, er ist studierter Soziologe. Sein Freund und Bandkollege Flaco spielte auf der »Voodoo Lounge« der *Rolling Stones*, holte Kollegen wie Dwight Yoakam und Steven Stills für seine Alben, bereist jedes Jahr die Conjunto-Festivals in Texas und anderswo, steht Pate bei der Gründung neuer Tex-Mex-Bands weltweit – selbst in Japan gibt es einheimische geklonte Flacos – und ist stolz darauf, daß er mit der Musik seiner verachteten Vorfahren die Popmusik bereichert und verändert hat. So sehr, daß die Musikzeitschrift *Rolling Stone* vor kurzem schrieb, das schärfste Instrument im modernen Rock sei die gute alte Ziehharmonika. Der arme Herr Hohner rotiert vermutlich in seinem Trossinger Grab, dank Flaco Jimenez aus San Antonio, Texas.

New Mexico –
das Abenteuer gibt es noch

Indianerdörfer, Höhlenstädte und eine verschwundene
Zivilisation

Es ist eben doch ein schöner Staat in der Mitte des Landes –
und der Route 66. Von Los Angeles bis an die Ostküste in
Georgia sind's rund 2 500 Meilen, von L. A. nach Chicago
2 448, und das texanische Vega, 1 220 Meilen von L. A. entfernt, liegt etwa in der Mitte – über den Daumen gepeilt.

Die Vegaer (Vegans?) veranstalten im Sommer eine rie-
sige Route-66-Fete, zu der alle möglichen Fans mit allen
möglichen Mobilen ankommen: die blauhaarigen Corvette-
Omas, dicke Harley-Typen mit tätowierten Armen und dür-
ren Freundinnen, junges Bluesvolk auf Dauerreise über
den Kontinent, von einem Blues-Festival zum nächsten,
Mobilrentner im Winnebago, und meist fahren zwei solcher
Überlandwohnzimmer hintereinander durch die Gegend.
Dann, an dem Festwochenende im Sommer, ist sicher in
Vega was los.

Hinter Adrian fällt der Highway wieder ab. Blauviolette
Berge in der Ferne und rötliche Mesas* links der Straße.
Eine begeisternd schöne Gegend durchfährt man, begeisternd deshalb, weil die Einsamkeit, die Weite der Landschaft hier augenfällig wird. Eine Einsamkeit, die es in
Europa kaum noch gibt. Selbst Schilder fehlen hier; man
fährt ewig über die bröckelnde Route 66 und die breite
I-40, und doch meint man, allein zu sein. Ein unglaublich
hoher, wolkenloser, blauer Himmel spannt sich übers texanische Land.
Das gewaltige Texas, der Riesenstaat, man glaubt nicht,

* Tafelberge aus erodiertem Sandstein

wie schnell man es durchfahren hat. Es ist ja nur der Nordwestzipfel, der Stiel der texanischen Pfanne. Eigentlich
erinnert die Form des Staates und seine kurze, gewalt-
tätige Geschichte eher an eine mächtige, auf Mexiko her-
absausende Fliegenklatsche als an eine friedliche Brat-
pfanne. Aber Panhandle ist kürzer, knackiger als Fly-
swatterhandle, und daher amerikanischer.

Nur an der Beschaffenheit der Straßendecke merkt man
den Übergang von Texas nach New Mexico. Durch San Jon
geht's, und dann in das von *Little Feat* in ihrem Song »Wil-
lin'« hochgelobte Tucumcari. Von Tuscon nach Tucumcari,
von Techachapi nach Tonopah sei er gefahren, singt Lowell
George, und daß er gern die Nebenstraßen mit seinem
Dreißigtonner voll Konterbande entlangdonnert, weil ihn
die Hijacker* dort in Ruhe lassen.

»Tucumcari Tonight« ist der Slogan dieses allertypisch-
sten Route-66-Dorfes; drei Meilen lang ist es, drei Straßenzüge breit und prahlt mit 2 000 Fremdenzimmern. Man
hat noch die texanische Ebene in den Knochen, brummt
um die Kurve und starrt unversehens die Hauptstraße
Tucumcaris hinunter wie in einen Schrotflinten-Doppel-
lauf. Am östlichen Ende liegt das Blue Swallow Motel, wo
Anfang 1997 ein Doppelzimmer noch zehn Dollar kostete.
Daß bei dem Preis die vielfotografierte Neonreklame des
Blue Swallow das weitaus schönste an der Übernachtung
ist, denkt man sich. Die Besitzerin, eine steinalte, ausge-
macht nette Dame namens Lillian Redman, wundert sich
denn auch, daß ihr Motel selten voll belegt ist. Wer traut
schon einer Zehndollarübernachtung?

Angeblich wurde Tucumcari nach zwei verliebten Indianern benannt, der hübschen Kari und dem furchtlosen Tocom. Der Krieger biß ins Gras, die Schöne folgte ihm freiwillig, und ihr bis ins Mark getroffener Vater, Apachen-
häuptling von Beruf, rief in seinem Schmerz: »Oh, Tocom,
oh, Kari!« Bullshit, sagt der Ami zu so einer durchsichti-
gen Lüge. Erstens hausten hier Comanchen, keine Apachen,

---

* eigentlich Flugzeugentführer, Luftpiraten; bezieht sich hier auf die
Ganoven, die Trucks entführen

Blue Swallow Motel in Tucumcari – billiger kommt man auf der Route nicht unter.

zweitens, wenn der Häuptling wirklich seinen angeblich ungeliebten Schwiegersohn als ersten genannt hat, die Tochter gewissermaßen als Blinddarm dranhängt, dann war ja wohl irgendwas faul. Auf Komantschisch heißt Hinterhalt »Tukumulkaru«, und das werden die Bleichgesichter in den falschen Hals bekommen haben. Ehe das um ein Rangiergleis der Santa-Fe-Eisenbahngesellschaft herum entstandene Wildwestdorf zur Übernachtungshochburg wurde, hieß es übrigens nicht grundlos Six-Shooter Siding*.

Nach Santa Rosa geht's, und dann rechts ab, Richtung Las Vegas. Das ist natürlich nicht die Glitzerstadt, son-

* Ein Six-Shooter ist ein sechsschüssiger Revolver, Siding ist das Abstellgleis

dern sie hat, was ihr spanischer Name verspricht: Wiesen. Eine hübsche Kleinstadt im neumexikanischen Gebirge, die das Vorurteil, New Mexico bestehe aus Sand und Indianern, wieder mal Lügen straft. Schon auf dem Weg hierher, ab Tucumcari, sah man die ersten Mesas, die Tafelberge aus erodiertem Sandstein. Rotgestreifte Überreste eines gewaltigen Binnenmeeres aus grauer Vorzeit sind sie, die Mesas, Fundorte schönster Fossilien aus dem Pleistozän. Wie Befestigungen wirken sie aus der Ferne, wie uneinnehmbare indianische Trutzburgen. Die uralte Route von Santa Rosa über Apache Springs und Los Montoyas nach Romeroville bei Las Vegas ist noch heute gefürchtet. Sie ist eng, in keinem guten Zustand, und wenn ein unerwarteter Herbstblizzard aus den Rocky-Mountains-Ausläufern übers Vorgebirge fegt, tut der Autofahrer gut daran, sich einen festen Unterschlupf zu suchen – oder bei nächster Gelegenheit neben der Straße anzuhalten, denn das Schneetreiben kann innerhalb weniger Minuten zum »white-out« führen, zur vollständigen Verwischung von Straße und Landschaft. Manch ein Allzumutiger hat hier schon leichtsinnig sein Auto ins Nichts gesteuert.

Liegt Tucumcari mit 1 200 Metern noch in der Hochebene, ist das 2 100 Meter über dem Meeresspiegel schwebende Las Vegas schon Gebirgsstadt. Und bis Santa Fe führt die Straße durch die Wolken. Am Pecos River geht's entlang; hier oben findet man die ersten Anasazi-Ruinen, die Höhlenstädte einer seit vielen Jahrhunderten verschwundenen Zivilisation, die sich von der Pecos-Mündung bis in den Grand Canyon hinziehen. Texas, Colorado, Utah und New Mexico sind die vier Wüstenstaaten, in denen die Anasazi beheimatet waren, und sie hinterließen nicht nur faszinierende Wohnstätten in riesigen Sandsteinhöhlen, sondern einmalige Felszeichnungen und sorgsam gearbeitete und wunderschön geformte Gebrauchsgegenstände. Körbe, Becher, Zweigfiguren und Webstücke zeugen von einer hohen Zivilisation, der Archäologen und Anthropologen seit 100 Jahren auf der Spur sind. Die Höhlenstädte waren durch lange, breit ausgebaute Straßen verbunden, und eines Tages, vor etwa 700 Jahren, wurden sie verlassen. Wohin die Anasazi gingen, weiß man nicht.

Die indianischen Bauern des Südwestens sind ebenso geheimnisvoll wie ihr Name; mangels genauerer Bezeichnung heißen sie noch immer Anasazi, was in der Sprache ihrer Widersacher, der Navajo, »alter Feind« bedeutet. Unglücklich, also, die Bezeichnung, aber eine bessere hat sich noch nicht gefunden. Ihre wahrscheinlichen Nachfahren sind die Pueblo-Indianer, die in etwa 20 Stämmen organisiert sind. 50 000 von ihnen bewohnen die drei Hopi-Mesas Arizonas und 19 Pueblos entlang des Rio Grande und seiner Zubringer. Sie sind ebenfalls seßhaft, bebauen kleine Flächen mit ihrem Indian Corn, buntem Mais – wirklich bunt: blau, rot, beige und gelb sind die Körner, manchmal wachsen zwei oder drei Farben am gleichen Kolben –, weben Umhänge und Teppiche, töpfern und schnitzen für sich und die vielen Touristen, die in Reservatsläden feilschend alles kaufen, worauf nicht »Made in China« steht.

Über die Glorieta-Mesa führt Route 66, zur Rechten leuchtet die Kuppe des 3 400 Meter hohen Glorieta Baldy – immerhin einen halben Kilometer höher als die Zugspitze –, und über den Glorieta Pass geht's mit Schwung nach Santa Fe hinein. Zu recht gilt die Stadt als besonderer Ort. Auch als grundsolider Bürger ohne jegliche spiritistische Nebentriebe spürt man hier eine gewisse Kraft, die Vibes, denen seit 100 Jahren Kulturschaffende aus aller Welt folgen. Santa Fe ist schön; überlaufen, überkandidelt und überteuert, aber schön. Hauptstadt und Ferienort, Höhenluftkurort und Zen-Zentrum. Die Architektur der Stadt verrät ihren spanisch-indianischen Ursprung; erdfarbene Häuser im Lehmlook und rohgezimmerte Möbel fanden als »Southwest Style« Anklang, anderswo zyklisch wiederkehrende Schlabberkleider, Türkisschmuck, Sandalen und Jesusmähne sind hier Standard. Mit Taos im Norden und Angelfire im Nordosten bildet Santa Fe den unteren Punkt des Entertainmentdreiecks New Mexicos. Dazu gehören Wandern, Bergsteigen, Ski- und Snowboardfahren. Und die Avantgarde liebt ihre Musik, Pop wie Klassik. Das Angelfire One World Music Festival ist zu einem hippen Insiderfest geworden, wo Rock und Folk neben Reggae und Afropop zu hören sind. Taos ist der hiesige New-Age-Mittelpunkt, mit den entsprechend erdnahen wie sphärischen Klängen. Santa Fe hat sein Amphitheater – in New Mexico soll alles unter freiem Himmel stattfinden – und einige Cafés, Nachtklubs und Restaurants, in denen immer sehr talentierte Leute spielen. Die größte Auswahl findet man natürlich in Albuquerque, aber die feinste tritt hier auf.

Santa Fe: Was exotisch ist, ist willkommen.

Nach Algodones führt uns der alte Highway, durch eine unvergleichliche Hochgebirgslandschaft. Das mittlere Drittel des Staates New Mexico nehmen die Rocky Mountains ein, ein weiteres Drittel ist Hochebene, und das Drittel im Westen nennt sich »Hochplateau«; vier Fünftel des Wüstenstaates ragen über 1300 Meter in den riesigen, klaren neumexikanischen Himmel. Daher auch die Vorsicht, mit der Autofahrer eine Durchquerung New Mexi-

cos angehen. Die Gegend ist dünn besiedelt, die wechsel-
hafte Topografie einem Flachländer nicht ganz geheuer,
und es ist in einigen Landstrichen überhaupt nicht rat-
sam, unterwegs liegenzubleiben, weil Straßen kaum befahren werden; Nebenstraßen enden oft ohne Vorankündi-
gung. Zudem kann das Wetter blitzschnell umschlagen.
Das Abenteuer gibt es noch; man muß nur lange genug in
New Mexico herumfahren, um von ihm gefunden zu werden.

Albuquerque ist ein Traum von Großstadt. Der Rio Grande,
dessen Verlauf der Route-66-Pilot schon seit 30 Kilometern gefolgt ist, führt direkt in die Innenstadt, und es empfiehlt sich, einfach neben ihm herzufahren. Fast 400 000
Leute wohnen hier, aber man merkt es nicht. Eine Klein-
stadtatmosphäre herrscht, selbst auf der Central Avenue.
Bunt ist die Innenstadt, es ist immer etwas los, eine unbe-
stimmte Hektik ist spürbar, wie in allen Stadtzentren der
Welt, aber die Leute sind freundlich und hilfsbereit. Für
viele Kenner der Route 66 ist Albuquerque ein Höhepunkt; seine Old Town, mit dem guterhaltenen mexikanischen Plaza als Zentrum des Stadtviertels, ist kulinari-
scher und touristischer Mittelpunkt Albuquerques. Eigentlich sollte das alte Gemäuer Albuquerques ja strahlen; im
Sputnik-Jahr 1957 verlor nämlich eine B-47 der US-Air
Force kurz vor der Stadt eine Wasserstoffbombe vom Typ
Mark 17. Die hatte die 600fache Sprengkraft der Hiroshi-
mabombe, aber zum Glück war sie hundertprozentig »Made
in the U. S. A.«. Daher explodierte beim Aufprall auch nur
der Zünder, die Kettenreaktion fand nicht statt, und heute
ist der acht Kilometer von der Stadtmitte entfernte Krater nur eine kakteenbewachsene Wüstenmulde.
Die Restaurants der Old Town bieten erstklassige lokale
Spezialitäten, doch der Geheimtip ist immer noch Lindy's
an der West Central Avenue in der Innenstadt. Selbst Bill
Clinton, bekannter Fast-food-Connaisseur, weiß das – er
baute sich bei seinem einzigen Wahlkampfaufenthalt in
Albuquerque vor dem Lokal auf, damit er anschließend
gleich das beste Chili Amerikas kosten konnte. Ein alter

Laden ist Lindy's, kaum aufgemotzt und daher authentisch; ein richtiger Coffee Shop, mit langer Theke und Tischen in abgetrennten roten Kunstlederalkoven. Doch das Chili, das hier serviert wird, ist einsame Spitze. Im schmalzgebackenen Tortillahut kommt es dampfend auf den Tisch, grün, wäßrig, mit Salatstücken und Jalapeñoringen. Es hat mit der ekelhaften Schmiere aus der Dose ebensowenig zu tun wie der Hamburger mit *haute cuisine*. Und wer kein Chili mag, nicht mal kosten, sollte trotzdem Lindy's aufsuchen, denn die Stimmung ist einfach super. Rosé (»like the wine«) Lopez ist die schnellste Bedienung westlich des Pecos', mit einem Lächeln für jeden und einer Story zum immer wieder nachgefüllten Kaffee.

Sie wollte schon als Kind hier arbeiten, die Rosé, wie ihre Mutter, aber dann landete sie im Knast, und damit war die angepeilte bürgerliche Existenz im Eimer. Nach der Entlassung fragte sie trotzdem wegen eines Jobs nach. Lindy-Boß Steven Vatoseow wollte genau wissen, wo sie herkam und warum, und Rosé packte aus. Zu ihrem Erstaunen stellte Steven sie ein, und das ist auch schon ein Jahrzehnt her. Das macht er öfter, gibt guten Leuten eine Chance, die vorher nie eine hatten. Kein Wunder, daß das Personal für den Boß durchs Feuer geht.

Den allerschönsten Eindruck macht Albuquerque nachts. Da fährt man auf den Paseo del Vulcan, kann dort oben das Auto abstellen und sieht das Lichtermeer der überwiegend einstöckigen Stadt einige hundert Meter unter sich. Dieser vielgepriesene neumexikanische Himmel tut das seine; aus tiefblauer Ewigkeit strahlen halogenhelle Sterne auf die Landschaft nieder, der Mensch empfindet schaudernd seine Nichtigkeit, und ehe die erste Träne fällt, fährt man besser wieder hinunter zu Lindy's, um schnell noch einen Tortillahut voller Superchili zu essen.

Der Weg nach Westen führt durch Indianergebiet. Schon fünf Meilen hinter Albuquerque und wenige Kilometer nördlich der Route 66 beginnt das Canoncito Navajo Reservat, knapp dahinter liegen die Keresan-Gebiete Laguna und Acoma. Die Keresan sind ein Stamm der Pueblo-Kultur, und sie haben auf einem einsamen Tafelberg etwas südlich der Route ihr Pueblo gebaut: Sky City. Seit tausend Jahren leben die Keresan dort, und ein Besuch gehört garantiert zu den Höhepunkten der Route-66-Tour. Laguna, die zweite Keresan-Stadt, liegt direkt am Weg. Seit 1699 besteht die Laguna Pueblo, die Indianer kennen und leben ihre alte Kultur, und der höfliche Besucher wird über die unerwarteten Einblicke in eine völlig ungewohnte Lebens- und Glaubenswelt staunen.

Wer frühmorgens im Indianerland zwischen Grants und Milan unterwegs ist, der sieht einen verblüffenden Sonnenaufgang. Die ersten Strahlen treffen die oberen Schichten der Sandstein-Tafelberge, und je höher die Sonne steigt, umso mehr Farben leuchten in der Bergwand. Über Jahrmillionen fand die Stratifikation dieser Berge unter Wasser statt; die wechselnden Strömungen legten Sedimentschicht auf Sedimentschicht, und jeden Morgen findet der Vorgang umgekehrt wieder statt. Ein faszinierendes Lichtspiel, das in dieser glasklaren Luft stattfindet. Daß zwischen Straße und Bergen das Bahngleis verläuft, erhöht nur noch die Road-Romantik. Und wer sich zur aufgehenden Sonne umdreht, der sieht in der Ferne einen 3 700 Meter hohen Vulkan. Erloschen zwar, aber seine Lavaströme haben diese Landschaft gestaltet. Südlich des Highways beginnt die gewaltige Malpais-Lavafläche, die sich gute 30 Meilen in die Wüste vorfraß. Von Grants aus kann man auf dem State Highway 53 über San Rafael daran vorbeifahren oder schon vor Grants auf State Highway 117 abbiegen und über El Malpais National Monument, eine faszierende Gesteinsformation, am Ostrand der Lavadecke durch die einmalige Gegend fahren. Das Naturschutzgebiet Cibola Wilderness liegt am Weg und La Ventana Natural Arch, ein Sandsteinbogen. Links ist das Acoma-Reservat, und wer Lust, Mut, Benzin, Wasser, Verpflegung und mindestens einen Tag Zeit hat, fährt einfach weiter nach Fence Lake und von dort aus auf Highway 36 rechts hoch Richtung Vanderwagen/Whitewater und Gallup. Man kann dann nämlich ohne weiteres links zum nur etwa vier Meilen entfernten Zuni Pueblo und Black Rock abbiegen und unvergeßliche Indianerbauten sehen. Wenige Menschen tun das, weil Black Rock nun wirklich abseits liegt, und es kann unter Umständen etwas kribblig werden. Doch die Leute dort sind freundlich, wie überall in der Wüste, und wie überall gibt's Ausnahmen. Natürlich empfiehlt es sich, beim Sheriff Auskunft über den Straßenzustand einzuholen und gute Karten, viel Wasser und ein sehr zuverlässiges Auto dabeizuhaben. Die Strecke führt auf schmaler Straße über Mesas und Hochebenen, zwischen Techado und Fence Lake sogar über eine Wasserscheide.

Auf der Route 66 hinter Thoreau wird für das Indianerdorf geworben, das auf der amerikanischen Wasserscheide steht. The Continental Divide ist mit 2 400 Metern gleichzeitig der höchste Punkt des Überlandhighways I-40, was ausreicht, Kleinbusladungen mit Touristen anzulocken, die sich dann vor dem entsprechenden Schild fotografieren lassen. Die indianische Handelsniederlassung dort versilbert alles, was nicht festgenagelt ist. Souvenirs von hier bieten neben indianischer Fingerfertigkeit auch Wasserscheidenkitsch. Schöner kann Reisen nicht werden.

Diese Nordwestecke New Mexicos ist ein riesiges Indianerreservat. Die Navajo leben hier, die sich Dineh nennen. Ihnen gehört das größte Reservat Amerikas. Über vier Staaten erstreckt sich ihr Wohngebiet, über sechs Millionen Hektar Land. 190 000 Navajo und Hopi teilen sich die Wüste, und sie hätten dort bis in alle Ewigkeit hausen können, wenn nicht Kohle und Uran gefunden worden wären. Das Reservatsgebiet wurde wertvoll, und der Lauf der Dinge bestimmt, daß sich die Bewohner dann etwas anderes suchen müssen. Die US-Regierung nimmt durch die politische Zusammensetzung der Stämme Einfluß auf das Geschehen innerhalb der Reservate. Böse Stimmen behaupten, daß die gewählten Stammesführer in der Navajo-Hauptstadt Window Rock, Arizona, Marionetten des Indianerbüros in Washington sind. Das US-Innenministerium verpachtete also die Schürfrechte am Black Mesa und Big Mountain an die in Großbritannien beheimatete Firma Peabody Mining Company, und die begann mit dem Abbau. Das nun vergleichen Navajo und Hopi mit der Vergewaltigung der Mutter, denn ihnen gilt die Erde als heilig, unverletzlich – weshalb vor Pflügen und Aussaat auch erst lange gebetet werden muß. Die Indianer wehrten sich. Peabody ließ die Verbindungen spielen, wie sich's für einen Multi gehört, und das Gesetz zur Umsiedlung der Dineh beschließen. Und nicht nur der Dineh. Denn die Politiker in Washington ließen sich weismachen, daß zwischen den beiden benachbarten Stämmen eine jahrhundertealte Fehde bestehe, und nur durch zwangsweise Trennung sei ein Ende der angeblichen Gewalt zu erreichen. Dabei leben die Navajo und Hopi seit Jahrhunderten friedlich nebeneinander – die Hopi heißen eigentlich Hopituh, die Friedlichen, was ja schon auf ihre Gemütslage hinweist –, helfen sich gegenseitig und wollen nur in Ruhe ihre Schafe weiden.

10 000 sollten zwangsumgesiedelt werden, einige Tausend wurden es, man fand sie mit geringen Beträgen ab und schickte sie buchstäblich aus der Wüste in die Wüste. Viele wurden in der ihnen fremden weißen Gesellschaft obdachlos; sie kannten nicht die Sitten und Gesetze der Weißen, ließen aus Unkenntnis ihre mit der Abfindungssumme angezahlten Häuser in die Zwangsvollstreckung gehen, soffen, wurden Alkoholiker, bekamen keine Arbeit, starben unter Brücken. Viele weigerten sich, ihre Heimat aufzugeben, und bekamen von außen Unterstützung. Doch die Stammesverwaltung agiert gegen die Verweigerer, die ohnehin nicht zimperliche Stammespolizei hält zum Brötchengeber, und Präsident Clinton unterschrieb im Oktober 1996 wieder ein Gesetz, das die sofortige Zwangsumsiedlung vorsieht. Man will die Indianer in »New Lands« unterbringen, doch die sind durch 1,5 Millionen Tonnen Uranerz versaut, denn der Abbau bei Shiprock in New Mexico fand zu einer Zeit statt, als es kaum Umweltgesetze gab. Da werden die Navajo und Hopi nicht hinziehen. Sie erklären das mit einer außerordentlich glaubwürdigen

Endgültigkeit. Da können Sheriff, Marshal und Stammespolizei kommen – eher wird geschossen als umgezogen. Im
Reservat bahnt sich ein riesiges Problem an.

Dabei will die Viertelmillion Uramerikaner nichts weiter, als selbständig über ihr eigenes Schicksal entscheiden.
Das wurde ihnen schließlich zugestanden, denn die Stämme
bilden ihre eigenen politischen Einheiten, auf Stammes-
gebiet gilt Stammesrecht, die Indianer werden als eigen-
ständige Völker anerkannt. Und doch darf die britische
Grube so einen Dreck durch die Schornsteine jagen, daß
man ihn von der Apollo-Raumkapsel deutlich sehen konnte.
Die Indianer, die sich widerrechtlich noch zu Hause aufhalten, haben Lungen- und Kreislaufprobleme, ihr Vieh
stirbt auf der Weide, Polizisten beschlagnahmen immer
wieder Herden und treiben sie weg, die zur Förderung nöti-
gen Sprengungen zerstören Fundamente und Wände der
Adobehütten und Hogans. Das nehmen die Rebellen nun
zum Anlaß, die Vereinten Nationen um Hilfe zu bitten.

Gallup, New Mexico, ist eine Station auf Bobby Troups
Route-66-Song. Er geht nicht weiter darauf ein, aber Gallup ist sicher eine Erwähnung wert. Die Stadt ist klein
und doch die bei weitem größte Stadt Nordwest-Neumexi-
kos. Die Uhren dort gehen etwas langsamer, oder man ist
einfach traditionsbewußter in Gallup, aber die Stimmung
erinnert sehr an die späten Fünfziger, als im Western noch
ganz selbstverständlich auf Indianer geschossen wurde.
Gallup ist die Indianerhauptstadt der Welt, wie sie sich
nennt, und doch leben viele Nichtindianer davon, Nachkommen der Ureinwohner abzufüllen. War es noch vor hundert Jahren bei empfindlicher Strafe verboten, Indianern
Schnaps zu verkaufen, scheint in Gallup heute die halbe
Stadt davon zu leben. Noch vor wenigen Jahren hielt sich
die Ansicht, daß Indianer wegen eines fehlenden Enzyms
Alkohol nicht so schnell wie andere Trinker abbauen können. Was sich als völliger Blödsinn erwies, denn das biolo-
gische Make-up der Indianer gleicht unserem bis aufs
sprichwörtliche Haar. Soziale Ursachen hat der Alkoholismus, und am Rande kulturelle. Die Arbeitslosigkeit in den

Reservaten ist horrend; zwischen einem Fünftel und der Hälfte der Arbeitsfähigen hat keinen Job. Dazu kommt das sehr junge Durchschnittsalter der indianischen Bevölkerung und die Sitte des wenn schon, denn schon. Junge, männliche Indianer trinken gern bis zum Umfallen, und wenn sie auf dem Heimweg verunglücken – sei es als Autofahrer oder Fußgänger – werden sie in den einsamen Gegenden manchmal tagelang nicht gefunden, und jede ärztliche Hilfe, die ohnehin nicht in der Nähe zu finden ist, kommt zu spät. Die Mär vom »drunk Indian«, dem betrunkenen Indianer, stimmt ganz einfach nicht; denn nur etwa die Hälfte der Indianer trinkt überhaupt Alkohol – der gleiche Abstinenzleranteil wie bei Nichtindianern –, nur ist der Alkoholverbrauch bei dieser Häfte dann zwei- bis dreimal höher als bei den Nichtindianern, als Todesursache taucht Alkohol in der Statistik sogar siebenmal öfter auf als bei der übrigen Bevölkerung.

Doch zum Glück gibt's auch Galluper, die nicht an der

Chief Yellowhorse-Trading Post an der Grenze von New Mexico und Arizona

Sucht verdienen. Hotels, Restaurants und Souvenirläden machen deutlich, daß die Stadt ein Tourismuszentrum ist. Von hier aus kommt man in die Indianergebiete, hat es bis zum Grand Canyon nicht weit, und Red Rock Park liegt gleich westlich der Stadt, an der Route 66. Hier oben gibt es Kleinstädte namens Yah-ta-hey und Chi-Chil-Tah. Defiance und Manuelito heißen die Indianerdörfer an der 66 kriegerisch; Trotz bedeutet das eine, nach einem gefürchteten Kriegshäuptling ist das andere benannt, und schon ist man in Arizona. Die rote Erde verblüfft; nicht braunrot, nicht rötlich, sondern knallrot ist sie, ebenso fantastisch gefärbt die Berge, und eine gewaltige Felsformation an der Grenze beider Staaten glüht in der Frühsonne wie der australische Ayers Rock. Allerdings hält dieser amerikanische Fels hauptsächlich den Wind von den vielen Souvenirläden ab; eine richtige indianische Ladenstraße hat sich etabliert, mit nie endenden »Ausverkäufen«, »Sonderposten« und »Specials«. Den Schlußverkaufstrick erkennt der Kauflustige daran, daß die Schilder, auf denen die einmalige Gelegenheit annonciert wird, von der Sonne bis zur Unleserlichkeit ausgebleicht sind.

Wieder eine Grenze – die vorletzte auf der Fahrt an den Pazifik. Es ist zwar noch ein ordentliches Stück Weg, aber man ist doch schon ganz erwartungsvoll. Arizona!

»On the road«
mit Jack Kerouac

So einen Staat gibt's auch nur einmal. Arizona ist in den Büchern ein Ort, wohin man nie wollte. Trocken, sandig, heiß, von mehr Vieh als Menschen bewohnt. Los ist überall was, nur hier nicht. Statt Kultur gibt's Trailer Parks, statt Gleichgesinnter laufen Milizionäre in Tarnuniform herum.

Und dann kommt man hin und ist fasziniert. Kaliforniens geschmähter Nachbar ist ein Paradies im Großformat, und die Route 66 umgeht elegant den Apfelbaum.

Im Nordosten beginnt Arizona verleumdungsgerecht am Puerco River – am Schweinefluß. Das ist zwar der gleiche Puerco, der schon seit Gallup an der Straße entlangfließt, aber erst in Arizona nimmt man ihn richtig wahr. Sein trübes Wasser bringt die rote Erde New Mexicos nach Arizona, die gleiche rote Erde, die auch hier die Landschaft bestimmt. Die Hügel sehen allerdings europäischer aus; nicht mehr dieser schroffe Sandstein, sondern abgerundet, mit kniehohem, trockenem Gebüsch bewachsen. Arroyos fallen auf, in den weichen Boden hineingefressene Wasserläufe, die sich im Winter ihren Weg in irgendein tiefergelegenes Fleckchen bahnen. Erosionsskulpturen kann man bewundern, denn die Erdschichten aus Millennien liegen frei. Eine schöne Fahrt ist es, immer noch mitten im Navajo-Reservat. Im Autoradio spricht der Ansager Navajo. Das war die Geheimsprache der amerikanischen Truppenführung im Pazifik. Die Japaner sind fast verzweifelt, aber darauf kamen sie nie.

Durch den Petrified Forest, den versteinerten Wald, geht's weiter. Um ihn herum die Painted Desert. Sie sieht in der

Tat aus, als habe jemand in einem Anfall von Primärfarbenschleuderwut Leben in die ansonsten graugelbe Wüste gebracht. Farbfilm empfiehlt sich ohnehin, hier ganz besonders. Wer nur einen Kilometer in die Wüste hineinfährt und den Motor ausschaltet, der freut sich an der Naturbelassenheit dieser riesigen Trockenfläche. Man hätte ja einen Vergnügungspark daraus machen können, und vielleicht kommt es ja eines Tages noch dazu, aber bis jetzt gibt's hier nur wunderschöne, creosotebush- und kakteenbewachsene Wüste. Eine überwältigende, fast unnatürliche Stille herrscht. Noch ein Stückchen weiter, und man hört sogar das Säuseln der Nachmittagsbrise in den Felsformationen, das leise Rascheln der Nagetiere, die tagsüber am liebsten in einem Erdloch bleiben, mit sehr viel Glück das Schaben und Knacksen einer davonhuschenden Klapperschlange.

Holbrook taucht unerwartet auf. Man weiß zwar, wo die Stadt liegt, aber ist enttäuscht, daß sie gerade jetzt auftaucht. Die Einsamkeit, an die man sich zunächst nur schwer gewöhnen kann, nimmt einen doch gefangen. Daß man als erstes durch verstreut herumstehende, vergammelt aussehende mobile homes an der Sun Valley Road begrüßt wird, ist doppelt schade. Dafür hat Holbrook das besterhaltene Tipi-Motel an der Route. In einem Betontipi will ja jeder Winnetou-Fan mal schlafen.

Holbrook ist das typische Kerouac-Nest. »On the Road«, der Roman der Beat Generation, beschreibt die Fahrten Kerouacs und seiner Mitrebellen durch Hunderte solcher Kaffs. Staubig sind sie, klein und daher leicht an der Kandare zu halten – von Bürgermeister und Pfarrer, vom zigarrenstummelnuckelnden Cop und vom alle vier Jahre wiedergewählten Richter. Diese amerikanische Quadriga stieß Kerouac am meisten auf. Unteroffiziere der US-Navy dazu, und Sittenbullen, natürlich, denn er hatte ja einige, noch immer unter schwerster Strafe stehende Hobbys. Gelegentliche schwule Abstecher und stetes Kiffen waren zwei davon, und Jack verteidigte seine Gewohnheiten bis aufs Messer. Er genoß sie und beschrieb sie einer

Empfehlung für Winnetou-Fans: eine Nacht im Betontipi

staunenden Leserschaft. Und die machte er sich hörig. Jack Kerouac war Kult. Ist er heute noch, wenn man's genau nimmt. Dabei hat ihn schon ewig der Säuferteufel geholt, aber er lebt in seiner rotzigen Querulantenliteratur weiter.

Wenn er doch nur geworden wäre, worauf der Vater ihn so lange trimmte: selbständiger Versicherungsmakler mit eigenem Büro – der amerikanische Traum zur Mitte des Jahrhunderts! Doch der Junge enttäuschte alle Erwartungen. Dichter wurde er und Penner. Nichtsnutz, Säufer. Alkoholiker. Nahm sich also doch den Vater zum Vorbild.
    Dabei fing alles recht gutbürgerlich an. Jean-Louis Kirouac kam am 12. März 1922 in Lowell, Massachusetts, auf die Welt, die Eltern Leo Keroack und Gabrielle L'Evesque waren Franco-Kanadier, katholisch-moralinsauer, die im durch und durch veranglisierten Lowell nicht einmal soviel galten, daß sich das Standesamt mit ihren ungewohnten Namen Mühe gab. *P'tit* Jean lernte Joual, den französischen Kolonistendialekt, eher als Englisch. Noch wohnte man im kleinen Häuschen in der Lupine Road,

doch schon bald mußte aus Kostengründen umgezogen werden. Im Vorort Pawtucketville wohnte nun die Familie, hatte die Wohnung im zweiten Stock eines dreistöckigen Hauses an der Textile Avenue, in dessen Erdgeschoß heute eine Pizzeria auf Kundschaft lauert. Der Merrimac fließt durch die Stadt, seine Strömung trieb seit 100 Jahren Fabrikationsmaschinen an, doch als Jean auf die Welt kam, waren viele der einheimischen Textilbetriebe pleite oder standen kurz davor. Lowell hatte seine besten Jahre hinter sich.

Bruder Gerard starb im zarten Kindesalter an rheumatischem Fieber, die Schwester spielte nie eine Rolle. Der jüngste Kerouac – einigen wir uns wenigstens auf die von Jean/Jack bevorzugte Schreibweise – war dem Vernehmen nach ein ernstes Kind. Er hörte gern Radio, genoß die Krimis und Serien der Vor-Fernsehzeit, freundete sich intensiv mit anderen Knaben an – das sollte er sein Leben lang so halten –, hob die *Memere*, die Mutter, in den Himmel und wurde im Laufe der Schülerkarriere ein richtiger kleiner Essayist. Verehrte den Schriftsteller Thomas Wolfe. Und sportlich war der Knabe! Football, Basketball, Baseball, sogar Schach. Bei den Dracut Tigers wurde Jack bester Footballspieler. Talentierte Sportler machen in Amerika mühelos akademische Karriere. Man drängte seinen Vater, er möge doch dafür sorgen, daß der hinreißende Jack, wie er sich inzwischen nannte, studieren könnte.

Das wollte der Papa auch zu gern, wollte aus dem gefälligen Jean einen richtigen Versicherungsmakler machen, aber erst mal mußte er dafür sorgen, daß die eigenen Finanzen wieder ins Lot kamen. Keroack besaß eine Druckerei, die schon ewig harte Zeiten durchmachte, und der Alte meinte, die Klitsche und damit das Familienvermögen durch Glücksspiel retten zu können. Die Würfel rollten also lustig, Papa Leo kippte sich immer öfter einen hinter die Binde, womit die entscheidenden Würfel gefallen waren.

Sportler Jack schoß sich nach wenig aufregender Jugend per Football den Weg in die New Yorker Columbia University frei. Der Jahrgang 41 nahm ihn auf, den High-

School-Footballhelden, der dazu noch zum Thema Shakespeare immer beste Arbeit leistete. Sowas bedeutet sofortige Abschiebung in die Streberecke, die Freakabteilung, aber Jack war denn doch zu kräftig – und zu sehr Frauenheld –, um sich solche Einstufungen gefallen zu lassen. Soff wie ein Loch, schleppte immer die schärfsten Kommilitoninnen ab, hatte hart aussehende Freunde, die schon mitten im Leben standen; mit dem war nicht gut Kirschen essen.

Dabei wollte Jack nur, was die Eltern vorschlugen. Die waren sogar mit nach New York gezogen, in den Stadtteil Queens, nur damit er bei der Stange blieb. Daß die Mutter dabei war, machte einiges einfacher; sie arbeitete in einer Schuhfabrik und ernährte damit die Familie. Daß der vom Krebs langsam zerfressene Papa Leo auch hier dauernd besoffen war, störte. Die Enttäuschung darüber übertrug Jack auf seinen Footballtrainer Lou Little. Mit dem gab's immer öfter Zoff, und nach zwei Jahren hatte Kerouac erst mal die Schnauze voll. Er meldete sich zur Marine; immerhin war man im Krieg. Er wurde Küchenjunge auf einem Handelsschiff, aber die Seemannsherrlichkeit währte nicht lange. Kerouac war vom rigiden Dienst enttäuscht, seine Vorgesetzten von ihm, und als der Flottenpsychologe ihm eine »schizoid personality« bescheinigte, waren alle zufrieden. Jack kehrte nach New York zurück und besuchte sporadisch die Uni.

Dort nun lernte er Edie Parker kennen, die im Ruf eines »party girl« stand, und die brachte Jack mit Lucien Carr zusammen. Lucien war mit dem 17jährigen angehenden Arbeitsrechtler Allen Ginsberg befreundet. Ginsberg, ein heimlicher Homosexueller, fand sofort Gefallen an Jack, der wiederum konnte Allen nicht ausstehen. Doch wo die Liebe hinfällt; Ginsberg blieb am Mann, hatte auch schon einige kleinere Sachen geschrieben, und allmählich kam man sich näher. Dann traf, durch einen David Kammerer eingeführt, der wohlhabende Harvard-Alumnus William S. Burroughs aus St. Louis auf die Gruppe, und die drei hellsten Köpfe der Beat Generation hatten sich gefunden. Jack entfernte sich nur kurz aus der Idylle, denn er hatte

am 22. August 1944 aus im Nachhinein nicht mehr nach-
vollziehbaren Gründen Edie Parker geheiratet. Das party
girl, dessen beste Freundin Joan William S. Burroughs
heiraten würde (und die von ihm im besoffenen Zustand
bei einer Nachstellung der Schlüsselszene aus »Wilhelm
Tell« im September 1951 erschossen wurde; in Mexico City
fand das statt, wo ein Gringo für sowas nur 13 Tage brummen mußte, wenn er die 2 000 Dollar Kaution bar hinter-
legen konnte).

Kaum waren Jack und Edie verheiratet und zu Edies
steinreichen Eltern nach Grosse Pointe, Michigan, gezogen,
als Kerouac auch schon endgültig das Weite suchte. Burroughs, Kerouac und Ginsberg zogen gemeinsam in eine
Wohnung. Fast drei Jahre lang sollte das anhalten, von
1944 bis 1946, und aus der anfangs platonischen Beziehung
Kerouacs und Ginsbergs wurde nach einjährigem Sträu-
ben des Franco-Kanadiers endlich eine Liebesbeziehung.
Liebe wäre wohl zuviel gesagt; Ginsberg verdankte sie
eher der durch den Suff ausgelösten Geilheit Kerouacs.

Carr und Kammerer spielten in dieser Idylle eine tragi-
sche Rolle. Der ältere Kammerer stellte Carr nach, und
als er nicht zum Zug kam, begann er dem Studenten zu
drohen. Abwechselnd lockte und löckte Kammerer, und als
er Carr bei einem gemeinsamen Spaziergang am Hudson-
Ufer ans Eingemachte griff, stach der zu. Kammerer war
tot, Carr bat seine Freunde um Hilfe bei der Tatverschlei-
erung, aber nach einem Gespräch mit seinen Eltern stellte
sich Lucien Carr. Nur zwei Jahre mußte er brummen, aber
Kerouac wurde wegen seiner bekanntgewordenen sofortigen Bereitschaft, die Leiche zu beseitigen, von der Uni verwiesen. Kurz darauf flog auch Ginsberg. Der hatte noch
eine Wohnung im Studentenwohnheim, und Kerouac hatte
ihn dort besucht, beide hatten zuviel gesoffen und waren
dann in Ginsbergs Bett gekrochen. Da fand sie ein Kom-
militone und schrie Zeter und Mordio. Die Sache verschlimmerte sich dadurch, daß ausgerechnet der Jude Ginsberg
einen antisemitischen Slogan an seine Fensterscheibe geschmiert hatte; »Fuck the Jews« stand da, weil Ginsberg
wußte, daß seine irischstämmige Putzfrau Antisemitin war,

und er wollte ihr eins auswischen. Die Provokation ging in die Hose, Allen flog.

Amerika war seit fast zwei Jahrzehnten erstmals wieder auf dem aufsteigenden Ast. Die Wirtschaftskatastrophe der Dreißiger wurde durch die Rüstungsproduktion beendet, das Land hatte dank der Arbeitsbeschaffungsmaßnahmen der Regierung Roosevelt eine Infrastrukturerneuerung bekommen, erstmals hatten Amerikaner eine gesetzliche Altersversorgung. Der auf beiden Fronten gewonnene Krieg und die Besetzung der besiegten Länder erforderten eine auch zu Friedenszeiten riesige Armee, nicht zuletzt auch wegen der perfiden Commies, die man erst aus dem Dreck gezogen hatte und die sich jetzt als Weltmacht aufspielen wollten.

Die Flugzeugindustrie Kaliforniens baute kräftig weiter, die Kriegswerften aller drei Küsten fabrizierten auf Teufel komm raus, die Autoindustrie stellte seit vier Jahren erstmals wieder Friedensware her. Amerikaner arbeiteten, es begann ein Wirtschaftsboom ohnegleichen, und weltweit würden die gewaltige Wirtschaftskraft und der Erfindergeist Amerikas dafür sorgen, daß der American Way of Life siegte. Man war da ganz zuversichtlich.

Sie schrieben: Burroughs, älter, erfahren, schrieb sich die Finger wund, der geschaßte Ginsberg, mittlerweile auch als Seemann schon in der Grundausbildung gescheitert, machte sich über sein Manuskript her, und Jack Kerouac schrieb nach dem Vorbild Thomas Wolfes eine autobiografische Erzählung. Drei Jahre saß er dran, im vierten Jahr, 1950, wurde sie dank Ginsbergs Vermittlung als »The Town and the City« veröffentlicht. Doch als sein erstes Buch auf den Markt kam, war Jack Kerouac schon längst ein anderer. Er hatte die Segnungen des Benzedrins entdeckt, die vom Bennyschnüffeln entfachte Arbeitswut, den Eifer. Bennies traten Handeln und Denken kräftig in den Hintern; Schlaf war ein überholtes Konzept. Er hatte eine gewaltige Wandlung durchgemacht, hatte von alten und neuen Freunden gelernt, saugte alles in sich auf und erspähte eine bislang nicht erahnte zweite Welt, einen Nebenkosmos.

Kurz nach Kriegsende war Herbert Huncke dazugekommen, ein Stricher, Poet und Taschendieb, der im New Yorker Milieu »Hunke the Junkie« hieß – woran man ersieht, daß sich im Englischen Huncke und Junkie reimen. Hunke brachte die neuen Genüsse exotischer Drogen in den Freundeskreis. Auch eine ganz neue Sprache lehrte er, das Rotwelsch der Heroinjunkies. Bei ihm war alles »beat«, also betrogen, beschissen; »to beat out of the bread« – sich um die Zahlung drücken. Beat waren die heimkehrenden Soldaten, deren Freundinnen sich einen anderen gesucht hatten; beat die Kriegsversehrten, die stempeln gehen mußten; beat die Freunde, denn mit denen war nichts los. Kerouac spitzte die Ohren. Beat. Beautiful.

Neal Cassady drang Anfang 1947 in den Kreis ein, der lebensfrohe Neal, der nie nein sagen konnte und immer einen Deal am Laufen hatte. Waren die anderen seßhaft, flippte Neal ständig per Greyhoundbus im Land umher. Er liebte seine Heimatstadt Denver, wo ihn ein landstreichender Vater zum Autodieb ausgebildet hatte, wollte San Francisco sehen und war nach New York gekommen, um sich mal bei der Uni umzuschauen und vielleicht Schriftsteller zu werden. Jack und Neal wurden sofort feste Freunde, Allen und Neal Liebende. Mit Cassady blies die frische Luft der Rockies in die muffigen New Yorker Kammern, die Lebensfreude des Südwestens brachte er mit, und immer ein paar Stängelchen Marihuana. Er nahm die Ostküstenintellektuellen wahrhaftig im Sturm, brauste in ihr Dasein, wirbelte alles kräftig durcheinander und war kurz darauf auch schon wieder in irgendeinem Greyhoundbus, nachts in Indiana, wo er hübsche Mädchen anmachte und sich grapschend und bumsend bis Denver bringen ließ, weil seine 16jährige Frau Lu Anne dort auf ihn wartete.

Das imponierte den Poeten! Echte Erlebnisse der romantischen Art in halbleeren Überlandbussen, die nach Westen fuhren. Kerouac schwang sich auf den nächstbesten Bus und fuhr allein und ungestört über Denver nach San Francisco.

Die nächste große Reisegelegenheit bot sich im Jahr darauf. Mit Cassady, seiner Lu Anne, und einem gewissen Al Hinkle fuhr Kerouac im 1949er Hudson quer durch den Kontinent. Kerouac hatte drei angefangene Manuskripte in der New Yorker Wohnung zurückgelassen, nur um endlich die Weite Amerikas aus einem richtigen Auto zu erleben. Das ging über Bus und Daumen, keine Frage. Diese beiden bisher bevorzugten Transportmittel boten weder Zeit zur Muße noch die Gelegenheit, einfach anzuhalten, wo es einem beliebte. Jetzt saßen die Freunde zu viert im Hudson und zischten nach Westen.

Daß die neue zweifarbige Limousine Cassady gehörte, freute alle ganz besonders, und auch, daß Lu Anne die Fahrt so fröhlich auflockerte. Denn Cassady war inzwischen von Lu Anne geschieden und mit Carolyn verheiratet, die aber nicht mit konnte, weil sie bei ihrem Baby in San Francisco bleiben mußte. Cassady hatte zwar keinen Job, aber die Anzahlung für den Hudson war gerade noch auf dem Familiensparkonto, und Neal hatte es aufgelöst. Er hatte auf der Reise nach New York den neuen Wagen eingefahren, und jetzt schossen sie über die Route 66 nach Texas hinein, um Burroughs aufzusuchen. Der hatte sich bei New Waverly 40 Hektar Wüste mit einigen Mexikanerhütten drauf gekauft, pflanzte im großen Stil Marihuana an, schrieb den ganzen Tag lang und ballerte sich abends im Kreis der Freunde mit Morphin, Alkohol und Amphetaminen zu.

Nach dem Besuch beim etwas paranoid wirkenden, seltsam ruppigen Burroughs ging's weiter, über New Mexico nach Arizona, wie der Teufel durch Holbrook und dann nach Winslow, links ab und quer durch die Wüste nach Tuscon. Dort wollten Al und seine unterwegs abgeholte neue Freundin Helen heiraten. Was auch geschah. Als die junge Braut ihr ganzes Geld für Benzin und Gruppenmahlzeiten ausgegeben hatte, ließ man sie ohne große Erklärung einfach unterwegs irgendwo sitzen und fuhr weiter. Und diese Reise, so unwirklich, so unwahrscheinlich sie war, machte Jack Kerouac zur Grundlage seines nächsten Romans – »On the Road«.

Jack schrieb das Buch in einer gewaltigen Schaffens-
explosion. Er besorgte sich eine riesige Rolle Telexpapier,
spannte sie in seine Schreibmaschine und hackte drauflos.
Schnellschreiber war Kerouac, konnte 400 Anschläge pro
Minute schreiben und pausierte nur für Kaffee, Benzedrin
und eine Zigarette. Sein erstes Buch »The Town and the
City« war in feinem akademischen Stil gehalten, wie ihn
die Creative-Writing-Professoren der Columbia University lehrten. Für »The Town and the City« war das in Ord-
nung, aber seine neue Story wollte er so erzählen, wie er
sie erlebt haben könnte. Sein Freund Neal Cassady schrieb
fast täglich Briefe, die so hektisch waren, wie er sprach
und dachte. Völlig zwanglos, mal flüssig, mal kurz ange-
bunden, kümmerte sich um keine Regel und kannte sie
vermutlich nicht einmal und wurde dafür von den akade-
misch angebildeten Kerouac und Ginsberg grenzenlos bewundert. Kerouac nahm sich den Cassady-Stil zum Vorbild, schrieb, daß die Typenhebel glühten, und hatte der
Legende nach den Schlüsselroman seiner Generation innerhalb eines knappen Monats auf der Telexrolle.

Man vergißt zu gern die Vorbereitung. Jack notierte die
Idee zu seinem großen Roman schon 1948, machte sich im
Laufe der nächsten Jahre umfassende Notizen, und schrieb
»On the Road« erst im April 1951. Er lebte mit seiner zwei-
ten Frau Joan Haverty in einer kleinen Parterrewohnung
in der West 20th Street. Joan brachte die Kohle heim,
während sich Kerouac die Seele aus dem Leib schrieb. Er
war erst vor kurzem aus Mexico City zurückgekehrt,
hatte dort den größten Teil seines Vorschusses für »The
Town and the City« versoffen und war nun wieder völlig
abgebrannt. Neal Cassady war mit Frau und Kind nach San
Francisco gezogen, wo er einen Job als Bremser bei der
Southern-Pacific-Eisenbahngesellschaft bekommen hatte.
In seinen Briefen quengelte er ständig, Jack solle doch
endlich auch an die Westküste kommen. Ginsberg war
nach San Francisco gefahren, hatte bei bereits etablierten
Westküstenschriftstellern einige Empfehlungsbriefe New
Yorker Freunde angebracht und wurde sehr herzlich emp-

fangen. Es war klar, daß das Literatenleben ihn zu umgehen drohte, also verließ Kerouac folgerichtig seine inzwischen hochschwangere Joan, steckte die bereits mehrmals abgelehnte Romanrolle in den Rucksack und fuhr mit dem Greyhound durch Amerika, nach San Francisco.

29 Russell Place ist direkt um die Ecke von der Hyde Street, und dorthin – zu den Cassadys – zog Jack. Er feilte in seiner Dachkammer am Text des Road-Romans (obwohl die Puristen behaupten, der Roman sei so erschienen, wie Kerouac ihn in seinem New Yorker Drogenexzess geschrieben habe), schrieb dort den zweiten Teil seines Romans, der sehr viel später als selbständiges Werk »Visions of Cody« herauskam, schaute sich in San Francisco um und trug nicht das allergeringste zum Cassady-Haushalt bei, was zu bitterem Streit führte. Neal plante einen Familienurlaub und arbeitete deshalb nach seinem Tagesjob noch abends als Reifenmonteur. Kerouac kanzelte das zynisch als »Materialismus« ab. Selbst das Marihuana, das der Kulturschaffende unablässig in der Cassadyschen Wohnung rauchte, nassauerte er von seinen Gastgebern. Die Situation verschlimmerte sich für Jack am 16. Februar 1952, denn da wurde seine Tochter Janet Michelle geboren. Das freudige Ereignis führte zum Haftbefehl, weil sich Jack weder um den Unterhalt seines Kindes noch den seiner Frau Joan kümmerte. Er traute sich nicht, seine Mutter in New York zu besuchen, aus Angst, dort festgenommen zu werden. Irgendwohin mußte er – die Cassadys waren seltsam stumm geworden, warfen immer giftigere Blicke und machten verschleierte Andeutungen. Kerouac fuhr nach Mexico City zu William Burroughs.

»On the Road« wurde dort nochmal komplett revidiert, und von Mexico City aus schickte Jack Manuskripte an einige Freunde und Verleger. Alle lehnten entsetzt ab. Keine Handlung, kein Stil, zuviel Sex, zuviel Autobiografisches. Niemand konnte ein derartiges Buch verlegen, allein schon wegen der Moralgesetze. Selbst sein Freund und Gelegenheitsagent Ginsberg reagierte mit Unwillen: ein beschissenes Buch, uninteressant, viel zu persönlich, obwohl großartig geschrieben, das müsse man ihm lassen.

Während »On the Road« von Verlag zu Verlag ging, schrieb Kerouac sein »Dr. Sax«. Auch Burroughs fühlte sich allmählich vom knauserigen Kerouac ausgenutzt. Dazu kam, daß die mexikanische Polizei wieder mal Drogenrazzien machte, am liebsten bei Ausländern, und Jack zog täglich drei zigarrengroße, nach brennender Matratze stinkende Joints in der Burroughs-Wohnung durch. Außerdem hatte er seinem Dealer erlaubt, im Gästezimmer der Burroughs seine Ware aufzubewahren. Burroughs traf fast der Schlag, als er's erfuhr, doch Kerouac fand sein Entsetzen lächerlich. Die mexikanischen Behörden hatten Burroughs wegen des Erschießungstodes seiner Frau, bei der nachgestellten »Wilhelm-Tell«-Szene, angeklagt, er wartete noch immer auf seinen Mordprozeß, hielt sich nur wegen seiner Kautionshinterlegung in der eigenen Wohnung auf und riskierte, wegen der geringsten Übertretung wieder eingesperrt zu werden. Jack fand das Verhalten seines Freundes nicht standesgemäß; so jammerte ein Bürgerwaschlappen, aber kein Beat. Angeekelt trampte Kerouac nach Kalifornien zurück, nach San Jose, wo die Cassadys jetzt wohnten.

Ein altes Holzhaus mit neun Zimmern hatten sie. Im Garten blühten Rosen, es gab Obstbäume und vor dem Haus stand eine ausgewachsene Palme. Auf dem verwilderten, unbebauten Nebengrundstück wuchs mannshohes Marihuana, von Neal mit aller gärtnerischen Sorgfalt gepflegt. Trotz des Dope-Bonanzas entwarf Jack dort ein unglaublich giftiges Rundschreiben, das an alle »Freunde« ging, die von seinem Manuskript nichts hielten. Er packte aus, nannte Ginsbergs noch nicht erschienenen Erstling »Empty Mirrors« mittelmäßig, machte sich bei allen unbeliebt und bot im gleichen Atemzug sein neues Manuskript »Dr. Sax« reihum an.

Im stillen Cassady-Häuschen entdeckte Kerouac die Werke des selbsternannten Propheten und Sehers Edgar Cayce und wurde auf der Stelle Buddhist. Neal hatte sich die eklektische Literatur schon einverleibt, buchstäblich; auf alles hatte er eine Caycesche Antwort, ein Zitat, eine Empfehlung. Kerouac meinte, der Erleuchtung nun bald teilhaftig zu werden. Um ganz sicher zu gehen, hüllte er die Figur des Siddhartha Gautama Buddhas in den Katholizismus seiner Kindheit ein, warf noch ein paar Caycesche Kristalle dazu und hatte damit die einem einst angehenden Versicherungsmakler angemessene Rundumabsicherung. Kerouac vertiefte sich in den Zen-Buddhismus und dessen Doktrin, daß Logik zur Unordnung führe. Damit konnte er endlich seinen verworrenen, verschachtelten Stil begründen. Jack hatte seine Philosophie entdeckt.

Die folgenden Jahre glichen einander wie die vergangenen. Ruhelos strichen die Freunde allein und zusammen, in stets wechselnder Besetzung, oft verliebt und bumsend durch Amerika. Zwischen New York, wo die Literaten Wohnungen behielten, und San Francisco, das sich immer mehr zum

Jack Kerouac 1957 zu Besuch bei William Burroughs in Tanger

Mittelpunkt ihres Kreises mauserte, pendelten sie. Schrieben und versuchten, Verleger zu interessieren. Burroughs, der auf Anraten seines Anwaltes das heißwerdende mexikanische Pflaster verlassen hatte, veröffentlichte seinen autobiografischen Roman »Junkie« als Pulp-Fiction-Taschenbuch. Zwischen grellbunte Pappeinbände, auf deren Titelblatt sich zwei Männer um eine Heroinspritze balgten, hatte der Verlag Ace nicht nur Burroughs' modernen Klassiker gequetscht, sondern auch noch den Krimi eines Maurice Helbrant – »Narcotic Agent«, damit die Zensur ja nicht behauptete, der Band verdürbe junge Leserhirne.

Kerouac trug inzwischen elf fast komplette Manuskripte mit sich herum, die Hälfte seines Gesamtwerkes. Und hatte seit seinem Erstling 1950 nichts mehr veröffentlicht.

Zur Mitte der sechsten Dekade dieses Jahrhunderts des zweiten Millenniums – 1955 also – saß Allen Ginsberg auf einem harten Stuhl in der Six Gallery in San Francisco und las aus seinem Buch »Howl«. Vor ihrem Dasein als Kulturtempel war die Galerie eine Autoreparaturwerkstatt gewesen, war also recht groß und lag verkehrsgünstig an der Ecke Union und Fillmore. Sechs Stühle standen auf der Bühne, und jeder Stuhl war einem Dichter zugedacht. Ginsberg war aus New York angereist, Gary Snyder, ein alter Kerouac-Spezi, kam aus North Beach herüber, Michael McClure war da, der neben vielem anderen auch den Mercedes-Benz-Text schrieb, den Janis Joplin später a capella vertonte. Philip Whalen und Philip Lamantia waren Nummer vier und fünf, und Kenneth Rexroth machte den Moderator. Kerouac war zwar eingeladen, wollte aber nicht lesen. Stattdessen sammelte er beim Publikum Geld und besorgte einige Gallonenflaschen billigsten kalifornischen Rotspons. Den kippten sich Vortragende und Zuhörer in die zurückgelehnten Köpfe.

Die Stimmung war schon angeheizt, als Ginsberg anfing zu lesen. Gut voll war er schon und hatte kaum noch Hemmungen, seinen Text vorzutragen. Er begann mit den »… best minds of my generation destroyed by madness«, Selbsterlebtes, eigenes Schicksal, der Horror seines Aufenthaltes in der New Yorker Irrenanstalt, die lobotomisierte Mutter Naomi, seine Homosexualität, die er immer wieder vor sich und anderen dadurch verleugnete, daß er sich in Frauen verliebte, die ihn dann doch verließen; der schon jetzt alternde Poet, der Einsame, der Verirrte. Das begriff das Publikum sofort. Ginsberg las, und mit jedem exakt gesetzten Wort, mit jeder haarscharf treffenden Zeile wuchs die Bewunderung seiner Hörer und Kollegen. So etwas hatte noch nie jemand zu sagen gewagt, nie einer der Anwesenden gehört. Nach jeder Zeile wurde tobend applaudiert, Hurra-Rufe und schrille Zustimmungspfiffe interpunktierten den Vortrag. Ginsberg wurde zum Kantor, las mit ausgestreckten Armen, wippte auf den Zehen vor und zurück, holte nach jeder Zeile tief Luft und las rhythmisch säuselnd und brüllend den ersten Teil seines »Howl«.

Dichter, City-Lights-Verleger und Vater der literarischen Szene San Franciscos Lawrence Ferlinghetti telegrafierte am Tag darauf seinen Glückwunsch zum Beginn einer großen Karriere und fragte, wann denn mit dem Manuskript zu rechnen wäre. McClure schrieb, dem Hörer sei am Abend des 13. Oktober 1955 klargeworden, daß sich hier ein menschlicher Körper und eine menschliche Stimme erfolgreich gegen die grobe Wand Amerikas und ihre Armeen, ihre Akademien und Institutionen und Eigentümer und Machthaber geworfen habe, daß eine Hürde genommen worden sei.

Wie recht er hatte, sollte sich herausstellen, als das Werk verboten wurde. Mit ihm die Werke Henry Millers, D. H. Lawrences und William Burroughs' »Naked Lunch«. Schriftsteller, Verleger und Verfassungsrechtler wollten's genau wissen, und nach einer fünfjährigen Prozeßserie wurde die verbotene, aber munter praktizierte Buchzensur 1962 endgültig aufgehoben. Hieß es.

Doch mit der Lesung in der Six Gallery war der Durchbruch geschafft. »Beat« nannte nun das ganze Land die jungen Rebellen, verglich sie – fälschlicherweise, denn die Lebensphilosophie der Beats fragte nicht warum, sondern wie – mit den Bohemiens der 20er Jahre, und die ersten Literaturagenten tauchten im Café Vesuvio in der Colum-

bus Avenue, in Ferlinghettis City Lights Bookstore nebenan oder gegenüber in Specs' Twelve Adler Museum Café
auf. Ferlinghetti bot »Howl« in den wenigen mutigen Buch-
handlungen an, die sich trauten, es zu führen, und am
21. Mai 1957 kauften zwei Zivilbullen im City-Lights-Buch-
laden das Werk, bezahlten es und verhafteten Ferlinghetti und seinen Angestellten Shig Murao. Gespannt wartete das literarische Establishment Amerikas auf die Verhandlung und das Urteil. Bei dessen Verlesung erklärte
der todernste Richter W. J. Clayton Horn den Versammelten, er habe das Buch einigen Freunden zu lesen gegeben,
und da sich bei keinem etwas in der Hose geregt habe, sei
»Howl« nicht obszön. Amerika atmete auf, Ginsberg war
auf einen Schlag ein gemachter Mann.

Infolge des Ginsberg-Rummels regte sich auch Verleger-
interesse an Kerouacs »On the Road«, und endlich war der
Viking-Verlag mutig genug und brachte das so oft revi-
dierte Werk 1957 auf den Markt. Recht zaghaft, übrigens,
ohne viel Trara. Die Reaktion war chaotisch. Einmütig
verrissen Wald-und Wiesenkritiker das Werk mit purita-
nischer Hingabe, überschlugen sich in der Verteufelung
Kerouacs, seiner schwulen, verkifften Generation und pro-
phezeiten wieder einmal das Ende der Westlichen Zivilisation. Kritiker Gilbert Millstein hingegen schrieb in der
New York Times eine glänzende Besprechung. Die Hüte-
rin der öffentlichen Moral, die Altmutter der amerikanischen Literaturkritik hatte gesprochen, und das Volk kaufte. Endlich war hier einer, der beschrieb, was viele wollten
und wenige konnten: road trips in völliger Freiheit unternehmen, ohne bürgerliche Enge, ohne Pflichten. Die Ke-
rouac-Gruppe wurde Teil der modernen amerikanischen
Literatur, der Popliteratur, denn Kerouac hatte offen und
frei für den Leser geschrieben, und der nahm es dankend
an. Als Dean Moriarty war Cassady die Hauptfigur der
Geschichte, der Autor nannte sich Sal Paradise, und Ginsberg, der einzige Linke weit und breit, war treffend Carlo
Marx. Sogar die alten Junkies Huncke und Burroughs waren dabei: Elmo Hassel der eine, Old Bull Lee der andere.

Wie alle guten Road-Romane erzählt »On the Road«, das

in Deutschland als »Unterwegs« Furore machte, mehr über die Reisenden als über die Reise. »Unterwegs« ist so hemmungslos in der Berichterstattung wie die Akteure selbst. Man kann dem Autor kaum unterstellen, die Telexrolle sei ein von ihm clever beabsichtigtes Symbol der unendlichen Straße, des schnurgeraden Highways, aber die ungewöhnliche Schreibpapierwahl erlaubt doch Rückschlüsse auf Kerouacs Ungeduld, auf seinen Drang, möglichst alles in »real time« aufzuschreiben. Elegant beseitigt Kerouac die Mauer zwischen Literat und Leser. Seine sofortige Erhebung in den Geniusstand war also berechtigt, gar überfällig. Und dann brachte der Ruhm ihn um.

Nach »Unterwegs« veröffentlichte Kerouac im Geschwindschritt alles, was er seit Jahren im Rucksack durch die Welt schleppte. Großartige Bücher waren darunter – und kaum Lesenswertes. Er schrieb »Big Sur«; Kerouacs letztes (und für viele Fans schönstes) Buch erzählt über seinen verzweifelten Versuch, in der schroffen Wildnis des mittelkalifornischen Küstenstreifens zur Vernunft zu kommen. Buchstäblich zur Vernunft, denn durch Suff und jahrelangen Drogenflug blühte eine alles verdunkelnde Paranoia. In einer Ferlinghetti gehörenden Strandhütte unter der Bixby-Brücke verbrachte Jack einige Wochen und beschrieb das grauenvolle Erlebnis; er konnte nicht mehr, wollte nicht mehr. Der stockkonservative Bestsellerautor, erzkatholisch, praktizierender Buddhist und gleichzeitig bekannt für das wilde Leben, das er führte, verließ San Francisco und zog zur Mutter nach New York. Er soff und trat in intellektualisierenden TV-Sendungen auf, soff und heiratete die Jugendfreundin Stella Sampas, soff und mußte miterleben, wie sein bester Freund Neal Cassady, der sich mit den Merry-Prankster-Frühhippies um »Einer-flog-über-das-Kuckucksnest«-Autor und LSD-Guru Ken Kesey liiert hatte, seconalhigh und mescalgetränkt auf einem mexikanischen Bahngleis verreckte – sinnlos, allein, verlassen. Kerouac zog sich zurück und soff nur noch. Wohlhabend war er jetzt, Angehöriger des Establishments. Er schwemmte auf, brabbelte und torkelte, stritt sich im

Suff mit Stella, wollte sich auch von ihr scheiden lassen und starb – weder überraschend noch ungern, vermutet man – am 22. Oktober 1969 an einer Magenblutung.

Hier drängt sich der Vergleich mit dem Leben, Schaffen und dem Freitod des *Nirwana*-Sängers Kurt Cobain auf. Zwei durch Generationen getrennte Besessene waren sie, deren Werk ihre unmittelbare Umwelt veränderte und der Kultur ihrer Zeit neue Anstöße gab. Beide gaben jedes Quentchen, das sie geben konnten, und beide verkrafteten den Erfolg nicht, gegen dessen Früchte sie sich zu ihren besten Zeiten so ehrlich gesträubt hatten. Sie brachten sich so um, wie es ihr jeweiliges Jahrzehnt erforderte: der eine unmittelbar – eine schnelle, konzentrierte Ladung Schrot, brutal, mitleidslos –, der andere mittelbar, alternd, sehenden Auges, und trotz allen literarisch bewiesenen Heldenmutes doch ein wenig ängstlich.

Doch auf der ewigen Irrfahrt über seine Route 66 bleibt Kerouac, wie er damals war: ein literarischer James Dean, den Kopf leicht schräggestellt, ein Auge zugedrückt, wegen des aufsteigenden beißend scharfen Marihuanarauches. Ein ewig optimistischer Berufsnihilist, allumfassend liebend, arrogant, genial. Ein Beatnik eben; einer, der mit einem eher ungezielten Tritt die Weltachse trifft. Dessen Einsamkeit von anderen Einsamen geteilt wird, die Einsamkeit derer, die nie allein sind.

Ausgerechnet im Couponschneiderparadies St. Petersburg, Florida, mußte er sterben. Alles, Jack, nur das nicht. Aber man kann seinen Abgang wohl nicht immer imagegerecht planen.

Arizona – durch die Einsamkeit der Black Mountains zum Colorado River

Die rote Wüste wabert förmlich im gleißenden Sonnenlicht. Selbst als Autofahrer merkt man, wie wichtig früher gute Planung war, um heil aus dieser Hölle herauszukommen. Was heute in einem Tag durchquert wird, dauerte noch vor einem Jahrhundert Wochen. Die Pioniere, die Familie im Ochsenkarren, die Knarre immer schußbereit, waren mutige Menschen; das, zumindest, muß man ihnen lassen. Selbst die Indianer, deren Reservate hier liegen, nicken da traurig und wünschen, die Altvorderen der weißen Teufel wären etwas weniger forsch zu Werke gegangen. Vier, vielleicht fünf Generationen ist es erst her, aber die Weißen sitzen jetzt auf dem besten Land, haben die guten Jobs und geben den Ton an. Verdient der statistische Durchschnittsbürger in Arizona 19 000 Dollar im Jahr, hat der Hopi 6 000, der Navajo 4 000. Zehn Prozent der Amerikaner leben unterhalb der Armutsgrenze; ein Drittel der Hopi, fast die Hälfte der Navajo sind arm. Und Armut ist – in Amerika zumindest – eine Schande.

Der Jack Rabbit Trading Post ist ein Route-66-Traditionsgeschäft, das man bewußt ansteuern muß. Der ursprüngliche Jack-Rabbit-Handelsmann kaufte Teppiche, Körbe und Schmuck von den Indianern und verkaufte ihnen dafür Lebensmittel und Kleidung. Das lief gut, und er wollte sein Geschäft ausweiten. Er hatte die Idee, auch in größter Entfernung noch schwarz-gelbe Schilder aufzustellen, die auf seinen Kramladen hinwiesen. Die fielen durch einen riesigen, gezeichneten Hasen auf, eben einen Jackrabbit. Benzin nahm er mit ins Angebot, Kaffee, Autozubehör und Kitsch. Wenn man nach dem hundertsten Schild – inzwi-

Was der Reisende braucht, gibt's im Jack Rabbit Trading Post; immer den Schildern nachfahren.

schen wurde im Auto die stets geringer werdende Entfernung zum paradiesischen Jack Rabbit bekanntgebrüllt – endlich ankam, war die kleine Klitsche sicher eine Enttäuschung. Auch heute gibt's dort immer noch so ziemlich alles, was der Reisende braucht. Außerdem eine sagenhafte Auswahl an Souvenirs, die das Haupthaar auf der Stelle weiß werden lassen. Und Sprit natürlich. Immer noch. Einen gefüllten Tank brauchen die Leute, wenn sie durch Arizona fahren.

Im winzigen Winslow, Arizona, muß der Rockfan natürlich an die berühmte *Eagles*-Ecke pilgern, die im Hit »Take It Easy« die Hauptrolle spielt. In der Stadtmitte steht das Eckgebäude, in dem nun die Zeitung *The Reminder* verlegt wird. Als sich die *Eagles* vor einigen Jahren wieder zusammengerauft hatten, stiftete Ober-*Eagle* Don Henley 2500 Dollar, damit die Ecke auch was hermacht. 100 East 2nd Street ist die Anschrift, und über der Eingangstür hängt ein Schild mit dem berühmten Text »Standing on the corner in Winslow Arizona«. 2 500 Dollar für eine bemalte Planke? Die meisten Ureinwohner, denen man dort begegnet, stehen übrigens nicht mehr so toll. Viele Betrunkene gibt's an der Winslower Ecke, wo einst gelangweilte Mitglieder der *Linda Ronstadt Band* während einer Zweimonatstour herumstanden; und als sie von David Geffen geködert wurden, Linda verließen und nach London flogen, um ihr erstes Album als *The Eagles* aufzunehmen, da war der Song aus Winslow plötzlich ihr Erkennungshit. »Take It Easy« wurde nicht nur ein Songtitel, sondern Verhaltensmaxime der Gruppe.

Weiter auf der I-40, weil die Route 66 in diesem Teil von Arizona nicht mehr existiert. Den Meteor Crater sollte man nicht links liegenlassen, denn die Einschlagstelle ist wirklich sehenswert. 200 Meter tief ist der Krater, eine Meile im Durchmesser. Vor 49 000 Jahren schlug der Meteor ein, was die Fundi-Christen natürlich nicht glauben, weil die

Ende der alten Route 66 bei Winona, Arizona

Erde doch erst 4 000 Jahre alt ist. Meteor City ist sehenswert wegen ihrer »futuristischen« Architektur aus den
Fünfzigern. Vom Marsgestein bis zur Indianerpuppe »Made
in Ceylon« kann man dort alles kaufen. Die Geschäftsleute
entlang der Route 66 lassen wirklich nichts anbrennen.

Weiter nach Winona und Flagstaff, an Two Guns und
Twin Arrows vorbei ins Hochgebirge, wo schon im Oktober
die 4 000 Meter hohen Schneekuppen der San Francisco
Peaks den Nordwind empfindlich abkühlen. Flagstaff ist
eine Arizona-Version Santa Fes, liegt 2 300 Meter hoch im
größten zusammenhängenden amerikanischen Ponderosa-
Pinienwald, sehr hübsch, entsprechend teuer, mehr Ur-
laubs- als Universitätsstadt. Man kann sich in Flagstaff je
nach Kunstgeschmack bestens amüsieren: Vom Wagner
Festival mit der beliebten »Ring-des-Nibelungen«-Auf-
führung im Juni über das große Wochenend-Chili-Wettko-
chen bis zur gesamtstädtischen Kunstausstellung auf sämtlichen Freiflächen wird manches geboten, und wenn's sein
muß, alles am gleichen Wochenende. Nur etwa 55 000 Menschen wohnen in Flagstaff. Viele von ihnen arbeiten für
die University of Arizona oder für das gewaltige Lowell
Observatorium, das seit über 100 Jahren in dieser einst
kristallklaren Luft steht. Und die Santa-Fe-Eisenbahnli-
nie verläuft direkt durch die Stadt. Sie war für das Wachs-
tum Flagstaffs entscheidend, denn durch sie konnten endlich die außerhalb des Stadtgebietes abgebauten Moenco-
pi-Sandsteinplatten transportiert werden. Vor der letzten
Jahrhundertwende war Flagstaff durch Sandsteinabbau
und Holzfällerei so eine Boom Town, daß Gewerbetrei-
bende für jede Arbeitnehmerin 50 Dollar Steuer im Monat
entrichten mußten. Die Stadtverwaltung wollte damit der
Prostitution zu Leibe rücken. Heute ist das Leben im hübschen Flagstaff so teuer, daß sich nur die besten Nutten
halten können. Und denen wollte noch nie jemand an den
Kragen.

In Williams wurde das allerletzte Stück Route 66 ge-
schlachtet. Am 13. Oktober 1984 war das, und seltsamerweise wurde »Get-Your-Kicks«-Komponist Bobby Troup

Die berühmte Eagles-Ecke in Winslow

Hauptstraße in Williams, Arizona

eingeflogen, damit der Todesstoß etwas Offizielles hatte. Die Einweihung des letzten Abschnitts der Interstate 40 war gleichzeitig das Ende des 58jährigen Traditionshighways. Bobby spielte seinen Song und zerschnitt ein zeremonielles Band, womit seinem Lied der Boden entzogen war.

Vom Tourismus, der sich um den Grand Canyon und neuerdings wieder um die Route 66 dreht, leben die 7 000 Williamser heute noch. Die Route war schon immer gleichzeitig Hauptstraße des Ortes, aber außerhalb muß man bis Ashfork wieder auf die I-40. Ab da macht's Spaß. Nach Seligman führt die schmale Straße, in das Dorf, das wegen seines Friseurs Angel Delgadillo bei Route-66-Junkies regelrechte Verzückung hervorruft. Dabei ist der Angel – wie viele Friseure – stark mitteilungsbedürftig, und weil ihm und dem Dorf wegen des abgedrehten Highways die Kundschaft wegblieb, machte Angel Wind. Das Resultat war eine »Arizona Route 66 Association«, die eine Lücke im Geschichtsangebot des Staates schloß. Arizona besann sich der Route, stellte einige billige Straßenschilder auf und hält jetzt den alten Belag befahrbar – was ohnehin nötig war, denn oft ist die 66 die einzige Verbindung zwischen Siedlungen in dieser Einsamkeit. 158 Meilen sind zwischen Seligman und Topock an der kalifornischen Grenze nun Historic Route 66. Friseur Delgadillo ist hier so eine Art lokale Berühmtheit geworden, und das nutzt er weidlich aus. Wer sich dranhängen will, läßt seine Visitenkarte am Mitteilungsbrett des Barbiers von Seligman.

Deutscher, kommst Du nach Seligman, so wisse: Die sprechen das Slig-män aus. Mit der Betonung auf dem i.

Wer hier oben den Highway befährt, muß zwangsläufig an die Okies denken. Wie mögen die das nur geschafft haben, mit schwerbeladenen Uraltautos über diese unmögliche, schmale, kurvenreiche und schroff ansteigende Straße zu kommen? Im Sommer knallt die Sonne unerbittlich hernieder, ohne eine Wolke am Himmel, und obwohl die Höhe vor allerschlimmster Hitze schützt, kann man sich doch die Qual vorstellen. Im Winter treibt der schneidende Wind meterhohe Schneewehen gegen Böschungen und Bäume, pfeift über die Landschaft und verwischt die Sicht auf die Straße. Und doch sind sie durchgefahren, die Zähne zusammengebissen, den Motor bei jeder abschüssigen Straßenstelle abgestellt, um kostbares Benzin zu sparen. Nur ums Überleben ging's, darum, der nackten Not zu entrinnen, sonst gar nichts. Die hatten weder Zeit noch Eintrittsgeld für die Grand Canyon Caverns, diese Tropfsteinhöhlen am Straßenrand, noch fiel ihnen ein, bei Peach Springs auf der Diamond Creek Road in die Tiefe des Grand Canyon hinunterzufahren. (Übrigens ist das die einzige Straße in den Canyon hinunter. Ob die schmale, teilweise unbefestigte Bergstraße befahren werden darf, weiß wohl nur der Ortssheriff in Peach Springs. Ich rate jedenfalls davon ab.) Durch die Hualapai Indian Reservation führt die 66, und hinter irgendeiner Hügelkuppe taucht Hackberry auf. Man kann am General Store kurz anhalten, einen Kaffee oder Tee trinken, mit dem Besitzer einige Worte wechseln, denn der ist eigentlich Kunstmaler und Grafiker von Beruf. Viele dieser unglaublich detailliert gezeichneten Route-66-Postkarten stammen von ihm. Bob Waldmire hat sich in der Einsamkeit niedergelassen. Hinter der Bude steht noch sein alter Schulbus; mit dem wollte er die zweite Hälfte seines Lebens on the road sein, in angemessenem Komfort, nachdem er die erste Lebenshälfte im VW-Bus verbracht hatte. Einer der letzten Hippies ist er, der Bob Waldmire. Hat in den Bergen Arizonas ein Museum eingerichtet und einen Laden, und da kann er sowohl leben als auch malen. Ein Glücklicher.

Walapai heißt die letzte Ortschaft vor Kingman, und wenn man die Stadt endlich sieht, umgeben von schmutzigbraunen Tafelbergen, auf eine Anhöhe und in einige Erdfalten gequetscht, weht selbst den Fremden ein Heimatgefühl an. Menschliche Siedlungen können unter bestimmten Umständen eine Augenweide sein, sogar Kingman, Arizona.

Die Hauptstraße und Route-66-Stadtdurchfahrt Kingmans heißt Andy Devine Avenue, was im Deutschen einer Heinz-

Erhardt-Allee entspräche; beide waren fette Kinokomiker und bestenfalls B-Movie Stars. Der ewige Sidekick* Devine verbrachte seine Jugend in Kingman, womit schon alles über die kulturelle Bedeutung der Wüstenmetropole gesagt wäre und nebenher etwas Mitgefühl für Herrn Devine aufkommt. Kein Fehler also, wenn man gleich auf der Route bleibt und sich auf deren brutalsten Abschnitt vorbereitet. Denn was nun kommt, ist automobiles Primitivsterklettern der Black Mountains. Sie sind nicht sehr hoch, die Schwarzen Berge, aber sie ragen ohne jegliches Vorspiel aus der Ebene des Sacramento Valley drohend in den Himmel. Die weite Kakteenlandschaft zwischen Kingman und den schroffen Hügeln ist ein Vorgeschmack auf die kalifornische Mojavewüste; die Straßenkarten verzeichnen weit auseinanderliegende Wasserstellen wie anderswo Dörfer. Schnurgerade zieht sich der schmale Highway hin, nur ab und zu sieht man im yuccaübersäten Gelände ein Wohnwagenheim, und die kleinen, struppigen Graueselchen, die mitunter in der Landschaft herumstehen, sind wild. Man erkennt sie kaum, denn sie haben gelernt, sich der Natur anzupassen. Allzuschnell werden sie einmal im Jahr von staatlichen Wildhegern eingefangen und dann an Eselfreunde verscheuert, die sie wiederum an Hundefutterfabriken abgeben. Frei lebende Esel und Wildpferde – wo, außer im amerikanischen Westen, gibt's das noch?

Die aus dem Berghang gesprengte Straße windet sich zum Sitgreaves Pass hinauf. Er überquert in nur etwa 1 100 Metern Höhe die Black Mountains, aber man meint, auf dem Gipfel der Welt angekommen zu sein. Eine landschaftlich herrliche Fahrt ist es, am alten, zerfallenden Ed's Camp vorbei – man weiß nicht, ob die Gebäude noch bewohnt oder, im Falle des Kactus Kafe, noch bewirtschaftet sind, und man traut sich nicht, die wenigen Schritte hinzugehen und zu fragen –, eine hochalpine Kurvenserie gewährt erschreckende Ausblicke, und ab und zu sieht der

---

* der etwas dümmlich-naive Helfer und Freund des »guten« Filmhelden

kühne Tourist braunrote rostzerfressene Überreste uralter Autos, die seltsamerweise immer ihre Bäuche der Sonne entgegenstrecken. Die Black Mountains sind nur spärlich bewachsen; manche Kuppen und Kegel sind völlig nackt, Vulkangestein und Sandstein stehen nebeneinander und geben der Berglandschaft einen Marslook. Vom Einschnitt des Sitgreaves Pass aus überblickt man beide Seiten der Berge: das Sacramento-Tal, aus dem man gerade hier hoch geächzt ist, und die gold- und silberhaltigen westlichen Abhänge, von deren Schätzen unzählige Prospektoren reich werden wollten. Die meisten fanden nie Metall, und von denen, die Glück hatten, wurden wenige wohlhabend. Sie verkauften ihren Fund an Gesellschaften, und die machten sich bald in den Black Mountains breit; von Bewaffneten geschützt, von Indianern und Mexikanern bearbeitet, waren die Bergwerke hier außerordentlich ertragreich. Die wilden Esel stammen aus der Zeit der ersten Goldsucher. Da hat manch ein Pechvogel seine einzige Transportmöglichkeit über Nacht verloren oder mit einem Klaps auf den Hintern in die Wüste geschickt, denn Futter wuchs kaum in diesen kargen Bergen, und manch einer hatte zu tun, selbst am Leben zu bleiben.

Zwischen Okie-Exodus und Raumfahrtzeitalter hat sich an der Oatman Road nicht viel geändert. Die Route 66 ist nach wie vor der Landschaft aufgewalzt, und wo sie abbröckelte oder den Hang hinabpurzelte, wurde sie tiefer in die Bergwand hineingebaggert, aber sie ist immer noch ein Abenteuer. Hier ist der Highway so steil, daß überladene Vorkriegsautos nur im kurz übersetzten Rückwärtsgang hochkamen. Da streckte der Auswanderer auf einige Kilometer den Kopf aus dem Fenster, um sicherzugehen, daß er auf der Straße blieb. So erkannte man Fremde. Die Einheimischen brausten mit schlafwandlerischer Sicherheit den Berg hinauf. Die kannten sich aus.

Die Route schlängelt sich steil bergab, und gerade dann, wenn man meint, endgültig verloren zu sein, erscheint Oatman wie eine perverse Disney-Oase. Ein Kulturschock ist Oatman, eine völlig unvermutete Touristenfalle inmitten der Einsamkeit. Man fährt um eine Kurve und sieht pinkhaarige Omas in weißen Polyesterhosen, Rentner mit umgeschnallter Kamera, die ihre Bäuche zwischen herumlungernde Bettelesel schieben, und die einzige Straße des Dorfes ist von T-Shirt- und Souvenirläden gesäumt. Ein Hotel gibt's, in welchem einst Clark Gable und Carole Lombard übernachteten. Die Hotelbetreiber sind noch heute ganz stolz darauf. Daß die junge Gable-Ehefrau Lombard im Ruf stand, Matrosen erröten zu lassen, erwähnt hier keiner. Carole nannte ihre Kollegen »sons of bitches« (Hurensöhne), ihre Kolleginnen »whores« (Nutten), und dem allmächtigen Studiochef soll sie süß lächelnd vorgeschlagen haben, sich selbst zu ficken. Dieses Früchtchen paßte ins Oatman der Dreißiger, dem einzigen Ort Amerikas, wo die zwei Goldkinder in Ruhe ihre Flitterwochen verbringen konnten. Keiner der Prospektoren und sonstigen Rabauken wußte, wer die beiden waren. Nur, daß die Hübsche so ein Schandmaul hatte, das imponierte.

Dieses Eselparadies muß besucht werden; Essen und Trinken sind reichlich zu haben, man kann ganz locker auf der Straße parken, scheißende Wildesel stehen mit gesenktem Kopf überall herum und warten auf Futter wie die Reagansche Wohlfahrtsqueen auf die Stütze.

Klein ist die Ortschaft mitten im Nichts; auf dem Höhepunkt des Goldfiebers wohnten hier 10 000 Menschen, aber heute leben und arbeiten höchstens einige hundert Einsiedler hier, und viele von ihnen fahren am Abend wieder hinunter nach Topock, Bullhead City oder Needles. Dort, am träge fließenden Colorado, stehen die Wohntrailer auf schmalem Grundstück unter gelegentlichen Palmen, im Vorgarten der einbeinige rosa Plastikflamingo, die wellblechernen Hauskonturen werden durch ganzjährig leuchtende, bunte Christbaumkerzengirlanden hervorgehoben. Wer dort den Lebensabend verbringt, verdient sich tagsüber in Oatman oft noch ein paar Dollar zur Mindestrente dazu.

24 Meilen sind's von Oatman nach Topock, teilweise mit Blick auf den Colorado River. Als in Steinbecks Roman die

Oatman: Eselparadies und Touristenfalle

Familie Joad endlich die Ebene erreichte, stiegen sie wort-los aus dem Auto und bis zum Hintern in das Wasser des Grenzflusses. Klar. Oatman lag hinter ihnen, und Kalifornien begann am anderen Ufer. Endlich Kalifornien! Geschafft! Daß ihnen der allerschlimmste Teil der Strecke noch bevorstand, ahnten sie zum Glück nicht.

Kalifornien – durch endlose Wüste ans Ziel der Wünsche

Kalifornien war schon Endpunkt, Ziel aller Wünsche, als es noch gar nicht existierte. Der spanische Schriftsteller García Ordóñez de Montalvo nannte im Jahre des Herrn 1510 die »Insel in der Nähe des irdischen Paradieses, die von schwarzen Frauen bevölkert ist« California. Sein California war Mittelpunkt des Romans »Las Sergas de Esplandián«, »Die Heldentaten des Esplandián«, und man kann sich vorstellen, welcher Art die Heldentaten waren, die der Edelmann auf einer Insel voller schwarzer Amazonen vollbrachte. So wurde California schon lange vor seiner Entdeckung und Besiedlung zum Traumland unzufriedener Europäer, und seit eine der wichtigsten Industrien des Staates die gewerbliche Zurschaustellung der schönen Frauen – auch schwarzer – ist, Traumziel aller möglichen Leute aus allen möglichen Ländern. Die kommen denn auch – sowohl über die Flughäfen von Los Angeles und San Francisco als auch über die Seehäfen beider Städte, sogar über den Zaun zwischen Tijuana und San Diego. Aber die zweitälteste Route in den Goldenen Staat sorgte schon immer dafür, daß nur die entschlossensten Einwanderer Kalifornier wurden. Denn zwischen der Einreise beim Grenzstädtchen Needles und der ersten richtigen Stadt – Barstow, und selbst da scheiden sich die Geister – liegen 160 Kilometer wasser- und baumlose Wüste. Nur Geier fühlen sich da wohl; selbst insekten- und kleingetierfressende Koyoten haben Schwierigkeiten, in der Mojavewüste zu überleben. Die nichtendenwollende Fahrt durch die Wüste hat manch einen frühen Route-66-Reisenden erst um den Verstand und dann ums Leben gebracht. Zumal die Urversion der Wüstenroute aus zusammengenagelten Brettern bestand, die nur im Schrittempo befahren werden konnten. Das dauerte dann schon zwei Tage, und bis dahin war die Autobesatzung zermürbt.

Der Reisende kommt jetzt aus der Sonora-Wüste Arizonas, die sich bis tief nach Mexiko hinein erstreckt. Sie ist mit kleinen, widerstandsfähigen Bäumchen von der Art des Eisenbaumes, der Wüstenweide und des Mesquite bewachsen; steinharte Hölzer, die mit geringsten Wassermengen überleben können. Needles, die Stadt am Colorado River, ist der nördlichste Punkt der Western Sonoran Desert, und daran schließt sich die Mojavewüste an. Selbst Kalifornier, die ihr ganzes Leben hier verbracht haben, staunen über die gewaltige Ausdehnung dieser Trockenfläche. 40 000 Quadratkilometer mißt die Mojave, eine Fläche von 200 Kilometern Länge und Breite ist das, und die will erst mal durchquert werden. Die südlich darunterliegende, kalifornische Colorado Desert ist halb so groß; zusammen ergibt das einen Naturbackofen, in den die Schweiz bequem hineinpaßt. Daß sich in dieser Weite der Erfindergeist austoben kann, bewies schon vor 130 Jahren der Regierungsbeauftragte Edward F. Beale. Der sollte eine Frachtverbindung zwischen Fort Defiance in New Mexico und dem kalifornischen Needles schaffen. Beale borgte sich also einige Kamele von der Sonderkavallerie der US-Army, die die Wüstentiere aus Tunesien importiert und in Texas ausprobiert hatte. Mit denen schaukelte er im Schongang Ware über die spätere Strecke der Route 66, und als er bewies, daß die Strecke Zukunft hatte, die Kamele jedoch nicht, verbannte er die Wüstenschiffe ins südkalifornische Fort Tejon. Dort wurden sie 1863 an Privatpersonen verkauft, die sie als Wüstentransporter auch noch lange benutzten. Zwischen der Mojave und dem Hafen von Los Angeles in Wilmington schleppten die Kamele jahrzehntelang Rohstoffe, und erst als die Santa-Fe- und Southern-Pacific-Eisenbahnen ihre Frachtgleise verlegten, wurden die Höckertiere abgeschafft. Die meisten wurden an Zoos und Zirkusse verkauft, aber einige durften auf ihre alten Tage zurück in die Freiheit der Mojave. Dort, im Death

Ein Haus unterwegs durch die Mojavewüste

... und da wohnen tatsächlich Leute.

Valley und in den Providence- und Old Woman Mountains, sahen Prospektoren und Einsiedler über viele Jahre hinweg immer wieder Kamele. Man glaubte es ihnen nicht, denn in ihrem Berufsstand grassieren Alkoholismus und Spökenkiekerei, aber nachdem die Route 66 gebaut wurde, erblickten auch seriöse Menschen in teuren Automobilen kamelartige Gespenster in weiter Ferne. Angeblich sind die letzten freilebenden Kamele schon vor 50 Jahren ausgestorben, aber wer weiß? Die Schweiz ist groß genug, um ein paar Kamele darin zu verstecken.

Needles macht gar nicht den Eindruck einer Oase. Der Colorado River verbreitert sich hier zum Topock Sumpf. Das Reservat der Mohave-Indianer liegt teils auf kalifornischem, teils auf Arizona-Gebiet, und unterhalb der Stadt hat sich der Fluß im Laufe der Jahrtausende einen hübschen Canyon gegraben. Ein Stückchen weiter den Highway 95 hinab liegt Lake Havasu, wo die Brücke aus dem Kinderlied steht. »London Bridge is falling down«, singen die Kleinen ja schon seit Urzeiten, wobei niemand annahm, daß sie eines Tages wirklich fallen würde. Als die Themse-Brücke ausgedient hatte, bot ein Bauunternehmer aus Arizona an, sie abzureißen und nach Amerika mitzunehmen. Die Engländer hüteten sich, laut zu lachen, und der Bursche, der das Freiluftaltersheim Lake Havasu City baute und verkaufte, konnte endlich damit werben, daß seine Reihenhäuschen »Blick auf London Bridge« boten. Die überspannt jetzt den Colorado, der auch noch verbreitert wurde, damit die Brücke paßt.

Man kann es also in Needles aushalten, auch wenn die Tagestemperatur im Juli und August selten unter 42 Grad Celsius fällt. »The hottest City in America« sei Needles, schreiben Zeitschriften immer wieder, aber die Stadtväter hören das nicht gern, denn die Höllenhitze hält Besucher ab. Doch gleich außerhalb dieser so grünen, palmenbestandenen Stadt im vollnostalgischen Frühvierzigerlook (vermutlich weil hier nur wenige Dollar für Modernisierung und Renovierung übrigbleiben) schlägt die kahle, graugelbe Wüste unerbittlich zu. Auf der modernen I-40 fühlt

sich der Autofahrer einigermaßen sicher – obwohl Schilder
darauf hinweisen, daß es auf 100 Meilen weder Sprit noch
Lebensmittel gibt –, doch auf der alten Route fährt der,
dessen Abenteuerlust noch intakt ist. Hier lebt die Wüste;
mit dem halbverlassenen, verfallenden Kaff Goffs fängt's
an, über Piute und Fenner verläuft die Straße neben der
Santa-Fe-Strecke, und kurz vor Essex stockt einem der
Atem. Der Highway fällt ins Tal ab, und am Horizont, wo
man den Pazifischen Ozean vermutet, steigen dunkel-
blaue Bergketten fast senkrecht aus der Ebene, jede etwas höher als die davorliegende, bis sich die Barriere zwischen Wüste und Küste auf 3 500 Meter aufbaut. Daß an
dieser Stelle des National Trails Highways viele enttäuschte Flüchtlinge endlich aufgaben, daß sie so kurz vor
ihrem Ziel verzweifelten, umdrehten und heimfuhren, das
versteht man. Der Glast des Wüstenbodens wirkt absto-
ßend; eine trügerisch glatte Fläche, die man besser nicht
betritt.

Dabei ist die Wüste bei näherem Hinschauen gar nicht
so verschieden von anderen Landschaftsarten. In ihr finden sich ausgetrocknete Seen, auf deren Böden meter-
dicke weiße Sodaschichten – Natriumcarbonatkristalle –
auf Abbau warten, gewaltige wandernde Sanddünen, Vul-
kankegel und Lavaströme, leere, meilenweite Täler und
schwarze, schroffe Hügelketten. 2 600 Pflanzen- und Tier-
arten leben in der Mojave; hundert davon sind vom Aus-
sterben bedroht. Kakteen, Yuccabäume, Cholla und Oco-
tillo wachsen in dieser Einöde, die noch trockener ist als die
Wüsten New Mexicos und Arizonas. An ihrem Westrand
sind einige relativ große Städte entstanden; Palmdale und
Lancaster, deren Einwohner auf der Edwards Air Force
Base und in den Lockheed-Kampfflugzeugfabriken arbeiten. Antelope Valley, Victor Valley und Apple Valley heißen
die anderen »Entwicklungsgebiete« hart am Rand der Wüste, am westlichen Rand, wo die San-Gabriel-Berge die re-
genschweren Winterwolken anzapfen, ehe sie nach Osten
ziehen können. Dort siedeln Großstadtflüchtige zu Tausenden, und der Fluchtgrund zieht nach. Arme aus der Innenstadt, oft farbig, oft kriminalitätsverdächtig, werden

gern in die neuen Ghettos der Wüste weggelobt, denn dann ist der Landkreis Los Angeles sie los und braucht keine Wohlfahrtszahlungen mehr zu leisten, keine Verhaftungen vorzunehmen, muß keinen Ärger mehr befürchten von diesen Leuten, die oft ohne Auto sind und somit in der Wüste festhängen. Nahverkehr ist so gut wie gar nicht vorhanden, Busse und Bahnen fahren viel zu selten. So erfüllt die Wüste denn ihren sozialhygienischen Zweck. Daß auch der Haushaltsmüll hierhergekarrt wird, sollte nicht überraschen. Und jetzt beabsichtigt der Staat gar, in der Nähe von Needles eines der unzähligen Täler als Strahlungsmüllkippe einzurichten. Natürlich wehren sich die Anwohner mit Händen und Füßen, aber sie sind ja nur eine kleine Minderheit (die außerdem, weil überwiegend illegal mexikanisch, nicht wählen darf und somit nicht zählt); und die Beamten im fernen Sacramento weisen darauf hin, daß das Gift ja irgendwo gelagert werden muß.

Schon während des Zweiten Weltkrieges übten die Truppen des Generals Patton hier Invasion, und die Panzerspuren sieht man heute noch. Patton soll die Mojave übrigens »das Land, das Gott vergaß« genannt haben, aber er war ja ein bekannter Schwätzer, dem Sachkenntnis selten die stets sprudelnden Mitteilungen trübte. Heute überwiegen Motorrad- und Dune-Buggy-Spuren, Jeeps fahren kreuz und quer durch die fragile Wüstenökologie, und Armeestützpunkte bieten ganzjährige Kriegsspiele bei bestem Wetter und ohne motzende Nachbarn. Auf der überlangen Landebahn der Edwards Air Force Base landet der Space Shuttle, Tiefflieger nehmen Wildesel aufs Korn, und Grundstücksspekulanten entwickeln fantastische Pläne, die sie bei deutschen Schwarzgeldhortern und russischen Mafiosi zu Barem machen. »Die Wüste lebt«, hieß ein Disney-Film. Haben die eine Ahnung gehabt.

Wenn der Besucher sehr früh unterwegs ist und den Sonnenaufgang über dieser eben beschriebenen Katastrophe hautnah erlebt, dann ist alles vergessen, und er ist ein Fan dieser Landschaft fürs Leben. Das Spiel des Lichts ist in der Wüste zu jeder Tageszeit besonders, manchmal unvergeßlich, und Jungkalifornier, die das Schicksal ins Ausland verschlug, sehnen sich oft so sehr nach der »Desert Light Show«, daß sie nach Südspanien oder gar Nordafrika fahren, wo Landschaft und Licht unter günstigen Umständen ähnlich sind.

Die Dörfer entlang der Bahnlinie wurden von der Eisenbahngesellschaft als Wasser- und Brennstofflager gegründet und der Einfachheit halber alphabetisch benannt. Vom Osten her kommend findet man also in umgekehrter Reihenfolge Goffs, Fenner, Essex, Danby, Cadiz, Bagdad und Amboy. Manche Ortschaften haben noch gerade so einen Lebensnerv, manche sind verlassen, und eine – Bagdad – ist bis aufs Hinweisschild am Bahndamm völlig von der Erdoberfläche verschwunden. Zum Glück gab's Percy und Eleonore Adlon, die ein Drehbuch schrieben und es mit Marianne Sägebrecht, Jack Palance, CCH Pounder und der ewig jungen Christine Kaufmann als »Out of Rosenheim« verfilmten. »Bagdad Café« hieß der Streifen im amerikanischen Kino, wurde sofort zum Kult und erzählt aufs Wunderschönste die Story einer bayerischen Geschäftsfrau, die im Bagdad Café gestrandet ist. Logisch, daß die Komödie von den denkbar schrägsten aller kalifornischen Vögel im südkalifornischen Bagdad handelt, in eben diesem nicht auffindbaren Eisenbahnnest, ebenso klar, daß sie im nahen Newberry Springs gedreht wurde, im dortigen Sidewinder Café, das seither Bagdad Café heißt. Die Andrea, der das Café gehört, ist zur Filmkennerin geworden, und die Gäste können von ihr einiges erfahren. Ein großer Teil ihrer Kundschaft stammt aus Übersee, und sie hat mitten in der Wüste ein Gästebuch, das den Betrachter umhaut. Die Chefin, blondiert und schlank, steht ihren Mann hinterm Tresen, serviert Kaffee und Cherry Pie, kümmert sich um jeden Gast mit der gleichen Freundlichkeit, und ist heilfroh, daß sie der Großstadt für dieses Fleckchen Einfachheit entfliehen konnte.

Mein erster Besuch im Bagdad Café brachte mich ins Gespräch mit meinem Thekennachbarn. Der nannte sich

General Bob, war angeblich ein Roosevelt-Enkel und gleichzeitig CIA-Gründer, was man daran merkte, daß ihn sein
speckiger Mantel und die wirre weiße Mähne perfekt tarn-
ten. Er schaute sich im kleinen Café um, beugte sich zu
mir herüber und flüsterte, daß ihm seine Tante, die Köni-
gin von England, erst kürzlich wieder von mir erzählt und
die Tapferkeit erwähnt habe, mit der ich den Folterknech-
ten des Ostens widerstand. Daraufhin gab ich ihm einen
Cherry Pie aus und versprach, mich weiterhin um die Verbreitung der Freiheit und des American Way zu kümmern. General Bob kam mir vor wie einer, den Percy Adlon
für seinen Rosenheim-Film bestellt und dann doch nicht ab-
geholt hatte. Beim Abschied kniffen wir beide verschwöre-
risch ein Auge zu. Pssst.

Auch Amboy hat ein berühmtes Restaurant, Roy's Café.
Roy heißt eigentlich Buster, und seit ewigen Zeiten bewirtschaftet er die Bude, an der die poppige Neonreklame
im Elvis-Stil das Beste ist. Ebensolange will er das ganze
Dorf verkaufen, das er sich zuvor in Jahrzehnten Stück
für Stück zusammengekauft hatte. Ob er noch lebt? Ob er
noch verkaufen will? Wer weiß. Jedenfalls sehen die Wü-
stenfüchse wieder einen hellrosa Streifen am Horizont.
Die Menschen, die hier wohnen, haben sowieso einen etwas ungewöhnlichen Stil drauf. Viele von ihnen kamen
her, um endlich reich zu werden. Die Voraussetzungen bot
die Wüste – und bietet sie heute noch –, aber diejenigen,
die so lange an einem Fleck blieben, haben's irgendwie
nicht gepackt. Die Wüste ist was für Prospektoren. Körperlich und geistig beweglich muß man sein. Wer stehen-
bleibt, klebt fest. Unter dem vorzeitlichen Meeresgrund
gibt's genügend Rohstoffe, um abzukassieren. Jetzt werden wieder Pläne gewälzt, das viele Wasser unter Cadiz
anzuzapfen; angeblich ausreichend, um eine Stadt mit
180 000 Einwohnern zu versorgen. Drüben bei Barstow
hat eine asiatische Investorengruppe 10 000 Hektar Wüste gekauft und will eine Retortenstadt für 100 000 Einwohner bauen, direkt am Highway nach Las Vegas. Die
Stadt soll »Pandatown« heißen, weil die Amerikaner an-

Bei Andrea im Bagdad Café sind die schrägsten Typen will-
kommen – wie »CIA-Gründer« General Bob.

geblich so verrückt auf die chinesischen Bären sind. Also hält jeder, dem ein paar Quadratkilometer Wüste gehören, die Ohren offen und hofft darauf, daß sich die Investition endlich rentiert. Daß Bagdad, als es noch existierte, der trockenste Ort Amerikas war, wollen sie nicht mehr wissen. Vom 3. Oktober 1912 bis zum 8. November 1914 fiel kein Tropfen; nicht mal Tau.

Barstow ist also, wie schon erwähnt, die erste »richtige« Stadt nach Needles. Da gibt's wieder sämtliche Burger-bräter, alle mexikanischen Fast-Tortilla-Restaurants, die K-Mart und Wal-Mart, ohne die wir scheinbar nicht mehr auskommen. Jede Menge Soldaten wohnen in Barstow, weil die umliegende Wüste fast vollständig von landgebundenen Waffengattungen benutzt wird. Marines sind da, deren Gattungsname mit der Marine nichts mehr zu tun hat, die Air Force, die zwar fliegt, aber deren Angehörige zum größten Teil noch nie in einem Militärflugzeug saßen, und die Army, die sich ja von Berufs wegen in solchen gottverlassenen Sandkästen aufhält. Ein ordentlicher Ort für eine Übernachtung ist Barstow, auch wenn der Güterzugverkehr die ganze Nacht kreischt, quietscht und rumpelt. Die Stadt hat ein nettes Route-66-Museum, aber das allerbeste aller Museen liegt noch 30 Minuten Fahrt weiter westlich, in Helendale. Da ist das einzige mir bekannte Striptease-Museum der Welt, und ich bin stolz darauf, daß es in Kalifornien steht. Sowas ist wirklich derart schräg, daß es außerhalb dieses Staates deplaziert wäre. Das Burlesque Museum hat im staubigen Helendale sein angemessenes Heim gefunden.

Burlesque war ja in den Vierzigern und Fünfzigern eine angesehene amerikanische Kunstform. Daß sich da auf der Bühne meist hübsche Damen bis auf winzige Mariahilfaufkleberchen auszogen, machte das »Bürlie-Kjuh« zu einer etwas gewagten Darstellungsform, denn offiziell war man in den Kriegs- und Nachkriegsjahren außerordentlich prüde. Daß Zeitschriften wie *Playboy* damals gegründet wurden und sofort zu unentbehrlichen Männeraccessoires wurden, zeigt den Bedarf an solchem Kulturangebot. Wer die Route 66 westwärts fährt und die Abzweigung Helendale nimmt, der kommt nach etwas über drei Kilometern Wüste an ein riesiges, weißes schmiedeeisernes Einfahrtstor. Es ist immer offen, und trotz der Kunststofflöwen, die auf Säulen liegend dem Besucher auflauern, kann man die recht lange, naturbelassene Einfahrt einfach hinauffahren. Die Plastiksterne auf den einst weißgestrichenen Jägerzaunrechtecken erinnern an heimgerufene Striptease-Königinnen, Kunststoffrosen umrahmen Namen einst bekannter Filmsternchen, die sich einen zuverlässigeren Job suchten und in die Annalen der Entkleidungskunst eingingen.

Ein xylophonrippiges Pferd steht mit gesenktem Kopf in einer Koppel. Hühner spazieren über den Weg, und eine streng gescheitelte, indianisch aussehende Frau mit bodenlangem Kleid verschwindet lautlos um eine Hausecke. Trotz der Bullenhitze trägt sie mehrere Westen übereinander. Der Herr auf Knien, der sich um die traurigen Pflanzen kümmert, ist Charlie Arroyo, der mit seiner inzwischen verstorbenen Freundin Jenny Lee (The Bazoom Girl) das Etablissement gründete, ein still vor sich hin alternder ehemaliger Cowboysänger, der bewußt die Anonymität sucht. Sein ehemaliges Aushängeschild, die Stripperin Dixie Lee Evans, lebt immer noch hier. Damen, besonders betagte amerikanische, fragt der Gentleman nicht nach dem Alter, aber die Dixie Lee hat schon einiges an Weltgeschichte erlebt.

Putten aus Gips und klassische Plastikdiskuswerfer zieren die Veranda, auf der mehrmals jährlich Schönheitswettbewerbe und Miss-Striptease-Wahlen stattfinden. Dann kann man Brathähnchen essen, Cola trinken und sich mit pensionierten Stripperinnen unterhalten, die solch herzige Bühnennamen wie Tempest Storm, Brandy Boom Boom und Rita Atlanta tragen. Daß es gesittet zugeht, zeigt schon das große Warnschild am Gebäude; »Fluchen verboten« steht da.

Der Kulturbeflissene folgt der hüftschwingenden Oma in den einstöckigen Bau, der früher als Stall diente und in dem heute schätzungsweise 2 000 Anmachfotos von Stripteaseusen hängen. Die sind alle etwas historisch, weil der Tease schon ewig keinen Hund mehr hinterm Ofen hervorlockt, aber das ist Dixie Lee nur recht. Heute, sagt sie, ist mit der Kunst nichts mehr los; wenn auf der Bühne nicht gebumst wird, kommt doch keiner. Früher, ja, da war der Teufel los, und dann sprudelt es nur so aus ihr heraus. Dixie Lee Evans ist einmalig; sie hat die ganze wilde Girlie-Burly-Zeit an führender Starstelle miterlebt. Es ist, als doziere Michelangelo über Deckenmalerei. Man schluckt kurz und ist stille.

Dixie Lee Evans – die doppelte Monroe

Im abgedunkelten Zuschauerraum stieg die Spannung. Das Orchester spielte das Intro zu »You Are My Lucky Star«, ein einzelner Spot hellte die hintere Bühnenhälfte auf, und Marilyn Monroe schritt in den Lichtkegel. Sie trug ein enganliegendes Abendkleid aus rosa Satin, eine rein-weiße Pelzstola um die Schultern und nur soviel Schmuck, daß ihre schmalen Hände und der makellose Hals zur Geltung kamen. Die riesige Sonnenbrille verdeckte große, himmelblaue Augen und gab der Gestalt etwas Verruchtes. Die Jungs in den vorderen Reihen tobten, pfiffen anerkennend und machten laute Vorschläge, wie man am besten zu zweit den Rest des Abends verbringen könnte, aber Marilyn schaute nicht mal zu ihnen hinunter. Der Vorhang hob sich, und die Blondine trippelte in das Privatbüro eines Studiobosses. »You Ought To Be In Pictures« schrammelte die Band, Marilyn stellte sich vor eine Filmkamera aus Bakelit und zog sich im Filmvorführung simulierenden Stroboskoplicht langsam aus. Das regte die Musiker an, »You Must Have Been A Beautiful Baby« zu spielen – als Blues, mit stark geschlagenem Takt, denn was Marilyn da alles auszog, verdiente schon Aufmerksamkeit. Das Publikum wurde auch ganz andächtig, als die Monroe immer mehr Spitzenverziertes um ihren hübschen Kopf wirbelte. Doch dann entschied der nicht vorhandene Produzent im Ledersessel, daß die Dame doch nicht die Richtige sei. Ein Wutausbruch folgte, Marilyn wälzte sich vor Wut und Enttäuschung auf dem Perserteppich des fetten Filmmoguls, bis die Vernunft die Oberhand gewann. Die Hübsche schlängelte über die Bühne bis zum Ledersessel des Mächtigen und zog sich am glatten Bezug hoch; mit beiden Beinen gleichzeitig, die schlanken Arme auf das Rückenpolster gestemmt, rieb sich an dem Möbel, während die cleveren Begleitmusiker den Tages-Hit »Just One More Chance« intonierten. Die Chance erhielt die Dame: »Was?« piepste sie, während sie sich bekreuzigte, »auf die Couch soll ich?« Dort wurde die Bühnenshow erdnah. Monroe steigerte sich, der Hintern flog nur so, die Aktrice kreischte und stöhnte, das Bewerbungsgespräch schien endlich gut zu laufen, und die Boys im Saal hatten plötzlich alle kleine Fahnenstangen dabei. Dann zog sie mit Schwung ihr winziges, schwarzes Höschen aus, stellte sich breitbeinig vor die Lotterwiese und schwang das bißchen Stoff um den Kopf. In dem Moment drehte der Beleuchter gnädig das Licht aus.

Bis sich die Kundschaft erholt hatte, war schon wieder Action auf der Bühne. Marilyn trug nun winzige Pelzmanschettchen und -kragen, und an entsprechender, zuggefährdeter Stelle ein Pelzmüffchen. Sie unterschrieb mit riesigem Federkiel, den Hintern in die Luft gereckt, den Busen tablettartig präsentiert, einen Vertrag. Im Blitzlichtgewitter fiel der Vorhang, und als Zugabe wackelte sie nochmal vors Publikum, um einen Oscar in Empfang zu nehmen. Das Volk tobte.

Die ganze Show hieß »The Hollywood Act« und machte Dixie Lee Evans zum Qualitätsbegriff. Keine legte eine derart überzeugende Marilyn Monroe hin wie sie. Es war aber auch erstaunlich; die Lebensläufe der beiden glichen sich – bis auf entscheidende Augenblicke – wie ein Ei dem anderen. Beide wurden 1926 in Los Angeles geboren, Merry »Dixie« Lee sechs Wochen später als Norma Jean Mortenson. Beide waren ausgesprochen frühreif, sehr zum Verdruß ihrer Mütter. Norma Jean, die spätere Marilyn, mußte früh zu Fremden ziehen, weil ihre geisteskranke Mutter von Nervenanstalt zu Nervenanstalt gebracht wurde. Dixie Lee suchte sich früh Arbeit in einer Flugzeugfabrik – wie Norma Jean auch –, um ihrer Mutter, einer Religionsfanatikerin, zu entgehen. Norma Jean war mit 16 verheiratet, Dixie Lee tanzte als Taxi Girl. Das waren die Dime-

A-Dance Ladies, in Tanzpalästen lauernde Freiberuflerinnen, denen man für zehn Cent einen Tanz abkaufte. Die Bosse waren streng, denn dauernd checkte die Sitte, ob sich nicht unter dem Dime-Mäntelchen Prostitution verbarg.

Die Branche hat sich gut gehalten. Amerikaner machten 1996 volle acht Milliarden Dollar für Sex-Entertainment lokker, gaben mehr für Strip-Shows aus als für alle anderen Bühnenvorführungen zusammen, aber die damaligen po-

Dixie Lee, die doppelte Monroe, in ihren besten Zeiten

litischen und kirchlichen Kulturwächter der Kriegsgeneration hielten von nackten Brüsten und entblößten Hintern noch nicht allzuviel und meinten sogar, aneinandergeschmiegtes Tanzen sei Teufelswerk, Vorstufe zum sportlichen Koitus und daher wenig gottgefällig. Dixie Lee suchte sich also ein zweites Standbein, und das war die Cheesecake-Fotobranche. Pin-up-Mädchen wurde sie, bekam zwischen 20 und 50 Dollar für eine Sitzung, und ihre Bikini-Fotos (»sag' mal Cheesecake«) hingen bei den Boys im Spind. Norma Jean gab sich da schon etwas freizügiger: Sie legte sich auf einen roten Samtlappen, schmiegte sich um eine Holzsäule, setzte sich breitbeinig auf einen Schwedensessel und hatte, wie sie später auf Anfrage mitteilte, »nur das Radio an«.

50 Dollar Honorar gab's für die Fotosession, und der Kerl mit dem Foto machte einen Reingewinn von einer dreiviertel Million Dollar. So scharf waren die Knaben auf den Norma-Jean-Pin-up-Kalender. Als der auf den verblüfften Markt geworfen wurde, hieß Norma Jean schon Marilyn Monroe, hatte einen Filmvertrag mit 20th Century Fox und wurde gerade Sexsymbol.

Dixie Lee war mittlerweile in San Francisco gelandet, als Nummerngirl. Wenn sich im Varieté der Vorhang hob, mußte sie leichtbekleidet auf die Bühnenmitte, ein Schild mit dem Namen des nächsten Akteurs hochhalten und mit verschiedenen Körpergesten auf den kommenden Star aufmerksam machen.

Die kleine Blonde, die dem Hollywood-Sternchen Marilyn so ähnlich sah, stand mit ihrem Schild auf der Bühnenmitte und zeigte scheinbar verliebt grinsend auf fette Zauberer, bis sie herausbekam, was Stripperinnen eigentlich verdienten. Sie konnte es gar nicht fassen: »Ich malochte für 55 Dollar pro Woche, und die bekamen 250 Dollar Anfangsgehalt!« So schnell hat sich kaum jemand ausgezogen wie Dixie Lee, als sie das kapierte.

Sie machte Karriere in einer Branche, die einem Boom entgegenstrippte. Die Soldaten waren aus Europa und Japan heimgekehrt, hatten in Übersee etwas von ihrer amerikanischen Prüderie verloren und verdienten am Nachkriegsaufschwung prächtig. So viele Jahre Krieg, und jetzt war alles zu haben, alles in Reichweite. Die Generation der Kämpfer wurde auch die Freizeitgeneration. Vaudeville und Burlesque waren kurzzeitig wieder in, und als die Mainstream-Künstler beider Varietégattungen zu Beginn der Fünfziger ins junge Fernsehen überwechselten und dort ungeahnten Erfolg fanden, blieben die Stripperinnen bei ihrem Gewerbe und bei der eingeführten, familienfreundlich klingenden Gattungsbezeichnung. Burlesque wurde zum Feierabendvergnügen der Marinesoldaten, Sportvereine und Trinkkumpane.

Dixie Lee war volljährig, willig und durchtrainiert. Sie stieg sehr schnell an die Spitze der kalifornischen Burlesque. Als »The Poor Man's Marilyn Monroe« warb ein Theaterbesitzer mit der Doppelgängerin, die Boys in weißer Matrosenuniform riefen sie nur noch Marilyn, und sie begann, Monroe-Posen in ihren Auftritt einzuarbeiten. Allmählich stellte sie ihren »Hollywood Act« zusammen.

Der große Showbusiness-Durchbruch kam in Gestalt des berühmtesten Burlesque-Impresarios der damaligen Zeit, Minsky. Der bot ihr ein Zweiwochenengagement in seinem Adams Theatre in New Jersey, und als er sah, wie Dixie ankam, wurde sofort verlängert. Schamlos warb der Busenboß mit Monroes gutem Namen. Fräulein Evans hatte immer volle Häuser, begeisterte ihr Publikum, wurde landesweit bekannt.

Daß sie sich an Champagner gewöhnte, daß sie bald nicht ohne ein Schlückchen auf die Bühne konnte, wer wollte es ihr verübeln? Jung war sie, hübsch und pfiff von ihrer hohen Warte auf die Spießer. Die echte Monroe drohte mehrmals mit Unterlassungsklage, aber Dixie winkte ab. »Die hatte doch soviel Presse wie ein Mensch nur haben kann«, sagt die heute über 70jährige. »Sie hätte von einem Prozeß doch nichts gehabt. Dagegen hätte ich von der Publicity profitiert, und das wußten ihre Manager auch.« Ach, meint Dixie, wenn sie doch nur geahnt hätte, wie zerbrechlich Marilyn wirklich war, dann hätte sie ihren Act aufgegeben und irgendwas anderes Lustiges gebracht. Aber wer wußte schon, wie empfindsam die Sexgöttin in Wahrheit war? Man nimmt ihr die Reue ab. Dixie will keinem was Böses.

Daß MM den Baseballspieler Joe DiMaggio heiratete, gab dem Auftritt neues Blut. Daß sich die MM auch bald wieder vom Volkshelden scheiden ließ, war ein Glücksfall für die humorvoll veranlagte Tänzerin. Sie entwarf nämlich eine Nummer, in der sie als Marilyn den Ballspieler einlädt, doch ab und zu noch vorbeizuschauen – ein mit Ball-Anspielungen gespickter Auftritt, wie man sich denkt. »Ich arbeitete in Florida und saß zwischen Auftritten mit dem Rennstallbesitzer Lee Elkins an der Bar. Da meldete ein Kellner, der Herr DiMaggio sei da und bäte mich an seinen Tisch.« Dixie erschrak zutiefst, denn wie konnte sie auftreten und den Ex-Monroe-Gatten verspotten, wenn der direkt vor der Bühne saß? Aber Joe nahm das nicht krumm, im Gegenteil. »Er lachte am lautesten, als ich zu der Stelle kam, wo ich in jeder Hand einen Ball hielt und sang, jetzt habe ich dich bei den ...« Verschämt versichert sie, natürlich nie die anstößige amerikanische Bezeichnung für Hoden ausgesprochen, sondern nur die Bälle dem Publikum entgegengereckt zu haben.

Selbst die Headliner, die Stars, mußten vor und nach ihren Auftritten mit der Kundschaft trinken, freundlich sein, animieren. Das gab Prozente, und die summierten sich. Daß man selbst von Champagner abhängig werden kann, überraschte die Künstlerin. Sie heiratete zwischendurch einen Kerl, den sie in irgendeinem der Burlesqueläden kennenlernte. Boxer war er, aber die Liebe hielt nicht lange an. Immer schneller wechselte Dixie zwischen Theatern und Auftritten, arbeitete mit selbstgekauften teuren Requisiten, spielte Monroe-Rollen aus Monroe-Filmen nach, begann dort, wo die Schauspielerin im Interesse des Jugendschutzes aufhörte, und änderte ständig ihren Act. Sie hielt nichts von kaufmännischer Finanzplanung, kümmerte sich nicht um die Zukunft, denn Dixie Evans war noch immer jung, blond, hübsch, verführerisch. Sie war auf ihre Art ein Star.

Dann schluckte Marilyn in der Nacht zum 5. August 1962

die vielen Schlaftabletten, und der Boden fiel aus Dixies Leben. Mit dem Tod des Originals endete die Karriere der Nachahmerin. »Wenn die Karriere über Nacht futsch ist, fertig, und dich keiner mehr sehen will – das tut unglaublich weh.« Wer jetzt noch eine nackte Monroe auf der Bühne sehen wollte, war pervers. Dixie Lee schluckte auch Schlaftabletten, aber sie lebte nicht in der teuer erkauften Einsamkeit eines Filmstars. Stripperinnen haben keine Privatsphäre, Nachbarn fanden sie.

»Ich ging nach New York, denn dort kann man rund um die Uhr arbeiten. Jede große Firma hat ein Büro in New York, immer mal wird da jemand nach 30jähriger Betriebszugehörigkeit in den Ruhestand versetzt, und für die Fete braucht man eine Stripperin. Ob das im Waldorf-Astoria ist oder im Plaza, mit berühmten Komikern und bekannten Bands, ist völlig schnuppe; am Ende der Veranstaltung kommt immer eine Stripperin.«

Aber ohne Marilyn sein zu können, machte der Job keinen Spaß mehr. Dixie Lee Evans zog sich nur noch lustlos aus und fand in den langen Pausen zwischen Jobs immer mehr Gefallen am Alkohol. »Die Kneipen in New York haben bis vier Uhr morgens auf, und wenn du dann nach Hause kommst, ist es gerade Zeit, mit einem Frühstücksbier wieder nüchtern zu werden.« Ihre seidenen Bühnenkostüme, paillettenbestickt und pelzumrandet, das Werkzeug ihres Handwerks, gingen nach und nach drauf; und eines Tages kehrte Dixie Lee Evans, pleite, ohne Job und alternd, zu Schwester und Mutter nach Florida zurück.

20 Jahre vergingen. Dixie vergaß ihre Jugend, so gut es ging, kümmerte sich um die Mutter und trank. Sie war fünf Jahre auf Bimini, wo sie ein kleines Hotel führte, lernte, wie man Mixgetränke zusammenbraute, aber dann schlug das Gewissen zu, gepaart mit einer Hinwendung zur Abstinenz voraussetzenden Christian-Science-Religion, und Dixie entsagte dem Suff in jeder Form. Doch sie blieb haltlos, sagt sie, taumelte von einem Job zum nächsten, bis sie bei ihrer inzwischen in Kalifornien wohnenden Schwester Unterschlupf fand. Irgendwann rief ihre

alte Kollegin Jenny Lee an, und die beiden Veteraninnen traten ab und zu im Fernsehen auf. Doch der alte Schwung war dahin, von der Figur ganz zu schweigen.

Jenny Lee hatte auf ihre alten Tage eine Stripper-Bar im Hafen von Los Angeles, in San Pedro, wo Bukowski jahrzehntelang wohnte. Dort, im Pennerviertel der schmuddeligen Vorstadt, tanzte und verdiente sie. In der Wüste bei Helendale – drei Stunden von San Pedro entfernt – hatte sie eine Ranch gekauft, wo sie mit ihrem Charlie die freien Tage verbrachte. Als Jenny Lee an Brustkrebs erkrankte,

Dixie Lee Evans als Museumskuratorin 1996

kam ihre alte Freundin Dixie Lee Evans öfter in die Wüste, um ihr beizustehen. Anfang der 90er Jahre starb Jenny Lee; Dixie und Charlie wühlten im Nachlaß und entdeckten tausende von Werbefotos längst verstorbener Entkleidungskünstlerinnen. Jenny hatte Memorabilien aller Art aufgehoben, hatte alles fein säuberlich in Kartons gepackt, und die wurden nun geleert. Eine umfassende Sammlung kam zutage, die einzige ihrer Art, denn wer hielt schon das halbseidene Burlesque für dokumentierenswert?

Dixie Lee ist nun Museumskuratorin geworden. Ab und zu kommen Besucher, die höflich um ein Hupsignal gebeten werden, damit die Chefin Zeit hat, den Lippenstift aufzufrischen und die weißblonden Locken festzukleben. Die Führung durch die Sammlung ist kostenlos, aber Dixie und Charlie freuen sich über ein Trinkgeld – diskret in den Schlitz eines an der Tür stehenden Holztresors gesteckt –, mit dem sie ihr Museum ausbauen, neue Exponate erwerben und die Arbeit fortsetzen können. Gelegentlich kommen Menschen vom Fernsehen oder von der Zeitung, die einen lustigen Beitrag über dieses skurrile Museum machen wollen. Erstaunlich, daß die Berichte überwiegend freundlich sind; die vermeintlich Verrückten in der Mojave entpuppen sich als ausdauernde Individualisten, als außergewöhnlich nette Menschen. Sie sind Wüstenbewohner geworden, die beiden alten Leutchen. Sie kümmern sich nicht um den Eindruck, den ihr Lebensstil hinterläßt.

Dixie Lee Evans lacht gern und oft. Es kommt in Kaskaden aus ihr heraus, ein ungekünsteltes, helles Lachen, ansteckend, voller Freude, voller Leben. Dixie Lee Evans weiß genau, wieviel Spaß jeder Tag bringen kann.

Gram Parsons – Dialog von Rock und Bluegrass

Von Helendale ist es nur ein Katzensprung zum Hawes Airport. Die Landebahnen liegen hinter Dünen versteckt mitten in der Wüste, gehören den Streitkräften, erfüllen jedoch keinen erkennbaren Zweck. Doch nachts, wissen Einheimische, leuchten seltsame Gebilde am Wüstenhimmel, und manchmal hören sie ein unheimliches Dröhnen, nur um dann wieder von unirdischer Stille umgeben zu sein. Hier ist was im Gange, behaupten UFOlogen. Wenige Kilometer nordwestlich Helendales, in den Kramer Hills, liegt das supergeheime Lockheed Radargelände. Gleich hinterm Berg beginnt auch die Edwards Air Force Base, wo Raumfähren regelmäßig landen, und nicht allzuweit im Osten findet sich die sagenumwobene Area 51. Das ist militärisches Sperrgebiet, und seit 40 Jahren will man dort Landungen außerirdischer Raumschiffe beobachtet haben. Das machte sich das »Spielbergle von Sindelfingen«, Regisseur Roland Emmerich, zunutze, der die Area 51 in die Story seines Kassenknüllers »Independence Day« einarbeitete. Es spukt also in diesem menschenleeren Landesteil – zumindest glauben das die Ängstlichen, die auch die Mär von der Weltregierung und den UNO-Truppen, die in amerikanischen Bergwerken auf den Befehl zum Umsturz warten, verbreiten. Wenn die Wüstensonne feurig untergeht und die Sterne im tiefblauen Nachthimmel zum Greifen nah leuchten, wenn gar das Elmsfeuer Kakteenumrisse in die Nacht zaubert, kann der stadtgewohnte Mensch aber auch gläubig werden.

Die Wüste löst widersprüchliche Emotionen aus: Liebe oder Haß, Begeisterung oder Abscheu. Sie spricht zu denen, die etwas Größeres suchen. In der Einsamkeit leben verblüffend viele kreative Menschen; die Mojave beherbergte jahrelang Donovan, den schottischen »Sunshine Superman«, Mister Mellow Yellow, der auch auf »Yellow Submarine« von den *Beatles* zu hören ist. Songwriter Frizz Fuller lebt hier, in einem vierrädrigen Aluminiumgehäuse, und selten kommt er in die Stadt, um Menschen wie David Lindley Perlen wie »Tiki Torches At Twilight« und »Texas Tango« zu Gehör zu bringen, die zu gottloser Stunde in furchtbarer Einöde entstanden. Bildhauer und Assemblage-Artist Noah Purify, der 1917 geborene Sklavenenkel, wohnt und arbeitet bei Joshua Tree auf einem gewaltigen Stück eigener Mojave; weitläufig genug, seine riesigen Skulpturen auf- und auszustellen. Daß Frank Zappa, Merrell Fankhauser und Captain Beefheart in der Doppelstadt Palmdale/Lancaster mit- und gegeneinander spielten, ist hinreichend dokumentiert. Punk floriert hier und Blues, Country und Bluegrass. In der Wüste ist es wie in den unzugänglichen Bergtälern Appalachiens; eine eigene musikalische Kultur blüht, viele der Menschen in einsamen Gehöften (oder Goldsucherhütten) spielen schon zur eigenen Unterhaltung ein Instrument. Es gibt einige Flecken in der Mojave, zu denen kein Radiosender vordringt. Erst neuerdings empfangen die Leute dort Satellitenfernsehen, dank pizzapfannengroßer Empfangsschüsseln, die es schon seit Jahren in Europa gibt.

Einer der Wüstenfans war ein Zugereister aus dem Südosten. Eigentlich hieß er Ingraham; Cecil Ingraham Connor III., war der Sohn Coon Dog Connors, und von dem hatte er die Kreativität. Coon Dog war nämlich Cowboysänger und Songschreiber, ungeachtet der Tatsache, daß ihm auch eine recht ordentliche Verpackungsanlage gehörte. Die stand in Florida, und darin ließ Coon Dog die Zitrusfrüchte verpacken, die der größte Zitrusplantagenbesitzer Floridas anlieferte. Das war John Snively, der nicht nur ein Drittel der Zitrusindustrie sein eigen nannte, sondern auch eine hinreichend hübsche und gebildete Tochter. Die schnappte sich der Coon Dog, und aus der

Verbindung der Herstellertochter mit dem Verpacker und Versender entsprang ein Knabe, besagter Ingraham. Den nannten die Leute erst mal Gram, weil ein stinkreiches Kind nicht Ingraham heißen kann, wenn man seinen Vater Coon Dog nennt, was ja die Südstaatenbezeichnung für einen besonders begabten Jagdhund ist, der auf Waschbären spezialisiert ist. Und dann lernte der Kleine jeden Blödsinn vom Alten. Bis der auf einmal nicht mehr wollte. Gram war zwölf, als sich sein Vater erschoß. Mutter und Kind zogen zum Zitronen-Opa nach Winter Haven, wo die Nachbarn Edison und Kennedy hießen, und bald darauf heiratete die Mutter einen Herrn Robert Parsons, dessen Nachnamen der Knabe Ingraham bekam, womit Coon Dog vergessen war.

Mit 14 gründete Gram eine Band. Er spielte schon seit fünf Jahren Klavier, hatte sich bei einem Elvis-Presley-Konzert in Florida entschlossen, Musiker zu werden und spielte mit seinen *Pacers* den Rock des Tages. Das war ziemlich trostloses Zeug, denn Gram war am 5. November 1946 geboren worden, man schrieb also das Jahr 1961. Bobby Vee, Ricky Nelson und »Wonderland By Night« von Bert Kaempfert waren »in«. Ein Katastrophenjahr für Rokker. Die Boys schielten auf die nicht viel flotteren Country-Charts, kombinierten Fifties-Rock mit Country und nannten sich fortan *The Legends* (immerhin waren sie schon fast 15). Jim Stafford war in der Kindergruppe und Kent Lavoie, die ja solo – »Spiders And Snakes« – und später auch als Lobo Erfolg hatten. Zwei Jahre blieben die *Legends* zusammen, und dann gründete Parsons eine Folkgruppe. Das waren die *Shilos*, und mit denen nahm er zwei Singles für das Columbia-Label auf. Kein schlechter Karriereverlauf für einen, der's von Haus aus gar nicht nötig hat. Doch Gram ging ganz in der Sache auf. Musik war's, alles andere zählte nicht. Er besuchte noch immer die High School in Florida, schloß sie auch erstaunlich ordentlich ab, aber am Tag der Abiturfeier, Graduation Day, starb seine Mutter an Alkoholvergiftung. Vermutlich löste ihr Tod den Wunsch nach Gottesnähe, nach Verstehen dieser und der nächsten Welt aus, denn warum sonst hätte sich der geborene Musiker Gram zum Studium der Theologie entschlossen? Und dann noch Harvard, die 1636 ge-gründete Prestige-Uni, wo nur die Kombination von Geld und Leistung hinführte; damals ganz besonders. Gram hatte beides: viel Geld und eine bis dahin ausgezeichnete schulische Karriere. Doch dann gründete er mit Freunden die *International Submarine Band* und ließ die Akademie sausen; nach einem Semester war die theologische Kar-riere endgültig vorbei. Die Gruppe zog von Cambridge die Ostküste hinab nach New York. Dort sahen sie die Chance, aus der Studentenband eine richtige Rockgruppe zu ma-chen. Ein Country-Rock-Repertoire führte wieder zu zwei Columbia-Singles, aber im Gegensatz zu den Florida-Schei-ben wollte diese keiner hören. Scheiß Ostküste; Gram hatte die Schnauze voll von diesen Yankee-Arschlöchern.

Die Band siedelte nach Los Angeles um, wo die *Byrds* re-gierten. Deren Sound war Grams ähnlich genug, um ihn zu interessieren. Sie hatten denn auch kaum die Koffer ausgepackt, als Gram schon nach *Byrds* auf die Suche ging. In einer Bank am Ventura Boulevard fand er einen. Chris Hillman und Gram Parsons standen hintereinander in der Schlange, und sie kamen ins Gespräch. Gram hatte gerade mit seiner *International Submarine Band* einen Plattenvertrag unterschrieben, und sie waren dabei, ihr Album »Safe At Home« für das LHI-Label des Country-stars Lee Hazlewood aufzunehmen.

Die *Byrds* waren schon seit Monaten nicht mehr die Gruppe, deren Hits überall im Radio gehört wurden. Erst war Gene Clark ausgestiegen; der war als Kind Zeuge ei-nes Flugzeugabsturzes gewesen und hatte während eines Abfluges zu einem New Yorker Konzert einen Panikanfall erlitten. »Wenn du nicht fliegen willst, kannst du auch kein *Byrd* sein«, hatte Roger McGuinn die Gruppenent-scheidung gekalauert. Dann kam das Monterey Pop Festi-val, und David Crosby trat mit der vermaledeiten Konkur-renz auf; mit Steven Stills und dessen *Buffalo Springfield*. Außerdem hatte er, statt *Byrds*-Werbung von der Bühne herab zu machen, ein langes Loblied auf LSD gesungen, weshalb die *Byrds* als einzige Supergruppe weder im Film zum Festival noch in der Fernsehübertragung erschienen.

Chris Hillman und Roger McGuinn baten ihren Partner David Crosby sehr bestimmt, sich zum Teufel zu scheren. Nach einer ordentlichen Barabfindung – mit der sich David erst mal eine Jacht kaufte – tat er das auch. Die *Byrds* tourten als Trio, aber sie wußten, daß sie noch einen Mann brauchten. Nachdem er den beiden anderen *Byrds* vorgestellt worden war, bekam Gram im Februar 1968 den Klavierstuhl und sollte logischerweise auch singen; die Harmonie war immerhin das Besondere an den *Byrds*. Die Parsons-Kompositionen gefielen; die *Byrds* wandten sich also einem Countrysound zu. Nun war schon damals Nashville die Countrymusikhauptstadt Amerikas, und wer den Cowboysound richtig draufkriegen wollte, ging dorthin. Music City nahm also diese Bauern-*Byrds* auf, ließ sie ein Album machen (»Sweethearts Of The Rodeo«, das zum Klassiker des neuen Genres werden würde) und freute sich auf die erstaunten Rockfans, die nicht nur neue Rhythmen und Sneaky Pete Kleinows Pedal Steel Gitarre hören würden, sondern auch die südstaatenmodulierte Stimme Parsons. Doch aus all dem wurde leider nichts, denn Gram schuldete seinem LHI-Label noch ein Album, und Hazlewood drohte mit Klage, falls er Parsons Stimme auf dem *Byrds*-Album hören würde. Also mußte Grams Gesang gelöscht und durch Hillmans oder McGuinns Stimme ersetzt werden. (Die vorher noch nie erhältliche Originalversion mit der Stimme Gram Parsons gibt es seit 1990 auf dem *Byrds* Box Set.)

Als »Sweetheart« endlich erscheint, ist Gram schon nicht mehr bei den *Byrds*. Die waren auf Sommertournee, und als während ihres Englandaufenthaltes die Nachricht kam, daß sie einige Konzerte in Südafrika spielen würden, machte Gram nicht mit. Der Frühverweigerer – Südafrika wurde den meisten erst in den späten Siebzigern zum Begriff für Terror und Rassismus – verließ die Gruppe im Juli 1968, zum Teil auch durch die *Rolling Stones* beeinflußt, die für Südafrika nichts übrig hatten. Gram hatte die *Stones* in Los Angeles kennengelernt und hatte sich besonders mit Keith Richards gut verstanden.

Nach der ausgedehnten Katastrophentour durch Südafrika haute Hillman auch ab. Im Oktober 1968 war Roger McGuinn der einzige Original-*Byrd*.

Hillman und Parsons schauten sich um, sahen jede Menge Gelegenheit und gründeten mit ihrem zeitweiligen Mitarbeiter Sneaky Pete Kleinow die *Flying Burrito Brothers*. Das war nun eine Gruppe, die von vornherein eine Rock-Country-Symbiose spielen wollte, und ihr Erstling, »The Gilded Palace Of Sin«, brachte ihnen sofortigen Kultstatus. Das Album wurde zwar nur 40 000 mal verkauft, war also eine kaufmännische Totgeburt, aber die Rockkollegen waren baff. Allen voran übrigens die *Rolling Stones*. Die hatten nach Blues und Rock nun Bock auf etwas Neues, und was sie von Gram hörten, gefiel. »Sin City« und »Christine's Tune« waren Hillman-Parsons-Kompositionen, »Hot Burrito Number 1« und »Number 2« schrieb Gram allein; zwei wunderschöne, ausdrucksvolle Liebeslieder mit beschissenen Titeln. Das war echte amerikanische Musik, nicht dieser von den British Invasion Bands kreierte britisch-amerikanische Bastard. Man kam sich noch näher. Gram arrangierte erst mal »Honky Tonk Women« auf seine Art, was den *Stones* so gefiel, daß daraus ihr bei Elektra in Hollywood im November 1969 aufgenommenes »Country Honk« wurde. Er soll den Anstoß für »Wild Horses« gegeben haben, das die *Stones* einen Monat später im Muscle Shoals Studio aufnahmen; Gram sollte den Lead singen, raunen seither Hollywooder Insider, aber das *Stones*-Management habe sich gesperrt. Gram fühlte sich bei seinen englischen Freunden sauwohl. Man konnte da nicht nur gemeinsam saufen und alle nur denkbaren Pülverchen ausprobieren, sondern die Freundschaft war auch noch gut fürs Business. In Altamont waren die *Burrito Brothers* Teil des Programms, auf der Rennbahn bei San Francisco, wo die *Rolling Stones* aus Dummheit die fetten, versoffenen Böcke von Hell's Angels zu Konzertsicherungs-Gärtnern machten. Die Show gilt allgemein als das Ende der Love Generation; darüber, daß die Motorradfuzzis den 18jährigen Schwarzen Meredith Hunter direkt vor der Bühne abstachen, kam die Popkultur nicht hinweg.

Im Konzertfilm »Gimme Shelter« sieht man die *Flying Burrito Brothers*, wie sie gerade »Six Days On The Road« spielen.

Gram Parsons: aus Rock wird wieder Country

In Altamont hatte sich Gram schon längst harten Drogen zugewandt. Die Beschaffung war nicht weiter schwierig, denn er hatte derart aus den Vollen geerbt, daß es unmöglich war, Geld so schnell auszugeben wie es sich durch einfache Verzinsung vermehrte. Er machte noch ein Album mit den durch den späteren *Eagle* Bernie Leadon verstärkten *Burritos*, hatte seine Version des *Stones*-Songs »Wild Horses« drauf, aber als »Burrito Deluxe« im Frühjahr 1970 in die Läden kam, war Gram schon über alle Berge. Buchstäblich. Er hatte nämlich die Mojavewüste entdeckt. Die Stille, die Weite, die vielen Sterne, die nachts im wolkenlosen Himmel zu sehen waren. Zusammen mit einem Drogenkenner wie dem *Stones*-Gitarristen und Amerikafreund Keith Richards ließ es sich unterm Ster-

nenhimmel in der Mojave leben, bis unter die Haarwur-
zeln vollgeballert und nach UFOs Ausschau haltend. Sie
hatten einen Lieblingsplatz dafür: Cap Rock, von wo aus
der Blick ungehindert in den Kosmos wandert. Schon als
Student wollte Gram »Cosmic American Music« machen,
denn er haßte die üblichen Etiketts wie Country-Rock oder
New Country – und hier kam er der Sache schon recht nahe.
Unter Volldampf, wohlgemerkt, aber in den frühen Siebzigern galt ja nichts, was geraucht werden konnte, als Droge.

Schon als das erste Album herauskam, hatten sich die
Burrito Brothers erstaunlich fein angetan. Die ganze Band
kleidete sich beim Country-Star-Schneider Nudie ein: sa-
tinglänzende, bestickte Anzüge, grellbunt und außerhalb
des toleranten Los Angeles mit Kopfschütteln quittiert.
Nun, Gram Parsons wurde dennoch Rockstar. Drugs, Sex
and Rock' n' Roll – so war die Reihenfolge. Er jettete nach
Frankreich, hing mit den *Stones* in der Villa Nelcote in
Villefranche-sur-Mer herum und sang auf einigen der
Songs auf dem »Exile-On-Main-Street«-Album Backup.
Die Exile-Sessions in Keith Richards' Mietvilla zogen sich
fast ein halbes Jahr hin, vom 10. Juli bis 23. November
1971. Keyboardprofi Nicky Hopkins, der die vielen Monate
dort bleiben mußte, erzählte kurz vor seinem Tod, daß die
Musiker und Bandmitglieder tagelang warteten, bis Mick
und Keith etwas eingefallen war, das sie dann spielen und
aufnehmen konnten. Chefingenieur Glyn Johns flog ständig weg und kam wieder, nur um den Augenblick nicht zu
verpassen, wenn etwas Neues geschrieben und dann gespielt wurde. Auf dem Fußboden sitzend wurde gearbeitet, bis wieder einer der Bosse die Lust verlor oder schnell
irgendwohin fliegen mußte. Der arme Nicky regte sich
noch 20 Jahre danach darüber auf, obwohl er damals die
gleichen Drogen schoß wie alle anderen.

Erst gegen Jahresende kam Gram wieder heim; das Lotterleben hatte ihn gezeichnet. Was die *Stones* höchstens
noch mehr ausmergelte, führte bei ihm zu Wampe und
Doppelkinn. Der lange Riviera-Aufenthalt inspirierte ihn

jedoch zu neuen Kompositionen, und Mitte 1972 lag genügend Originalmaterial für die erste Solo-LP vor. Zwischendurch war Gram noch mal schnell mit den eigentlich schon aufgelösten *Flying Burrito Brothers* seines Freundes Chris Hillman an der Ostküste unterwegs, um die letzten Konzertverträge zu erfüllen. In einer Washingtoner Kneipe stellte ihm Hillman die junge Sängerin Emmylou Harris vor. Die sang mit einer kleinen Gruppe Folk, und als Gram sie sah und hörte, war ihm klar, daß sie mit aufs Soloalbum mußte. Im Spätherbst nahm Parsons sein »G. P.« auf, brachte das Album im Januar 1973 heraus, doch wieder schleppte sich der Absatz so dahin, während sich die Kritiker vor Lob überschlugen. Gram ging mit der Studioband auf Tour; *The Fallen Angels* nannte er sie, Elvis' Lieblingsgitarrist James Burton war dabei und Bassist Rick Grech von *Blind Faith*. Emmylou, natürlich, Glenn Hardin und Ronnie Tutt von der Presley-Tourband. Eine kurze Tour war's, nur wenige Wochen, aber an die Elektrizität zwischen Gram und Emmylou erinnern sich die Fans heute noch. Einer davon ist *Eagle* Bernie Leadon. Die *Fallen Angels* waren einige Male Opener für die Mainstream-Hitmacher. Die Duette der beiden – meist improvisiert – gehören in die winzige Kategorie der sagenhaften Ereignisse; einige davon, während der Tour beim Radiosender WLIR aufgenommen, sind auf der Bootleg-CD »Gram Parsons & The Fallen Angels Live 1973« zu hören.

Sie gingen wieder ins Studio. »Grievous Angel« baute auf »G. P.« auf, aber durch die Tournee war die Gruppe inzwischen aufeinander eingespielt, und man hörte es. Songwriter Parsons war auf dem Höhepunkt seines Schaffens. Neues, darunter »$1 000 Wedding« und »Ooh Las Vegas«, wurde aufgenommen, Emmylou Harris und Gram sangen »Love Hurts« und »In My Hour Of Darkness«, als sei es das allerletzte Mal. Gram hatte zwischendurch geheiratet, aber er lebte von Frau Nancy und der vierjährigen Tochter Polly getrennt, als das Album aufgenommen wurde. Sein Haus war abgebrannt, und er konnte seine Alkoholabhängigkeit nicht mehr verheimlichen. Beides schien ihn nicht zu stören, aber wenn man's weiß, wirken die Elegien auf »Grievous Angel« noch glaubhafter.

Die Promotionleute beim Parsons-Label Warner Brothers rechneten sich gute Chancen mit einer Country-Rock-Tour aus, weil sie inzwischen einige kommende Leute an sich gebunden hatten. Clarence White, der Gitarrist, der Gram bei den *Byrds* ersetzt hatte, arbeitete bei Warner Brothers an einem Soloalbum, und die ehemaligen *Byrds* oder *Burritos* Gene Parsons, Sneaky Pete Kleinow und Chris Ethridge hatten Warner-Verträge. Eine dreitägige Minitour sollte die Chancen eines Country-Rock-Festivals erkunden, und die Jungs fuhren im Juni 1973 an die Ostküste. Dort lernten sich Gram und Clarence nach anfänglichem Egokonflikt kennen und schätzen. Und als Clarence einen Monat später nach einem Gig in Lancaster, in der Mojave, seine Instrumente in den Band-Bus lud, mähte ihn ein besoffener Fan mit seinem Auto um. Beim Begräbnis des neuen Freundes und beim gemeinsamen Absingen der Hymne »Farther Along« sagte Gram Parsons zu seinem Roadie und Saufkumpan Phil Kaufman, daß er, wenn er mal ins Gras beißt, nicht wie ein verreckter Hund verscharrt, sondern mitten in der Wüste, am Cap Rock, verbrannt werden wolle. Das bringt's, und einfach als Asche wieder zurück in die Erde, yessir.

Das neue Album war jetzt fertig, und Gram mußte sich ausruhen. Er war 26 und durfte sich auf eine Spitzenkarriere freuen, denn bei Warners erzählte ihm jeder, wie toll das neue Album war, und wie die Leute kaufen würden. Er soff, er spritzte und schniefte, aber er war ja noch jung. Er fuhr in die Wüste, nach Joshua Tree, mietete sich im Zimmer acht des Joshua Tree Inn ein, schoß ein Portiönchen Morphium und soff eine Flasche Tequila hinterher. Und dann fiel er um. Der 19. September 1973 war es, und trotz der sirenenschrillenden, rasenden Fahrt ins Krankenhaus nach Yucca Valley war Gram mausetot, als sie ankamen.

Und jetzt wird's seltsam. Denn Gram Parsons, von Frau und Kind getrennt, seit seiner High-School-Abschlußfeier verwaist, sollte auf Wunsch entfernter Verwandter nach New Orleans geflogen werden, damit man ihm ausgerechnet dort – warum eigentlich? – ein standesgemäßes Begräbnis geben konnte. War da jemand scharf auf die viele Kohle auf der Bank? Wollte sich jemand einschmeicheln, bei Testamentsvollstreckern oder Richtern? Der Gram wurde jedenfalls einbalsamiert, eingesargt, und zum Frachtflughafen der Stadt Los Angeles gebracht. Man schob den Sarg auf die Laderampe, und da kamen schon zwei stabile Herren, die einen etwas angeschickerten Eindruck machten. Der größere zeigte auf den klapprigen Leichenwagen, und dann redete er mächtig schnell, wedelte immer mit Papieren herum, und als der Frachtangestellte mitkriegte, was die beiden Angesoffenen wollten, sagte er bitteschön, no problem. Klar. Sollten sie den Sarg mit dem Toten doch abholen, wozu das ganze Gesabbere?

Roadie und Saufkumpan Phil Kaufman, der sich die Uniformen und den Leichencadillac geborgt hatte, lud mit seinem Kollegen Michael Martin den toten Freund in die Limousine. Sie tranken noch schnell eine Dose Bier und zischten los. Blöd nur, daß der Phil die Mauer rammen mußte, aber der Schaden war nicht groß, und die Leiche auf der Ladefläche legitimierte den Fahrer jederzeit, weshalb der Cop sich auch nicht lange mit ihnen aufhielt. Die beiden düsten durch die Stadt, rasten nach Südosten, an San Bernardino und Riverside vorbei in Richtung Palm Springs, hielten nur gelegentlich, um mehr Bier und einen Kanister Benzin zu kaufen, und kamen endlich am Cap Rock an. Dort, in der endlosen Mojave, erfüllten sie dem Freund den erst kürzlich geäußerten Wunsch. Sie übergossen den Sarg mit Benzin, tranken ein Bier und zündeten die ganze Chose an.

Dann drehten sie um und brachten den Leichenwagen zurück.

In der Zone zwischen tiefer Wüste und dem Küstenstreifen verstehen die Leute jemanden wie Phil Kaufman. Die sind noch auf sich selbst gestellt, die Menschen dort, auch wenn die Wüste eigentlich schon Vorstadtcharakter angenommen hat. Jedenfalls lachten sie herzlich über den Männerstreich mit dem Gram, und sie schätzten das Wort, das Kaufman gab und hielt. Phil wurde natürlich verhaftet, aber da Leichenklauen nicht strafbar war, verknackte man ihn wegen des angezündeten Sarges. Die 700 Dollar Strafe zahlte Phil – no problem –, und daß von Gram noch soviel übrig war, daß ihn die entfernte Verwandtschaft doch noch in die Erde Louisianas stecken konnte, das ist Pech, da kann man nichts machen.

Gram Parsons wird heute verehrt. Er hat längst den Ruhm, den er zu Lebzeiten suchte, denn seinen innovativen Songs ist es zu danken, daß aus Rock wieder Country wurde. Gram Parsons tat also Countryelemente in seinen Rock, wie es zwei Jahre später Willie Nelson und Merle Haggard umgekehrt machten. Die Gebrüder McEuen aus Orange County und ihre *Nitty Gritty Dirt Band* lockerten furchtlos ihren West Coast Rock mit authentischem Bluegrass auf, und die *Eagles* waren die ersten, die aus dem Gumbo ein neues Repertoire köchelten und damit noch heute einen Riesenerfolg haben. Die Parsons-Hillman-Komposition »Sin City« ist deren »Hotel-California«-Vorlaufmodell – ein drohendes, dunkles Kalifornien wird da an die Wand gemalt: »Motel California«. Der Fan echter amerikanischer Musik freut sich heute noch über das »Circle«-Album der *Nitty Gritty Dirt Band*, und schätzt das interkulturelle Zusammenwachsen der langhaarigen Rocker mit den erzkonservativen Bluegrasspielern. Sie eröffneten – nur durch musikalisches Können, das war die einzige Verbindung zwischen den spinneverfeindeten Lagern – einen dringend notwendigen Dialog. Und wenn jemand an einem Freitagabend nach der Arbeit richtig rocken will, hält er sich an Willie Nelson und Merle Haggard. Das sind gleichzeitig übriggebliebene und superinnovative Rocker. »Country is the white man's blues« behaupten Schwarze, die sich in der Musik auskennen. Country ist aber auch, was Rock so lange war; fuck-you-rebellisch, rotzfrech, ungewaschen. Rocker haben ihre einst schulterlangen Mähnen den Countrymusikern überlassen, weil die mangels Vorstandssitzungen nicht auf Wall-Street-Etikette achten müssen.

Jedes Jahr findet im Joshua Tree Inn das Gram-Fest statt – zum erstenmal 1996, und der Erfolg der Fete läßt den Schluß zu, daß das Fest seinen Platz im kalifornischen Kulturkalender behält. Man feiert den toten Rocker, man feiert die damalige Zeit, und feiernswert ist auch die Tatsache, daß erstaunlich viele den Sex, die Drogen und den Rock 'n' Roll überlebten. Kaufman hat versprochen, beim nächsten Gram-Fest dabeizusein. Ohne Sprit und Feuerzeug.

Südkalifornien:
Ende der Reise – nicht nur für Bobby Troup

Landkarten zeigen den Verlauf des Mojave River direkt neben der Route 66. Besonders Kartenverlage im Osten der Staaten oder gar im Ausland sind der seltsamen Meinung, Flüsse müßten immer oberirdisch verlaufen. Auch das Konzept des breiten, furztrockenen Flußbettes geht an ihnen vorbei. Der Mojave River hat zwar erst kürzlich wieder einige Häuser weggespült, aber Ausnahmen bestätigen besonders in der Wüste die Regel. Der Mojave ist breit, lang, gewöhnlich trocken und fließt über weite Strecken unterirdisch. Nur manchmal führt er Wasser, aber dann in solch unglaublicher Menge, daß das Phänomen »Flash Flood« heißt und scheinbar aus dem Nichts entsteht. Eine Wasserwand wälzt sich dann mit mächtiger Geschwindigkeit bergab und fegt alles in ihrem Weg fort. Doch man kann jahrelang neben dem Fluß leben, ohne daß man seine Macht ahnt.

Etwa in Höhe Helendales verschwindet das über 100 Meilen lange Flußbett unter dem Wüstensand und kommt erst 50 Kilometer weiter westlich, hinter Newberry, wieder an die Oberfläche. Da sieht man zur Rechten ein breites, mit dreiecksblättrigen Pappeln und Russischen Disteln dicht bewachsenes Bett. Die kniehohen Disteln – Salsola pestifer, für botanisch Interessierte – wachsen zu richtigen Bällen heran, sterben im Herbst ab, trocknen aus und werden dann vom Wind meilenweit getrieben. Tumbleweed, Purzelkraut, nannten unbedarfte Cowboys diesen Import aus russischer Steppe, der sich besonders an Drahtzäunen und Hauswänden auftürmt. Die Dinger sind eine echte Landplage, denn sie rollen über Highways, kullern über Hügel, erschrecken Reiter und bringen Pferde zu Fall und sind nicht auszurotten. Außerdem sind sie dornig, weshalb man sie nicht greifen kann, hart, also nicht zu beerdigen, und anzünden kann man sie auch nicht, weil sonst die ganze Steppe brennt.

Ja, und in Victorville beginnt wieder die Zivilisation. Leider. Die Wüste ist zwar hart, und sie flößt manchem Angst ein, aber sobald man wieder unter Seinesgleichen ist – unter vielen Seinesgleichen – vermißt man sie doch. Über den 1 400 Meter hohen Cajon Pass geht's in langen Schleifen nach San Bernardino.

Als Bobby Troup sein Lied schrieb, war San Bernardino eine halbe Tagesreise von Los Angeles entfernt, weit draußen im Vorgebirge, von Weinbergen umgeben. Dem Troup-Ohrwurm verdanken die San Bernardiner ihr bißchen Bekanntheit. Keith Richards verdeutlichte das, als die *Stones* ihre erste Amerika-Tour planten. Keith verlangte von den Veranstaltern, die Tour in San Bernardino zu beginnen. Der Amerikafan liebte Bobbys Lied, spielte es für sein Leben gern und sorgte dafür, daß es Ende Januar im Londoner Regent Studio für das erste Album der Gruppe, »The Rolling Stones«, aufgenommen wurde. Am 5. Juni 1964 begann die erste *Rolling-Stones*-Amerika-Tour in San Bernardino.

Heute ist San Bernardino die Südostecke des Los-Angeles-Dreiecks; von Malibu am Pazifik bis San Bernardino sind es 160 vollgebaute Kilometer. Fast 100 selbständige Städte bilden den Großraum Los Angeles. Da geht eine Stadt in die nächste über. Und in die tauchen wir jetzt kopfüber ein.

Foothill Boulevard führt, wie der Name verspricht, immer am Fuße der San Gabriel Mountains entlang. Es ist ein ordentlich breiter Boulevard, der durch die Städte des San Gabriel Valley führt: von San Bernardino über Rancho Cucamonga und der David-Lindley-Heimat Claremont nach Azusa, Duarte und Monrovia. Das sind etwa 50 Kilometer Stadtfahrt, aber nur so bekommt man die gewaltige Ausdehnung Los Angeles' mit. Wer den Freeway fährt, gelangt sicher schneller an den Pazifik, aber Foothill führt durch das heutige Südkalifornien, durch mexikanische, koreanische, chinesische und iranische Wohngebiete. Durch europäisch geprägte College-Städte wie Claremont und durch ehemalige Prachtviertel wie Monrovia und Arcadia, denen die veränderte Demographie der vergangenen 40 Jahre das Make-up lädiert hat. Von einem Kilometer zum nächsten verändert sich das Gesicht der Stadtlandschaft grundlegend; waren gerade noch sämtliche Schaufenster chinesisch beschriftet, werben nun die Schilder auf koreanisch. Anhand der Restaurantgerüche entlang dieser prächtigen Straße kann sich der Ortskundige orientieren. Foothill Boulevard ist der Inbegriff des Multikulti. Internationaler geht's nicht mehr.

Die Völkerwanderungen der zweiten Hälfte dieses Jahrhunderts haben Los Angeles geschaffen. Vor Ende des Zweiten Weltkrieges war die Stadt eine schnell errichtete Bretterbudenstadt, wo Einwanderer aus anderen Staaten oder Ländern schnell zu Geld kommen wollten, um dann schleunigst wieder nach Hause zu fahren. »Nobody is from L. A.«, hieß es. Doch die vielen Fremden, die durch Weltkrieg und 30 Jahre Einmischung in anderer Leute regionale Kriege hierher verschlagen wurden, hatten keine Absicht, jemals wieder wegzuziehen. Sicher ist Wohlstand der motivierende Faktor der südkalifornischen Gesellschaft; Geld regiert ganz besonders in dieser Region, die dem Neuankömmling auch einen Neubeginn ermöglicht – oder abverlangt. Wer zu Geld kommt und die Stadt verläßt, der bleibt doch im Süden Kaliforniens. Daher die vielen kleineren Städte, wo früher noch Weinberge oder Obstplantagen standen. Daher auch die in der ersten Jahrhunderthälfte unbekannte freiwillige Ghettoisierung der ausländischen Neuankömmlinge. Wie im Osten seit Jahrhunderten üblich, entwickelten sich in Südkalifornien ethnische Netzwerke. Man zieht zueinander, wärmt sich in der Fremde gegenseitig am Feuerchen der gemeinsamen Herkunft und hilft einander, das neue Leben zu meistern. Das ist unglaublich positiv, denn dadurch werden Strukturen wieder aufgebaut, die sich in den Heimatländern vieler

Neuamerikaner verflüchtigt haben. Negativ ist allerdings die Weigerung vieler, sich voll und ganz in das neue amerikanische Leben zu stürzen. Die Einwanderergeneration lernt in allzu vielen Fällen nicht einmal die Sprache des Landes. Sie sind auf ihre Kinder angewiesen, wenn sie sich mit Englischsprechenden unterhalten müssen, und können daher nur sehr begrenzt mit gebürtigen Kaliforniern kommunizieren. Daß ihnen das als Arroganz ausgelegt wird, ist menschlich. Daß ihnen durch die Sprachbarriere kein Schaden entsteht, ist wohlmeinendes Gesetz. Sämtliche offiziellen Mitteilungen müssen in der Sprache des Bürgers bereitgehalten werden; weit über 100 sind das in Los Angeles. Der mit Abstand beliebteste Radiosender in Los Angeles ist KLVE-FM, dessen Discjockeys ein rrrrrapides Maschinengewehrspanisch abspulen, dessen Musik von den Balladen Julio Iglesias' geprägt ist, und dessen einzige englische Aussage die Positionierung des Senders im Markt ist; als »Kay-Love« müssen die Jocks die Erkennungsbuchstaben aussprechen. Zehn der vielen Sender in L. A. präsentieren ihr Programm auf Spanisch. Auf anderen Sendern sind Koreanisch, Chinesisch und Russisch dabei, und mit jedem Jahr verbreitert sich das Sprachenspektrum unserer elektronischen Medien. Entgegen landläufiger Meinung ist Englisch nicht die offizielle Landessprache. Das halten viele für einen behebbaren Fehler. Immer wieder wird ein entsprechender Gesetzesvorschlag zur Abstimmung gebracht, aber bisher ergebnislos. Die »English-only«-Verfechter meinen, daß stummes Zunicken das Zusammenleben nicht fördert, und sie mögen damit recht haben.

Das Wigwam Motel an der Route in San Bernardino, ein gelungenes Route-66-Museum in Rancho Cucamonga und das alte, jetzt unter Denkmalschutz stehende Aztec Hotel in Monrovia sind sehenswerte Attraktionen entlang der Stadtroute. Dr. Bob Lundy ist der knorrige Routekenner, dessen Museum in Rancho Cucamonga die Bedeutung des Highways für die kalifornische Nachkriegskultur bestens dokumentiert. Und Doktor Bob ist ein williger, freundlich-verbindlicher Gesprächspartner. An das Aztec habe ich noch gute Jugenderinnerungen. Sorgfältig gekleidet konnte dort ein durstiger Minderjähriger vom halbblinden, uralten Barmann einen Drink bekommen. Das war im Kalifornien der späten 50er Jahre äußerst wichtig, denn damals wie heute war das »drinking age« 21, aber Suff war nicht nur gesellschaftsfähig, sondern geradezu Voraussetzung des gesellschaftlichen Erfolges. Jeder soff, wie jeder rauchte. Bogart blinzelte immer durch aufsteigenden Zigarettenqualm (was ihn ja auch sehr mannhaft unter die Erde brachte), Dino Martin trat in seiner TV-Varietéshow prinzipiell besoffen auf, und wer was auf sich hielt, machte es ihnen nach.

Monrovia sonnte sich damals im Glanz Pasadenas. Die Nachbarstadt galt als Nobelvorstadt des gewaltigen Los Angeles, ein Pflaster, auf dem sich Reiche aus allen möglichen Ländern versammelten. Sämtliche Enkel großer Chicagoer Fleischfabrikanten bauten sich Protzvillen in Pasadena, Nachkommen der Eisenbahnbarone und Industriellen der ersten Stunde, denen die Frühkommunisten mit jeder Berechtigung ein Ehrenplätzchen am Laternenpfahl androhten, gaben sich in Pasadena als neuer amerikanischer Adel aus. Die Stadt sonnte sich im Ruhm seiner High Society und in den Grundbesitzsteuern, die der Stadtkasse jährlich von den Krösussen zuflossen. Eine schicke Infrastruktur entstand, mit Theater und Symphonieorchester, dem Footballstadion Rose Bowl, das California Institute of Technology ließ sich nieder und das Jet Propulsion Laboratory. Hollywood nutzte das gehobene Publikum, um in Pasadena Premieren zu feiern. Nach dreitägigem Überlandtrip von New York oder Chicago, Florida oder New Orleans aus, stiegen die Stars lieber am Bahnhof von Pasadena aus, um »unerkannt« zu bleiben; natürlich lungerten immer dickliche, whiskystinkende Hutträger mit riesigen Pressekameras in der Bahnhofskneipe herum, weil die Studio-Presseagenten ja nicht blöd waren.

In dieser Idylle wuchs ich auf. Auch keine üble Art, seine Jugend zu verbringen. Vater Kraus gründete mit Einwandererelan zu Beginn der Fünfziger am Colorado Boulevard, direkt an der Route-66-Streckenführung, eine Volkswagenvertretung – vielbelächelt von Freunden und Kollegen, denen klar war, daß der fucking German einen gewaltigen Schuß weghatte; wer würde schon so ein buckliges Ei fahren wollen, wo es doch preiswerte amerikanische Flossenmonstren an jeder Ecke zu kaufen gab? Aber die Dollars derjenigen, die sich nicht um den Spott der Nachbarn kümmerten, versüßten die Jugendjahre ganz gewaltig.

Das Pasadena meiner lange vergangenen Kindheit ist die Stadt, der Nostalgiker heute noch wehmütig nachweinen. Dabei war's, ganz ehrlich gesagt, eine schlimm rassistische Gesellschaft, die ihre farbigen Haus- und Gartenangestellten so rechtzeitig die Arbeit beenden ließen, daß sie bei Sonnenuntergang Pasadena verlassen hatten. Wer als Farbiger abends noch an einer Bushaltestelle angetroffen wurde, mußte sich gegenüber der Polizei zumindest ausweisen; ein unerhörter Vorgang im freien Amerika, das sich immer erfolgreich gegen jede Ausweispflicht gewehrt hat. Die Stadt sieht heute aus wie ihre Nachbarstädte; viele Rassen leben in ihr, Läden entlang des Colorado Boulevard machen die langweilige alte Einkaufstraße zum internationalen Basar, und heute dort aufzuwachsen macht vermutlich erheblich mehr Spaß.

Nahe der Arroyo-Seco-Brücke, einem der Wahrzeichen Pasadenas, geht's links ab in die Großstadt. Von hier aus ist es ein Katzensprung bis zur Stadtmitte von Los Angeles, sicher einer der Gründe dafür, daß Pasadena bei Wohlhabenden so beliebt war. An der Ecke Glendale Boulevard und Sunset Boulevard sieht man schon den Angelus Temple, und der ist steingewordenes Südkalifornien. Wer einen Schnellkurs im besonderen Lebensstil dieser Gegend haben will, braucht sich nur die Tempelgeschichte anzuhören. Der Angelus Temple wurde von Aimee Semple McPherson erbaut, der ersten »richtigen« elektronischen Gottesfrau. Die 1890 in Ontario, Kanada, geborene Aimee heiratete mit 18 einen Pfarrer Semple und ging mit ihm als Missionarin nach China. Der Gatte wurde heimgeholt, also kehrte auch Aimee Semple heim, lernte einen Pfarrer McPherson kennen und heiratete den. Der langweilte jedoch, weshalb sich Aimee mit ihrer bislang bei der Heilsarmee tätigen Mutter zusammentat, ein Zelt kaufte und selbst ins Wanderpredigergeschäft einstieg. Sie kamen von Kanada ins wärmere Amerika, aber selbst an der Ostküste war die Predigerei witterungsbedingt nur ein Halbjahresgeschäft, weshalb sich die beiden gottesfürchtigen Damen 1918 entschlossen, das Business nach Südkalifornien zu verlegen. »With a mule, a dime, a Bible and a tambourine« seien sie in Los Angeles angekommen, erzählte »Ma« Kennedy später, mit einem Maulesel, einem Groschen, einer Bibel und einem Tamburin. Der Maulesel war zwar ein 1912er Packard, und der Groschen hatte jede Menge seiner Familienangehörigen mitgebracht, aber das mit Bibel und Tamburin stimmte. Schon 1921 begannen sie mit dem Bau des 5 300sitzigen Angelus Temple am Glendale Boulevard in Los Angeles. Aimee hatte sich rückversichert, indem sie gleichzeitig Pfarrerin der Assemblies-of-God-Kirche, der Methodisten und der Baptisten wurde, aber sie war eine derart feurige Erweckungsruferin, daß sie bald ihre eigene Religion gründete. Das ist wie beim Fast food: Wer ein gutgehendes Schnellrestaurant mit eigenen Rezepten betreibt, braucht sich keiner Restaurantkette anzuschließen. The Foursquare Church nannte sie den eigenen Verein und hatte als erste im ganzen Land ihren eigenen Radiosender, über den sämtliche Meetings und Predigten ins Land ausgestrahlt wurden. Die Fünfmillionendollarbude am Glendale Boulevard war immer voll, die Gläubigen freuten sich über die technikgläubige Prophetin. Sie predigte, daß die Seelen Verstorbener in Flugzeugen herumflögen, weshalb sie sich ein eigenes hielt, um über die unsichtbaren Passagiere den Kontakt zu Gott nicht abreißen zu lassen. Das rotierende, 15 Meter hohe beleuchtete Kreuz auf der Tempelkuppel war 50 Meilen weit zu sehen – damit die Lichtstrahlen zahlungskräftige Gläubige anlocken könnten, erklärte Aimee ihrer Mutter. Mit der Zahl der Aimee-Gläubigen expandierte auch ihr Radio-Network. Sie baute einen neuen Tempel in der Nähe San Franciscos und wurde zum Superstar. Charlie Chaplin bewunderte ihr schauspielerisches Talent, Anthony Quinn sagte erst kürzlich, er habe zeitlebens die Schauspielerei seiner Filmliebhaberinnen mit der Sister Aimees verglichen, die alle in die Tasche gesteckt habe. »Ma« Kennedy schwebte als eine Art Maria über dem Imperium ihrer Tochter, die beiden Kinder von Aimee bildeten die unteren Ecken der Dreieinigkeit, und Aimee rieb sich im Dienste des Herrn auf. Nicht allein, denn es rieben noch einige Herren mit. Einer davon war der Leiter ihres Sendestudios, mit dem sie 1926 auf vier Wochen verschwand, was großes Wehklagen unter den Fans hervorrief, denn das Gerücht ihrer Entführung machte die Runde. Sogar eine Lösegeldforderung ging beim Hauptquartier ein. Man sammelte unter Führung der besorgten »Ma« Kennedy, aber die halbe Million war noch nicht ganz zusammen, als Aimee fröhlich wieder auftauchte. Sie sei von Kidnappern in Mexiko festgehalten worden, erzählte sie, aber irgendein Schnüffler fand heraus, daß sie mit ihrem Rundfunkingenieur einen Monat am Strand in Carmel verbracht hatte, was ihr einige böse Briefe und dem Radiofritzen die Scheidungsklage seiner empörten Ehefrau einbrachte.

Sie hatte eine sagenhafte Karriere, die Aimee Semple McPherson. Lahme warfen die Krücken weg, Blinde konnten wieder sehen, Alte wurden wieder jung, und Aimee machte gewaltig Kasse. Als sie an einer Überdosis Schlaftabletten starb, gingen 50 000 hinter ihrem Sarg. Sie wurde im Filmstarfriedhof Forest Lawn in Glendale beerdigt, aber nicht ohne Gag. Auf ausdrücklichen Wunsch der Verstorbenen legte die Bell-Telefongesellschaft eine Leitung ins Grab, denn Aimee war von ihrer Unsterblichkeit überzeugt und wollte beim Aufwachen nicht von der Welt abgeschnitten sein.

Ihre vorübergehende Ruhigstellung fand am 9. Oktober 1944 statt, und angesichts der Tatsache, daß die von ihr gegründete Religion inzwischen über 15 051 Kirchen in aller Welt verfügt, war ich überzeugt, daß Aimee noch telefonisch zu erreichen ist. Also rief ich die Auskunft in Los Angeles an und verlangte ihre Telefonnummer. Die fand allerdings weder die erste Auskunftstante noch ihre Vorgesetzte. Als ich die Anschrift der Teilnehmerin präzisierte, wurde die Telefonfrau allerdings ungehalten und knallte den Hörer auf die Gabel. Es ist also anzunehmen, daß die Verwaltung der Foursquare Church die Leitung zu ihrer Prophetin irgendwann kappen ließ.

Der Sunset Boulevard führt am Silver Lake District vorbei, einer Wohngegend, die nach jahrzehntelanger Vernachlässigung wieder hip wurde. Der See ist ein Staubecken, an dessen Ufer manch ein hübsches Haus gebaut wurde. Bauhausexilanten wie Richard Neutra stellten sich ihre Privathäuser mit Seeblick hin, und als die »White Flight« begann, die Flucht der Weißen aus einer zunehmend von Farbigen besiedelten Gegend, verfiel die Bausubstanz. Manche Hausbesitzer konnten ihre Buden nicht rechtzeitig an den Mann bringen, und als die Preise in den Keller fielen, vermieteten sie und investierten nichts mehr. Jetzt haben junge Meinungsmacher den Silver Lake wiederentdeckt. Spätestens seit Madonna ihre riesige rote Backsteinvilla in Hollywood gegen ein altes Silver-Lake-Prachtstück eintauschte, sind auch die Grundstückspreise wieder auf altem Niveau.

Wenige Straßenzüge hinter dem Silver Lake Boulevard geht links der Santa Monica Boulevard ab, und dem folgen wir. Hier konnten sich die Okies erstmals richtig kneifen und feststellen, daß sie nicht mehr träumten. Denn der Santa Monica läßt schon Meer ahnen. Durch Hollywood und seine alten Studios an der Gower Street vorbei geht's nach West Hollywood hinein, dem südkalifornischen Gegenpol zum bekannteren San-Francisco-Schwulenviertel Castro. Rechter Hand steht Barney's Beanery, die alte Bierkneipe, in der sich einst Okies verabredeten, und wo sich heute sämtliche Rocker der Welt irgendwann blicken lassen. Seit Keith Richards von Barney's schwärmte und auch mehrmals dort gesehen wurde, hat die Kneipe einen Ruf wie früher Schwab's Drug Store an der Nordwestecke Hollywood und Vine. Angeblich werden in solchen Lokalitäten Menschen entdeckt, die dann über Nacht zu Stars werden. Das sind liebgewonnene Märchen, die immer wieder Kids aus dem bäuerlichen Mittleren Westen nach Hollywood locken, die dann abgerissen auf dem Kinderstrich am Hollywood Boulevard enden.

Als Bobby Troup vor 50 Jahren endlich in Los Angeles ankam, wurde zwar auch angeschafft, aber nicht so öffentlich. Das Gewerbe hielt sich noch an strenge Regeln, die von der bekannt umgänglichen Polizei der Stadt aufgestellt wurden. Regel Eins hieß – wie überall – sich nicht erwischen zu lassen. Regel Nummer Zwei war zuverlässiger: Zahle Standmiete an deinen Streifenpolizisten, und dein Streifenpolizist wird dich beschützen. Die vierschrötigen Jungens in den ausgebeulten Wollanzügen, denen die Stadt die Aufsicht über Gesetz und Moral übertragen hatte, standen als übergeordnete Instanz der Sittlichkeit vor. »The Hat Squad« hießen die Sittenbullen inoffiziell, denn sie trugen Hüte, deren Krempe bei Bedarf das Gesicht des Trägers im Schatten verschwinden ließ. Sie waren die Könige der Stadt; ihre Macht erstreckte sich von den Ghettos des Echo Parks bis in die versteckten Enklaven Bel Airs. Nur ins Ambassador kamen sie nicht.
Das war eines der feinen Hotels an der Westküste. Im Ambassador gab es klodeckelgroße Steaks, verschwiegene Angestellte und den besten Martini der Stadt. Der wurde im gefrorenen Martiniglas im Cocoanut Grove serviert. Der Spritzer Angostura war ausschlaggebend, auf den kam's an. Und gerührt werden mußte der Martini, nicht wie von sämtlichen Nichtskönnern der Stadt in silbrigglänzender Aluröhre totgeschüttelt. Die besten Bands spielten im Ambassador, die dicksten Herren dinierten im Cocoanut Grove, die teuersten Nutten markierten dort ihr Berufsterritorium mit einem feinen Hauch Chanel No. 5. Das Ambassador, das Trocadero, Mocambo und Ciro's: Da spielte die Musik in den Kriegs- und Nachkriegsjahren, und war auch das Essen im Brown Derby oder bei Musso & Franks beliebter, die besten Drinks, die neuesten Sounds und die tiefsten Ausschnitte waren in den »Big Four« der L. A. Night Clubs zu finden.

Bobby Troup heute: Sein Song »Get Your Kicks On Route 66«
wurde ebenso zur Legende wie die Straße selbst.

Bobby und Cynthia schauten sich schnell in der Filmhaupt-
stadt um und kamen zu dem Ergebnis, daß hier alles so wie
zu Hause lief. Man war also auf bekanntem Parkett. Nun
suchte Bobby den Nat »King« Cole, denn er wollte dem Jazz-
pianisten einige Neukompositionen vorspielen. Er fand
ihn im Trocadero. Das *Nat »King« Cole Trio* war so beliebt,
daß eines der dunklen Trocadero-Nebenzimmer nach dem
Schwarzen benannt war – The Nat King Cole Room.

Bobby stieg auf die kniehohe Empore, und er war vor den
Augen seines Idols Nat Cole so nervös, daß er prompt von
der Empore herunterpurzelte, als er den Klavierstuhl her-
anzog. Fing ja gut an. Doch Cole war in aufgeräumter Stimmung, und Bobby griff endlich in die Tasten. Er spielte
»Baby, Baby, All The Time«, weil »Cole ein schärferes ›Baby‹
singen konnte als jeder andere Sänger in Amerika« – und
Nat war ganz hingerissen. Er wollte gar nichts anderes
mehr hören, sagt Bobby. »Immer nur Baby, Baby, und ich
dachte, shit, wie bringe ich nun mein anderes Zeug an?«
Doch dann erzählte der Komponist in seinem Eifer, daß er
auf dem Highway nach Kalifornien ein halbes Lied geschrieben habe, und Nat wollte es hören. Bobby spielte die
erste Strophe von »Route 66« – und Nat King Cole war völlig von den Socken. »Er setzte sich sofort neben mich, und
wir spielten die einzige Strophe, die ich hatte, vierhändig.
Immer wieder. Er sagte, er ginge in der nächsten Woche
ins CBS-Studio und wolle den Song aufnehmen. Ich sollte
mich trollen und ihn fertigschreiben.«

Das tat Bobby Troup. Eine Straßenkarte und ein Klavier brauchte er, fuhr mit dem Finger die Strecke noch
mal ab und reimte »Saint Louie« mit »Joplin, Missouri«
und »Oklahoma City« mit »looks mighty pretty«. Die Reihenfolge der Städte entlang der Route stimmte sogar – bis
auf eine Ausnahme. »Winona. Das liegt vor Flagstaff, Arizona. Sonst stimmt's genau.«

Am 16. März 1946 nahm Nat Cole den Song auf, machte
ihn zum Riesen-Hit und war der erste von unzähligen Musikern, die sich an dem poppigen Song versuchten.
Nat und Natalie Cole, die *Stones, Cramps, Asleep at the
Wheel*, Mel Torme, Charles Brown, Perry Como. Rockabilly-

Schmalzlocke Brian Setzer, die *Harry James Band*, Akkordeonwunder Buckwheat Zydeco, Rocker Tom Petty. Die *Four Freshmen* sangen Harmonie, Michael Martin Murphey vercowboyte den Song, die *Manhattan Transfer* bigbändelten einschläfernd. Wie der geniale Garagen-Trash-Rocksong »Louie, Louie« des Anfang 1997 verstorbenen Richard Berry ist »Route 66« ein Lied ohne Grenzen. Es wird gejodelt, gepfiffen, gestrichen und gezupft. Man kann es zum Dance Hit nach Art der *Rose TC* machen, kann es wie der Komponist selbst als klassisches Jazzstück – Piano, Gitarre, Baß, Bürste – spielen, und sollte sich vielleicht doch einmal die knallharte Country-Version von Jimmy La Fave oder Mary Cutrufello antun.

Bobby Troup hat mit seiner Erkundungsreise nach L. A. den richtigen Karriere- und Lebensschritt getan. Er schrieb weit über 100 Songs, jede Menge Fernsehmelodien, brachte im Laufe seiner 50jährigen Karriere 14 Alben heraus, spielte Rollen im Film und im Fernsehen, moderierte seine unglaublich beliebte »Stars-of-Jazz«-TV-Serie – und heiratete nach der Scheidung von Cynthia, die eine lebenslange Freundin blieb, die verführerische Julie London. Die rothaarige Jazzsängerin legte 1955 ein knallheißes »Cry Me A River« hin, sang »Misty« für ihn, wurde wegen ihres Auftritts im Little-Richard-Filmspektakel »The Girl Can't Help It« pomadisierten Halbstarken ein Begriff (übrigens stammt der Titelsong auch aus Bobbys Feder) und spielte lange Jahre eine Krankenschwester in der Fernsehserie »Emergency«.

Die Troups leben seit über 30 Jahren im gleichen Haus in den Hügeln Hollywoods:«the house Route 66 built« – das Haus, das die Route 66 baute. Frau London hatte im Sommer 1996 einen warnenden Schlaganfall, doch sie bleibt das Idol einer Generation. Bobby Troup, der zum Überkomponisten wurde, sieht nach guterhaltenen 60 aus und geht stark auf die 80 zu. »Ach, Scheiße«, winkt er ab. »It's a pain in the ass«, sagt er und grinst dabei.

Die vier großen Boulevards laufen parallel durch die Stadt: Hollywood, Sunset, Santa Monica und Wilshire. Hollywood Boulevard hat seine ehemals stolze Filmmeile zwischen Argyle Avenue und Laurel Canyon Road, Sunset die Musikmeilen zwischen den CBS-Studios und dem Hollywood Palladium an der Gower Street und Laurel Canyon. Mittendrin sind nicht nur die Hauptquartiere einiger Labels, sondern auch das »Guitar Center of the World«. Rund um die Kreuzung Sunset Boulevard und North Gardner Street haben sich nach letzter Zählung 16 auf Gitarren spezialisierte Musikgeschäfte breitgemacht, mehr als auf der berühmten 48. Straße in New York. Von der Lehranstalt über Reparaturläden, Guitar-Discounts bis hin zum Einzelanfertiger findet sich alles. Und sie leben prächtig, was viel über die Kultur des Sunset Boulevards aussagt.

Am Laurel Canyon, wo links der halbrunde Virgin Megastore steht, beginnt der Sunset Strip. Alte und neue Nachtklubs und Musikkneipen suhlen sich hier im uralten Glanz der *Doors*-Sixties und der Van-Halen-Siebziger, als jeder unterbezahlte Act hier Musikgeschichte machte. Ab Doheny wird der Sunset Boulevard doppelt so breit wie vorher, hat einen gepflegten, grasbewachsenen Mittelstreifen und ist eine der Hauptstraßen von Beverly Hills. Danach geht's, teuer bleibend, durch Bel Air und Westwood, am Campus der University of California at Los Angeles vorbei und durch Brentwood und die Exilantenkolonie Pacific Palisades (unter anderen warteten Bertolt Brecht, Lion Feuchtwanger, Hanns Eisler, Max Horkheimer und Thomas Mann hier die tausend Jahre ab, die der deutschen Kultur heute noch zu schaffen machen) direkt auf den Pazifik zu; die letzten Kilometer bergab, und wenn man die Strecke bei Sonnenuntergang erstmals fährt, gehört die Fahrt zu den Lebenshöhepunkten.

Santa Monica Boulevard ist gegen seine beiden abgehobenen nördlichen Kollegen ein einfaches Sträßchen. Bei Barney's Beanery bekommt der Boulevard zwar auch einen Mittelstreifen, aber nur, weil da früher die Straßenbahnschienen verliefen. Das pinkfarbene West Hollywood geht unvermittelt in Beverly Hills und West L. A. über. Der Santa

Die beiden Enden der Route 66 – für Romantiker ist's die Pier von Santa Monica (oben), für Realisten die Zahnarztpraxis von Dr. Beauchamp.

Monica Boulevard taucht in die Strandvorstadt ein, die ihm seinen Namen gab, und stößt sechs Straßenzüge vor seinem Ende auf den Lincoln Boulevard. Jetzt hat der Mensch zwei Möglichkeiten: Der Romantiker fährt die sechs Blocks weiter, bis er auf den Ocean Boulevard stößt. Direkt gegenüber ist der Palisades Park, und dort steht ein Bronzeschild, auf dem das hiesige Ende der Route 66, auch Will Rogers Highway genannt, verkündet wird. Das ist ein passender Abschluß einer solch romantischen, langen Reise. Der Rundumblick aufs Meer, auf die Vergnügungspier direkt vor einem und den Santa Monica Boulevard hinter einem ist einfach umwerfend. Ein Bilderbuchabschluß.

Der Realist dagegen will immer alles ungeschminkt. Die Wahrheit mag schmerzen, aber gelobt sei, was hart macht. Der biegt also links auf den Lincoln Boulevard ab und fährt etwa drei Straßenzüge weiter, bis er zu einem riesigen Werbeschild mit einem watschelnden Pinguin und der Aufschrift »Dr. Beauchamp Credit Dentist« kommt. Da ist er an der Ecke Lincoln und Olympic Boulevard. Dort, beim kreditgewährenden Reklamezahnarzt, ist das tatsächliche Ende des Traumhighways. Fährt man an der Pinguinampel rechts ab, hat man schon die Mother Road hinter sich. So schnell kann das gehen.

Got your kicks on Route 66?

Von allen Filmen, Büchern und Handelskammerbroschü-
ren traf Bobby Troup mit seinem Song die Stimmung der
Straße am genauesten. Ungeachtet aller wirtschaftlicher
Not, Kriege und gesellschaftlicher Umstrukturierung war
die Route 66 schon immer ein gewaltiger Fluchtweg, eine
Straße, deren Namen allein Freiheit signalisierte. Was
die Eisenbahn zu Beginn des Jahrhunderts versprach –
unbegrenztes Reisen für jedermann – hielt erst die Überlandstraße. Auf ihr konnte jeder, arm oder reich, seiner
persönlichen Hoffnung nachfahren. Der erste echte Volks-
Wagen, das Modell T von Henry Ford, befreite Amerikaner und ließ sie erstmals an der Welt hinter den Bergen
teilhaben. Die durch den Automobilbau nötig gewordenen
Straßen (deren Bau sich die Detroiter Industriellen Millionen an politischen »Spenden« kosten ließen) vereinten
die Regionen, wie es die Bahn niemals konnte.

In der ersten Zeithälfte ihres offiziellen Bestehens führte
die Route 66 die Reisenden direkt in die Hoffnung. Mit jeder Meile Richtung Westen wuchs die Hoffnung – auf ein
neues Leben, auf einen neuen Job, auf mehr persönliche
Freiheit, auf regelmäßige Mahlzeiten und eine gute Schul-
bildung für die Kinder, damit die es wenigstens besser haben würden. Dieser oft aus bitterster Not geborene amerikanische Optimismus wurde auch nach der Ankunft im
Westen beibehalten; meist war es auch besser dort, in Arizona oder Kalifornien, wo die Sonne immer schien und
sich die Täler, die Ebenen und die Städte erst langsam füll-
ten. Es gab – und gibt – auch einen ganz handfesten
Grund für den Optimismus: Wer am Pazifik ankommt, hat

den Kontinent schon hinter sich. Wenn's hier, an der harten Westkante Amerikas, nicht klappt, dann klappt's nirgends.

In der zweiten Phase ihres Daseins wurde die Route 66 zunehmend zum Erlebnishighway. Der clevere Mäusegott und Immobilienspekulant Walt Disney baute 1955 auf 80 Hektar kalifornischer Orangenhaine eine Comiclandschaft, sein Mickeyreich Disneyland. Chicago war seine Heimatstadt, und er mußte – wie unzählige andere vor und nach ihm – nach Hollywood kommen, damit sich sein Traum erfüllte. Der zeitlebens kinderlose Junggeselle Walter Elias Disney schuf Disneyland, weil er wußte, daß auf Amerika eine Reisewelle zukam. Bislang hatten Amerikaner ihren Aufenthaltsort gewechselt, weil sich ihre Lebensumstände dadurch bessern sollten; jetzt taten sie es auch, um den Rest des Landes kennenzulernen. Der bezahlte Urlaub wurde allgemein eingeführt, und anstatt die Arbeitgeber in die Pleite zu treiben, förderte die unerhörte soziale Errungenschaft sogar die Wirtschaft ländlicher Gebiete. Das Zeitalter der Vergnügungsreise begann also, und die Route 66 erwies sich als ideale Urlaubsstrecke. Sie führt durch Schönwettergebiete, ist die flachste Strecke von Osten nach Westen, und ihre Landschaft ist so reizvoll, daß die Fahrt schon zum Ziel wird.

Seit Oktober 1984 gibt es die Route 66 nicht mehr, seit Bobby in Williams, Arizona, seinem eigenen Song den Todesstoß geben sollte. Sie sollte künftig nur noch Zubringer zum breiten Interstate Highway sein, sollte langsam bröckeln, alt werden, sollte unbemerkt wie eine überholte, nichtsnutzige Lebedame in der Erde verschwinden. Daß sie es nicht tat, liegt am Ruf, den sie sich in ihren vielen Berufsjahren erwarb. Sie liebt das Vergnügen, und sie hat das Herz am rechten Fleck. Die Route 66 hat sich – dank Romantikern aus aller Welt, denn welcher ihrer Fans wäre kein Romantiker? – auf ewig etabliert. Sie symbolisiert Amerika. Sie ist Amerika.

Sie endet also doch am Pazifik.

Restaurants, Musikkneipen, Veranstaltungsorte und andere gute Tips

Wohin am Abend? Wo essen? Wo sind die Musikkneipen, die ein Fremder so schnell nicht findet? Die nachfolgende Zusammenstellung mag helfen, den dringenden Bedarf an entsprechenden Etablissements zu befriedigen. Außerdem macht's Spaß, in einen Rockschuppen reinzuwandern, gut zu essen und ausreichend zu trinken und die Quittung kaltlächelnd der Steuer vorzulegen. Aus solchen Lappalien strickt sich ein erfülltes Autorenleben.

ILLINOIS

Chicago

Essen & Trinken:

Zuviel Auswahl in Chicago; wozu hier Restaurants aufführen? Also suchen wir nur die In-Kneipen auf. Manche mit Küche.
Beginnen wir im »Loop«, dem Innenstadtring (wo auch die Route 66 beginnt).
House of Blues, 300 North State, (312) 527–2583. Neu! Riesig! Food & Drink! 1500 Konzertplätze, 400 Hotelzimmer! Neue Nachtklubkette des Hard-Rock-Gründers Isaac Tigrett.
McDonald's, 600 N. Clark, (312) 664–7940. Nicht lachen! Der Laden ist das reine Rockmuseum.
Ed Debevic's faux Fifties Diner, 640 North Wells Street. Einfach hinfahren und vom Meatloaf kosten. Dazu ein Glas Milch. Hmmm. Very amerikanisch.
Die Gegend wimmelt vor Planet Hollywoods, Hard Rock Cafés, Al Capone's etc. Lauter heimelige Multis.

Hören & Trinken:

Buddy Guy's Legends, 754 South Wabash Street (hinterm Hilton), (312) 427–0333.
Chicago ist Blues, und Buddy Guy ist der beste Chicagoblueser, der zur Zeit herumläuft. Wenn er nicht gerade mit Clapton auf einer Bühne steht, kann man Buddy sehr wohl in seinem eigenen Laden spielen hören. Spitzenblues ist garantiert. Das kann man bei den Preisen auch erwarten. Anrufen und einen Tisch reservieren.

B. L. U. E. S., 2519 Halsted Street, (312) 528–1012. Uralter Traditionsklub. S. P. I. T. Z. E.

Kingston Mines, 2548 Halsted Street, (312) 477- 4646. Stinkvornehm. Nicht die Bude, die Gäste. Angefangen von Mick über Bob bis zu David. Ja, die. Alles rockt in dieser Bude, und wem's zu voll wird, der kann ja über die Straße zum B. L. U. E. S.

Red Dog, 1958 W. North Avenue, (312) 278- 1009. Jazzige Stimmung, aber auch harter Rust Belt Funk. Die Gegend bringt's; Wicker Park ist seit den Mittneunzigern die hippe Szene; viele gute Nachtklubs, Kneipen und Plattenläden auf engstem Raum etwa zwei Meilen nordwestlich des Loop. Rock pur gibt's im

Double Door, 1572 N.Milwaukee Avenue, (312) 489- 3160. Hier haben die *Smashing Pumpkins* der Welt »Mellon-Collie« vorgestellt. Und weil *Wilco*, Amerikas zweitbeste Band, hier zu Hause ist, kann man deren Countryrock-Cowpunkballaden manchmal hier hören.

Metro, 3730 N. Clark Street, (312) 549–0203. Schuppen, Lagerhalle – das war's, ehe die Rocker einzogen. Könnte in NY oder L. A. sein, der Laden. Ganz scharfe Konzerte für 1 100 Dichtgedrängte.

Konzerthallen & Stadien:

Aragon Ballroom, 1106 W. Lawrence Avenue, (312) 561–9500. Ich war nie da, aber Country Joe McDonald schwärmt mir immer noch von der Superhalle vor. 4 500 Leute gehen rein, und bitte keinen Kaugummi an das spanische Dorf kleben, das auf die Innenwände aufgemalt ist. Übrigens: der Eintrittskartendealer **Ticketmaster** hat in Chicago die Nummer (312) 559–1950.

Arie Crown Theater, 2300 South Lake Shore Drive, (312) 791–6516. Auch über 4 000 Plätze. Wer ortskundige Freunde hat, sollte mit denen hin.

Chicago Theatre, 175 North State Street, (312) 263–1138. Guter Ort, eine Show zu sehen, sei's Rock, Pop oder 3 612 wild tanzende Polkafans.

Radio & Stadtzeitungen:

WUIC 89.7 FM University of Illinois. Eklektischer Unisender. Immer empfehlenswert, bis irgendein Kind derart näselt, daß man auf die Konkurrenz umschaltet, und das wäre

WUOI 88.9 Illinois Institute of Technology. Ist schon toll, Leute zu hören, die Musik wirklich mögen.

WXRT 93.1 sendet seit einem Vierteljahrhundert Rock. Neuen, alten, sogar ins Bluesige und Jazzige geht's. Die Grateful Dead Hour ist ein wöchentliches Feature, Big Beat Radio gibt's. Wenn Kommerzfunk, dann hier.

WJMK 104.3 Chicagos Oldies Station. Und 'ne gute ist es, mit einer ordentlichen Playlist und Jocks, die Ahnung haben.

NewCity – Chicagos große, kostenlose Wochenzeitung. Da ist alles drin: Konzerte, Auftritte, Kino, alles. Echt gut, dick wie sie ist. Nettes Mitbringsel für Geizhälse.

Bloomington

Bloomington Family Restaurant, West Market Street, (309) 827–4679. Gutbürgerlich, wie ganz Bloomington. Am Sonntag kommen die Gäste noch in speckigen schwarzen Anzügen.

McLean

Dixie Trucker's Home, an der I-55 und Route 66. Jede Menge parkende LKWs vor Truck Stops sind immer ein Zeichen, daß man gut, viel und billig zu essen bekommt. Echte Truck Stops machen nie dicht, in der Küche wird rund um die Uhr geklappert, und sie beschäftigen mindestens eine kaugummikauende Serviceveteranin namens Mabel, die jeden Gast Honey nennt.

Lincoln

Mill Restaurant, 738 Washington. In der Stadtmitte; holländisch-amerikanische Karte, seit 60 Jahren ist die Küche offen.

Springfield

The Cozy Dog Drive In, 2935 South 6th Street, direkt an der Route 66, (217) 525–1992. Die hier erfundene Spezialität ist ein Würstchen, aufgespießt und in einer dicken Maismehlpanade gewälzt, dann in siedendes Öl gesteckt. Nach Genuss der Speise wird das manch einer mit dem Erfinder tun wollen.

Konzerthallen & Stadien:

Sangamon Auditorium, Campus der University of Illinois, Springfield, (217) 786–6160. Oft gibt's on campus gute Musik zu sehen und hören. Sämtliche amerikanische Unis präsentieren viel neue Musik, oft Weltmusik, die für kommerzielle Bühnen zu riskant ist.

Litchfield

Ariston Café, Route 66 in der Dorfmitte. Ordentliche Küche, nette Umgebung – für Illinois.

MISSOURI

St. Louis

Essen & Trinken:

Tony's, 410 Market Street, (314) 231–7007. Die Familie Bommarito Junior und Senior führt das beste Restaurant St.Louis'. Teuer, aber gut. Anruf empfiehlt sich.

Sunshine Inn, 8 1/2 South Euclid Avenue, (314) 367–1413. Ja, die Hausnummer ist achteinhalb. Und anrufen ist auch eine gute Idee, denn das Sunshine ist das beste vegetarische Restaurant der Stadt, und es hat seltsame Öffnungszeiten. Aber feine Sachen zu futtern. Als Kalifornier schätzt man sowas.

Annie Gunn's, 16806 Chesterfield Airport Road, (314) 532–7684. Thomas Sehnert bereitet Geräuchertes zu wie sonst niemand in St. Louis: Schinken, Fisch, riesige Steaks, Kartoffeln. Dagegen hat nouvelle cuisine keine Chance. Und preiswert ist es auch.

McDonald's, Riverfront. Die genaue Anschrift ist: Raddampfer, im Mississippi, direkt vorm »Arch« vertäut. Ja, ja, ich weiß, aber es ist wirklich ein Erlebnis. Und der letzte McDonald's, den ich aufführe.

Ted Drewes Frozen Custard, 6726 Chippewa Street, südlich der Innenstadt, Teil der Route-66-Stadtdurchfahrt. Was der Dollar für den Mister ist Gelati für Turista. Deshalb hat er auch von Dezember bis März dicht.

Hören & Trinken:

Broadway Oyster Bar, 736 South Broadway, (314) 621–8811.
Täglich bluesige Musik, gute Drinks.

St. Louis Brewery Tap Room, 2100 Locust, (314) 241-BEER.
»Brewery« ist Brauerei, »Tap« ist Ausschank. Aha! Am Wochenende Live-Musik.Und das mit den Telefonnummern ist so: Ami-
telefone haben unter den Zahlen 2 bis 9 jeweils drei Buchstaben,
und mit denen kann man clevere Telefonnummern ausbaldo-
wern. So hat der Brauer die Nummer 241–2337. Das gibt dann
241-BEER. Capiche? Könnte aber auch 241 – CEFP heißen. Das
ist so, weil früher (bis etwa in die 60er Jahre) Telefonnummern
eine Kombination aus Wort und Nummer waren, damit man sie
sich einfacher merken konnte.

Side Door Music Club, 2005 Locust, (314) 231–3666. Superschik-
ker Laden direkt bei der Brauerei, der in einer Woche Jonathan
Richman und Cibo Matto dahatte. Besser vorbestellen, weil hinter dem 250. Gast die Tür zugeht.

Kennedy's 2nd Street Co., 612 North 2nd Street (314) 421–3655.
Gute Atmosphäre, täglich wechselnde Band, zentral gelegen.

Mississippi Nights, 914 North 1st Street, (314) 421–3853. *Soul
Coughing*, und Matthew Sweet am Abend darauf? Nicht schlecht,
was? Tausend zahlende Gäste passen rein, aber oft sind's noch
mehr.

Konzerthallen & Stadien:

American Theatre, 416 North 9th Street. (314) 298–9944. Nette
Konzertatmosphäre; 1 700 Sitzplätze (was ja immer bedeutet,
daß man auch von den billigen Plätzen etwas sieht).

Busch Stadium, 300 Stadium Plaza, (341) 241–3900. Intimsta-
dion für 55 000 Fans. Hat man die billigen Plätze erwischt, sollte
man sich mit einem Fernglas ausrüsten.

Fabulous Fox Theater, 527 North Grand Boulevard, (314)
534–1678. Wer den Chuck-Berry-Streifen »Hail, Hail, Rock'n'
Roll« gesehen hat, kennt das Fox. Chuck mit Keith Richards,
Etta James und Robert Cray auf der Bühne. Ganz starker Laden, superkitschig: Gold und Purpur. 5 000 Fans stampfen.

Radio & Stadtzeitungen:

KWMU 90.7 University-of-Missouri-Sender und lokaler National-
Public-Radio-Partner. Anspruchsvoll, keine Werbung. Jazz und
viel »ääähhh« und »hmmm«.

KWUR 90.3 Auch Uni, aber locker. Spitzenprogramm, von Reggae, Ska, Dance, Ambient & Jungle über Jesus Music, HipHop, Space Rock bis zum Folk, Bluegrass und Swing.

KSHE 95 Format-Rocker. Die mit der knödeligen Tiefstimme werden im Gewerbe »Puker« genannt, was »Kotzer« heißt, weil der faux Baß aus zusammengeschnürtem Hals und einem hart schiebenden Zwerchfell kommt.

KMJM 108 ist Black Music, HipHop, gemixt mit Gewinnspielchen. M-O-N-E-Y buchstabiert der Molch am Morgen schreiend, und der ganze Sender nennt sich Majic. How nice.

Riverfront Times. Wochenzeitung, kostenlos, kompletter Entertainmentteil, mit guten Beiträgen und umsonst an der Straßenecke zu haben.

Pacific

Red Cedar Inn, Historic Route 66, etwa eine Meile westlich von Pacific. Von der I-40 bei Pacific abfahren, im Dorf rechts halten. Route-66-Traditionsrestaurant mit guter Küche.

St. Clair

Lewis Café, 145 South Main Street, (314) 629–9975. Prima Frühstück, guter Mittagstisch im winzigen Familienbetrieb auf dem Land. St. Clair ist die typische Missouri-Kleinstadt.

Lebanon

Wer gerade zufällig einen guten Gebrauchtwagen kaufen will, ist hier richtig. Wer billig und gut übernachten will, auch. Das **Munger Moss Motel** ist ein elend langer alter Kasten, stammt vermutlich aus den Fünfzigern und sieht immer noch so aus. Spottbillig, freundlich, und die Angestellte Mary Hooper zeigt dem Gast gern die vielen Route-66-Kitschartikel, mit denen die gesamte Anmeldung vollgestopft ist. Alles ist zu verkaufen. Eine Souvenirhölle ersten Ranges. Unbedingt zu empfehlen. 236 E.Seminole (City Route 66 East), (417) 532–3111.

Conway

Red Barn, Conway, (417) 589–2815. Charles und Retha Godwin veranstalten auf ihrem Grundstück die Tanzabende, bei denen die ganze Nachbarschaft zusammenkommt. Wer sie anruft, bekommt genaue Auskunft, wie man am besten zu den Godwins fährt.

Springfield

Aunt Martha's Pancake House, Glenstone Avenue. Tante Martha macht einfach die besten Pancakes. Riesige Auswahl, und die gewaltigen Steaks, die sie mit Beilagen für acht Dollar verkauft, sind auch nicht schlecht. Mein Rat: Wenn Springfield, dann Aunt Martha's.

Denney's Harley-Davidson of Springfield, 3980 W.Sunshine, (417) 882–0100. Von der neuen Maschine über Leder, Ersatzteile, Zubehör und T-Shirts hat Denney's alles. Nicht weit von der I-65, Sunshine Abfahrt.

Branson

In jeder Beziehung besonders: die Country-Hauptstadt, das Las Vegas des Kleinen Mannes. Und weil die Konkurrenz um die Ruheständler derart tobt, bieten Einkaufsmalls, Hotels und Restaurants fabelhafte Gelegenheiten. All-you-can-eat-Büffet für weniger als zehn Dollar? Jede Menge. Ein festliches (na ja) Abendessen auf einem Schiff, mit Blick über den See? Ab 12.99 Dollar plus Steuer und Bedienung. Über 50 Theater bieten täglich Konzerte; unmöglich, auch nur eine Auswahl zu beginnnen. Deshalb mein Rat: In Branson oder schon vorher im Buchhandel »Branson: The Official Guide« kaufen. Und immer die besten Läden kennen. Hier sind vier zur Auswahl:

Branson Café, 120 W. Main Street, Old Town Branson, (417) 334–3021. Ältestes Restaurant im einstigen Ozarks-Erholungsort Branson. Immer noch die Nummer Eins für »down-home-cooking«. Ab 1.50 Dollar gibt's zu futtern.

Sadie's Sideboard, 2840 W. Route 76, (417) 334–3619. Mittendrin im »Strip«, wo ein Theater am anderen steht, liegt Sadie's. Über 20 verschiedene Gerichte stehen auf dem All-you-can-eat-Büffet: Huhn, Fleisch, Scampi. Im Frühjahr 1997 kostete das neun Dollar.

Lone Star Steakhouse, 201 Wildwood Drive, (417) 336–5030. Ein Schuppen mit Sägespänen auf dem Fußboden, und alles voller Erdnußschalen, weil die Bedienung zum Bier einen Eimer Erdnüsse bringt. Und dann die Steaks! Die Dinger schafft keiner! Besonderer Tip: Texas Tumbleweeds dazuessen (eine riesige, blumenhaft aufgeschnittene, frittierte Zwiebel). Die Jeans werden versaut, die Figur auch, aber es schmeckt.

Dimitri's, 500 E. Main Street, (417) 334–0888. Zwei Restaurants in einem: griechisch-volksnah und amerikanisch-damastgedeckt.

Direkt am Lake Taneycomo. Das ist das Branson-Ufer eines riesigen Seengebietes und Anglerparadieses, wo man sich sofort verlieren kann. Dimitri's ist seinen Preis wert; Essen, Service und Aussicht sind Klasse.

Carthage

Red Oak Café, Red Oak bei Carthage (auf Highway 96 von Springfield drei Meilen vor Carthage rechts abbiegen; hier hat ein Künstler aus alten, hergeschafften Gebäuden ein »echtes« Dorf seiner Jugend gebaut, das kaum bekannt ist.Weder Eintritt noch Disney-Atmosphäre). (417) 358–1110

KANSAS

Spring River Inn in Riverton oder **Murphys Restaurant** in Baxter Springs sind immer wieder genannte Route-66-Restaurants. Da man in nur 13 Minuten durch Kansas durch ist, mag das reichen.

OKLAHOMA

Quapaw

Spooklight, an der Devil's Promenade. Ganz klar, daß diese fast britische übernatürliche Erscheinung in dieser Aufstellung erscheint. Allerdings sollte es dunkel sein, und will jemand bei Dunkelheit auf einem Feldweg am Fluß in Oklahoma herumgeistern?

Miami

Be-Bop Diner, auf der rechten Seite der Main Street.

Vinita

Little Cabin Pecan Company, 441833 E. Highway 60 (die umbenannte alte Route 66), (918) 256–2218. Anhalten und die Pecannuß probieren – besser als hier geht's nicht. Don und Michel Gray wissen alles über eine der besten Nüsse der Welt. Jede Menge Souvenirs.

Foyil

Totem Pole Garden, vier Meilen östlich Foyils, per Highway 28 zu erreichen. Da hat einer riesige Totempfähle aus Beton gegossen, die 40 Jahre vergammelten, jetzt wieder aufgemotzt wurden und nun Kunst in der Prärie verdeutlichen sollen.

Claremore

Ist Amerikanern als Geburtsort des allseits verehrten Will Rogers bekannt. Den kennt in Europa keiner, aber dafür können Amis mit Karl Valentin nix anfangen. Hier findet ein
Claremont State Pow Wow and Stomp Dance statt. Meist Mitte Mai. Da tanzen die Indianer; nicht für die Touristen, sondern weil das seit Urzeiten so gemacht wird. Von überallher kommen sie. Ganz stark. Tel.: (918) 341–2818 für Auskunft. Und wer sich informieren will, was wann wo in Oklahoma stattfindet, der wende sich an **Oklahoma Travel and Tourism Division**, 15 N. Robinson, Suite 801, Oklahoma City, OK 73102, Fax: (405) 521–3992. Die Indianerbroschüren heißen »Oklahoma Pow Wows« und »American Indian Events«.

Tulsa

Essen & Trinken:

Metro Diner, 3001 E. 11th Street. Immer hinein, denn der Diner liegt zentral, ist einigermaßen hübsch, mit knalligem Neon und einer passablen Speisekarte.
Sonic Drive-In, 51st Street und Yale Street. Burgerkette im 50er-Look mit ordentlichem Fast food.
Jason's Deli, 1330 E. 15th Street, (918) 599–7777. Sandwich- und Bagelladen, aber mit gepflegtem Angebot und herrlichem Blick über Tulsa.
Ti Amo, 8151 E. 21st Street, (918) 665–1939. Auf der Eastside Tulsas liegt Ti Amo, bietet eine ausgezeichnete italienische Küche und wird seit Jahrzehnten von den Tulsanern – Cowboys, Ölfritzen und Gottesmännern gleichermaßen – in den Himmel gehoben.
Joseph's Steakhouse and Seafood, 4848 S. Yale, (918) 493–5888. Hübsches Neondecor, gute Gegend, exzellenter Service, tolle Steaks, und wer hier in der Halbwüste Fisch ißt, dem wird's wohl auch schmecken. Joseph ist Libanese, daher Hummus und Baklava auf der Karte. Kleine Preise, große Klasse.

Hören & Trinken:

71st Street Depot, 7110 S. Mingo, (918) 252–4185. Fast täglich eine Band oder ein Solist; alle Arten von Musik.

The Break Sports Bar & Grill, 4404 S. Peoria, (918) 745–2056. Jeden Tag Live-Musik.

Full Moon, 1525 E. 15th Street, (918) 583–6666. Auch wenn der Mond abnimmt, steigt hier die Stimmung. Täglich High Life in allen Räumen. Guter Laden, Spitzenrock.

Ikon, 606 S. Elgin, (918) 745–0551. Alternativklub, dessen 450 Gäste oft Bands genießen, die kurz darauf auf MTV spielen.

Konzerthallen & Stadien:

Cain's Ballroom, 423 North Main, (918) 584–2306. »Sie haben beide Arten von Musik: Country und Western.« Der billige Gag aus den »Blues Brothers« stimmt nur noch bedingt; seit sich Country und Rock nur noch schwer auseinanderhalten lassen, gibt's bei Cain's wirklich beide Arten. Der Traditionsschuppen, der schon bessere Jahre gesehen hat, ist trotzdem ein bombiger Ballroom. Backstage spukt der swingende *Texas Playboy* Bob Wills.

Tulsa ist eine Stadt, die viel zu viele Stadien bietet. Vom **Expo Square Pavilion** über den **Mohawk Park** bis zur **Convention Center Arena** und der christlichen, Oral-Roberts-University-eigenen **Mabee Center Arena** hat Tulsa die Megawahl. Daher an dieser Stelle nur noch zwei Empfehlungen:

Brady Theatre, 105 West Brady, (918) 582–7239. Sitzplätze für 2 719 Gäste, was von der Kapazität her große Namen garantiert.

River Park Amphitheater, 2100 South Jackson (918) 582–2001.

Radio & Stadtzeitungen:

KHTS 106.9 Kay-Hits. Jocks, dieeinverblüffendschnellesenglischschreienkönnen.

KRAV 96, auch als Mix 96 bekannt. Hübsches Gemisch von Journey, Eric Clapton und Alanis. Best of the 80's and 90's.

KWGS 89.5 University of Oklahoma. Richtig gutes Zeug, aber fast nur Info.

KMYZ 104.5 Modern Rock.

Die übrigen Radioinhalte Tulsas scheinen sich um Pferde, Trucks und Besäufnisse zu drehen.

Urban Tulsa heißt das erstklassig gemachte Wochenmagazin, das trotz des im Titel bekanntgemachten Anspruchs die Kaffs Ostoklahomas kulturell mitbedient.

... und sonst?

In Tulsa führen alle (gut beschilderten) Wege ins **Thomas Gilcrease Institute**. Der Bauernlümmel fand Erdöl neben seinem Schweinestall und sorgte fürderhin für angemessene Würdigung indianischer Volks- und amerikanischer Westernkunst. Eine der bedeutendsten Sammlungen Amerikas ist auf dem alten Volltreffergelände zu besichtigen. Wer's mag ...

Stroud

Rock Café, 114 West Main Street, Stroud, OK 74079. (918) 968–3990, Fax: (918) 968–2337. Anschrift komplett, weil die Küche in Dawn und Christian Herrs Rock Café nicht nur mithalten kann, sondern wahrscheinlich die meisten Road Houses am Highway übertrifft. Und weil sich der gebürtige Appenzeller sicher über einen kleinen Plausch freut. Nicht zu vergessen, daß hier **Route-66-Touren** angeboten werden! Per Leih-Harley oder klassischem Miet-Cadillac von Chicago nach L.A ... Also, Brief, Anruf oder Fax. Man spricht deutsch.

Arcadia

Bob's Bar-B-Que, an der Route im 320-Seelen-Dorf. Sagenhaftes, vollkarzinogiertes Rind- und Schweinefleisch, mit Huhn und Wurst als Beilage.
Im gleichen Dorf gibt's auch eine runde Scheune, die wohl kürzlich erst wieder aufgemöbelt wurde. Null Ahnung von runden Scheunen, aber diese soll angeblich eine sagenhafte Akustik haben.

Oklahoma City

Essen & Trinken:

Grateful Bean Café, Ecke North Walker und 10th Street, (405) 236–3503. Imponierend, weil's nett ist dort, weil's schmeckt und billig ist.
Applewood's, 4301 S. W. 3rd Street, (405) 947–8484. Guter Laden, gutes Essen. Preiswerte Spezialität: Steaks, Apple Fritters.
The Cattlemen's Café, 1309 S. Agnew, (405) 236–0416. Steakpub seit 1910. Unbedingt empfehlenswert. Hier ist alles echt, selbst die Cowboys.
Bellini's Ristorante & Grill, 6305 Waterford Boulevard, (405)

848–1065. Beliebtes italienisches Restaurant, wo sich ganz OK-City trifft.

Cocina de Mino Restaurante Mexicano, 333 S. E. 29th Street, (405) 636–0035. Gute Qualität, preiswert. Obwohl ich mit mexikanischem Essen bis Texas oder, besser noch, New Mexico warten würde. Aber, bitte.

Piggy's. 303 E. Sheridan Avenue, (405) 232–3912. Typisches Oklahoma-Restaurant. Cholesterinbomben, fein angekohlt, dazu Bohnen. Ich bin riesiger Fan, besonders wenn noch undefinierbare rote Sauce drübergekippt wird. Abends gibt's Dixieland.

Essen & Hören:

Bricktown Brewery, 1 N. Oklahoma Avenue, (405) 232-BREW (232–2739). Der absolute, totale Hammer; 1 000 Leute passen rein, 9 000 tummeln sich auf dem Gelände. Immer Musik, oft große Namen.

O'Briens Piano Bar, 104 E. Sheridan Avenue, (405) 235–3434. Selber singen. Außer Karaoke läuft nicht viel.

In Cahoots, 2301 South Meridian, (405) 686–1191. Für 1 450 Leute zugelassen. Die fühlen sich wohl nur in der Masse wohl. Country-Western und Rock.

Radio & Stadtzeitungen:

KTST 101.9 »The Twister« nennt er sich, der Countrysender, und richtet sein Musikangebot an die breite Masse. Die liebt Country, weshalb denn Radio in Oklahoma City immer was mit Steel Guitar laufen hat.

KXY 96.1 Oklahomas best country, behauptet der Sender. Hat schon mal ein Sender zugegeben, nicht der Marktführer in irgendeiner Nische zu sein?

KJ 102.7 Poppige »Top Forty«; Sheryl, Merril, Toni, Gina und Amber hieß die Hälfte der beliebtesten zehn Künstler im Februar 1997. Die meisten Leihwagen haben Cassettenradios.

Oklahoma Gazette ist die alternative Wochenzeitung, deren Unterhaltungsteil – trotz Mangels an Auswahl – bestens informiert. Gutes Blatt, überall erhältlich.

Clinton

Pop Hicks Restaurant, 223 Gary Boulevard. Die machen nie zu, also kann der Reisende mitten in der Nacht etwas essen.

Jiggs Smokehouse steht westlich der Stadt, an der I-40, Abfahrt

62. Ein Bar-B-Que-Erlebnis erster Güte – wenn's aufhat. Wenn nicht, vertreibt man sich die Zeit am besten im

Route 66 Museum, 2229 W. Gary Boulevard, (405) 323–7866. Ein ausgezeichnetes, neuerrichtetes Museum mit einer einmaligen Road-Sammlung und sozio-historischer Entwicklungsgeschichte des Highways und des Landes, das er durchquerte. Im Sommer täglich geöffnet, im Winter am Montag Ruhetag. Unbedingt empfehlenswert.

TEXAS

Groom

Schiefer Wasserturm von Groom. Etwa eine Meile vor Groom, rechter Hand. Anhalten, Foto, weiter.

Amarillo

Essen & Trinken:

Big Texan Steak Ranch, 7701 I-40 East zwischen Eastern und Whitaker, (806) 372–6000.
Das Riesensteak in einer Stunde? Kaum jemand schafft's, aber der Rest der Speisekarte ist für Normalverbraucher gedacht. Ganz ordentlich, auch ohne den Gag.
Los Insurgentes, 3521 W. 15th Street, (806) 353–5361. Original Tex-Mex-Küche, und eine ausgezeichnete dazu.
Beans 'N Things, 1700 Amarillo Boulevard E. (östlich also), (806) 373–7383. Salate und andere Kleinigkeiten. Recht schmackhaft, sehr preiswert.

Hören & Trinken:

Midnight Rodeo Amarillo, 4400 South Georgia, (806) 358–9518. Das wär's. Zwar ist dieser Kasten texasgroß – 1 000 Leute gehen rein – aber er ist auch der einzige offizielle, musikbuchende Nachtklub, der trotz sorgfältigster Recherche zu finden war. Den **Civic Center Complex** mit 7 800 Sitzplätzen gibt's noch. Nicht jedermanns Sache, solche Massenveranstaltungen.

... und sonst?

Palo Duro Canyon, I-27 südlich, etwa 25 Meilen von Amarillo. Durchaus mit dem Grand Canyon vergleichbar. Den Ranger kann man hier erreichen: (806) 488–2227.

Cadillac Ranch, alte Route 66, am westlichen Stadtrand, Südseite der I-40. Man kann sie vom Interstate aus sehen. Links ist ein hoher, hellblauer Wasserturm, davor sieht man schon die Autos. An der Hope-Road-Ausfahrt abfahren, unter der Interstate-Brücke durch. Ein echtes Erlebnis; total poppige Kunst.

NEW MEXICO

Die Uhr eine Stunde zurückstellen. Mountain Time Zone beginnt an der Ostgrenze New Mexicos.

Tucumcari

Ein Motel am anderen, die ganze, endlose Hauptstraße hoch. Einige Restaurants, und alle sind zu empfehlen. Eine Wahnsinnskonkurrenz in dem Dorf.

Blue Swallow Motel, 815 E. Tucumcari Boulevard, (505) 461–9849. Zwei Betten für zehn Dollar. Der Ritterschlag kam für dieses Motel in der Form eines Artikels im *Smithsonian Magazine*. Die Hochglanz-Prestigejournaille meinte, das Blue Swallow sei eines der freundlichsten, besten alten Motels, dank seiner Besitzerin Lillian Redman.

Las Vegas, New Mexico

Sorry, aber es wird dauernd mit Glitzercity verwechselt.

Aranda's, 510 Douglas. (505) 454–9558. Spitzenrestaurant mit einer verblüffenden Speisekarte. Continental cuisine, also Penne al Forno und Lachs, Filet Mignon und gegrillter Früchtesalat.

Hillcrest Restaurant & Flamingo Dining Room, 1106 N. Grand, (505) 425–7211. Uralt American, unheimlich gut, echte Bar! Die alten Juke-Boxes im Coffee Shop haben auch Seltenheitswert.

Inn of Las Vegas. 2401 N. Grand, (505) 425–6707. Macht nie zu, richtiger Roadside Diner. Mit Schnapslizenz.

Santa Fe

Essen & Trinken:

El Farol, 808 Canyon Road, (505) 983–9912. Die Ausnahme – nicht »schick«, nicht »trendy«, nur richtig gut. Spanische Musik, netter Service und für Santa-Fe-Verhältnisse nicht teuer.

Rancho de Chimayo, Rancho de Chimayo County Road 98, (505) 351–4444. Kurze, hübsche Fahrt in den Außenbezirk zu diesem romantischen Restaurant mit new-mexikanischer Küche. International bekannt, erstaunlich preiswert.

The Shed, 113 1/2 E. Palace Avenue, (505) 982–9030. The Shed – der Schuppen. Genau. Sagenhaftes Essen für den kleinen Preis, immer voll, warten lohnt sich.

Hören & Trinken:

Club Alegria, Agua Fria und Siler Road, (505) 471–2324. Bekannte Bands, nette Stimmung (nix alegría), gute Lage. A night on the town mit 399 anderen Besuchern.

Alleinunterhalter schrammeln und klimpern in jeder besseren Bäckerei. Fast wie in Bad Pyrmont.

Konzerthallen & Stadien:

Paolo Soleri Amphitheatre, 1501 Cerrillos Road, (505) 989–6320. Auf dem Gelände der Indian School können hier 2 900 Glückliche eines der schönsten Freilufttheater der Welt genießen. Wen juckt's, wer gerade spielt?

Radio & Stadtzeitungen:

KUNM 89.9 University of New Mexico in Albuquerque. Spitzensender. Besser geht's fast nicht.

KIOT 102.5 Coyote Radio; das hört sich doch gut an, oder? Alternativ, was von John Lee Hooker über die *Dead* bis hin zu *Porno for Pyros* reicht.

Santa Fe Reporter: Umsonst, liegt überall aus. Ordentlich gemacht, guter Unterhaltungs- und Kulturkalender.

Santa Fe Sun: Die kleine Reporterkonkurrenz. Viel »angels, vibes, peace, psychic, ufo«.

Albuquerque

Essen & Trinken:

WICHTIG: Bei der Bestellung fragen die immer »red or green?«.
Gemeint sind natürlich die Chilis, die scharfen Paprikadinger. Es
gibt drei Möglichkeiten, wie immer: red, green oder Christmas.
Das ist dann rot und grün, die Antwort weist einen als Einheimischen oder gut Belesenen aus.

Lindy's Coffee Shop, Central Avenue, Ecke 5th Street. Das 66-
Restaurant schlechthin. Da stimmt einfach alles. West Central
Ave. in der Innenstadt ist die alte Route 66. Eine Meile vom Lindy's beginnt die historische Altstadt, eine Meile weiter fließt der
Rio Grande durch Albuquerque, viel altes Neon leuchtet und landestypische Wüstenarchitektur macht Albuquerque zu einem
guten Erlebnis.

Church Street Café, 2111 Church NW, Old Town, (505) 247–522.
New Mexican Cuisine und Bekanntes. Gut, preiswert, die Lage
stimmt.

El Bandido, 2720 Central SE, (505) 255–6946. Täglich 24 Stunden offen, der Bandido macht's auf Mexikanisch. Gute Küche,
manchmal etwas scharf.

Rudy's Country Store & Bar-B-Q, 2321 Carlisle NE. (505)
884–4000. Dieses Roadhouse nennt sich kokett »Der mieseste
Grill der Welt«. Das bringt einer nur, wenn er Spitze ist. Ist er.
Die Pappteller mögen nicht jedermanns Sache sein, aber sonst ...
Vom Rind über Schwein bis Truthahn, Hähnchen und Forelle
wird alles über Holzkohle gegrillt und nach Gewicht verkauft.

66 Diner, 1405 Central NE, (505) 247–1421. Neuer alter Diner mit
Milchmixgetränken und Hackfleischspezialitäten.

Hören & Trinken:

Cadillac Ranch, 9800 Montgomery Boulevard, (505) 298–2113.
Die Bude heißt nur so. Auf Country spezialisiert, hier können
640 Biertrinker auf einmal rülpsen.

Dingo Bar, 313 Gold Avenue SW. (505) 243–0663. Blues, Jazz,
Rock und Alternativ wird gebucht, und einen guten Ruf bei Musikern genießt der Laden. 300 Leute passen rein.

Golden West Saloon, 620 Central Avenue, (505) 270–2154. Gleiche Größe, gleiche Art Entertainment wie die Dingo Bar.

Kimo Theater, 423 Central Avenue NW. (505) 764–1572. Schönes
altes Theater, schräg gegenüber von Lindy's. Die buchen Qualität.

Midnight Rodeo, 4901 McLeod NE, (505) 888–0100. Schon wieder so'n Ketten-Nightclub! Genauso riesig wie alle Rodeos (2050 Plätze), bucht Country und Classic Rock.

Time Out, 618 Central Avenue SW, (505) 224–9441. Klein, alle Arten von Musik.

Konzerthallen & Stadien:

Albuquerque Convention Center, 401 2nd Street, NW, (505) 768–4505. Riesig. 9 000 plus 2 625 sehen dort die teuren Shows.

Tingley Coliseum, 300 San Pedro Boulevard, NE (505) 265–1791. Noch größer. 11 000 Plätze.

Radio & Stadtzeitungen:

Radio wie Santa Fe. Dazu kommt **KZRR** 94 Rock.

Weekly Alibi heißt die Alternativzeitung, ist natürlich umsonst und jeden Pfennig wert.

Acoma Pueblo

Sky City, Visitor Center, am Fuße des Tafelberges, (505) 252–1139. Elf Meilen vor Grants, 50 Meilen westlich von Albuquerque liegt Acoma Pueblo. Vom Visitor Center fährt der Bus hoch. Per Mittelwelle (530 AM) ist schon auf der Route 66 die Story der Pueblos zu hören.

Highway 53 El Morro National Monument, Visitor Center, (505) 783–4226.

Gallup

El Rancho Hotel & Restaurant, 1000 East Route 66, (505) 863–9311. Guterhaltener Uraltkasten mit exzellentem Restaurant.

ARIZONA

Holbrook

Joe & Aggie's Café, 120 W. Hopi, (520) 524–2364

Wigwam Motel, 700 W. Hopi, (520) 524–3048. An der Kreuzung rechts, am Route-66-Souvenirladen Julien's Roadrunner vorbei, linker Hand.

Julien's Roadrunner, 109 W. Hopi, (520) 524–2388
Rock Art Canyon Ranch, Gästeranch, (520) 524–1466 oder
1–800–524–2459. Übernachten oder überwintern.

Winslow

Standing on the Corner, 2nd und Kinsley Street. Klick. Auch
Eagles altern.

Flagstaff

Essen & Trinken:

Chili's Grill and Bar, 1500 South Milton Road, (520) 774–4546.
Preiswertes, nettes Flagstaff-Restaurant. Südwest-Menü, also
New Mexico ohne red or green?
Galaxy Diner, 931 W. Route 66, (520) 774–2466. Fifties Diner
sind eine sichere Investition, meinen Restaurantbesitzer. Hack-
fleisch ist billig, Cola fast geschenkt.
La Bellavia Restaurant, 18 South Beaver Street, (520)
774–8301. Bestes Frühstücksrestaurant der Stadt, sagen all-
jährlich die Bürger bei der Best-of-Wahl. Schwedische Pancakes
und amerikanische Portionen.
Main Street Bar & Grill, 14. S. San Francisco Street, (520)
774–1519. Preiswert und gut. Amerikanische Küche. Einheimische mögen's.

Hören & Trinken:

Flagstaff Brewing Company, 16 E. Route 66, (520) 773–1442.
Der Laden in Flagstaff. Einfach zu finden und einfach gut. Für
amerikanische Verhältnisse gibt's prima Bier.
Old Post Office Night Club, 106 S. San Francisco Street, (520)
214–9717. Immer was los. Montags dicht, bis Sonntag high life.

Radio:

Mir gefällt Radio Station **KAFF**. Echt. Aber nur wegen des Namens.

... und sonst?

Jede Menge los; wer nicht ins **Lowell Observatorium** will (Führung
13.30 Uhr täglich; freitags von 20 bis 22 Uhr kann durchs Teleskop

gepeilt werden. Tel.: (520) 774–2096), der sollte über den Grand Canyon fliegen.

Flagstaff Safe Fliers, Tel.: (520) 774–7858, Fax: (520) 774–6136 oder

Windwalker Air, Tel.: (520) 556–9972, Fax: (520) 779–0742

Williams

Essen & Trinken:

Old Smoky's Restaurant/Pancake House, Bill Williams Avenue (East Route 66), Ecke 3rd Street in der Stadtmitte. Spitzenladen; Familienbetrieb, klein, heimelig, billig, Frühstück gibt's auch jeden Tag.

Tiffany's Restaurant & Lube Room Lounge, 233 W. Route 66, (520) 635–2445. Trinken, futtern und dabei alte Tanksäulenaufsätze anstarren. Im Nostalgieklub, du-wah.

Rod's Steak House, 301 East Route 66, (520) 635–2671. Tradition; seit 1946 serviert die Familie Sanchez riesige Stücke Rind. Für den »down-home«-Appetit.

... und sonst?

Turquoise Tepee, 114 W. Route 66, Souvenirlandschaft mit Indianermitbringseln.

Pueblo Indian Gallery, 202 W. Route 66, (520) 635–4966. Gute Stücke, und billiger als in Los Angeles, wo Indianerschmuck, -teppiche und -töpferei Spitzenpreise bringen.

Grand Canyon Railway, Williams Depot, Tel.: (in den USA) 1–800–843–8724. 50 Dollar pro Kopf für den Tagesausflug an den 65 Meilen entfernten Südrand des Grand Canyon. Eine Dampflok und Pullman-Waggons aus den Zwanzigern mit Bar. Um 9.30 Uhr fährt er ab.

Seligman

Sno-Cap Drive-In und **Copper Cart** für den Snack. **Delgadillo's Barber Shop** – auf der linken Straßenseite wie das kunterbunte Sno-Cap – für die Rasur. Im **Black Cat Saloon** sind sie auf ihren gelegentlichen Gast Nicolas Cage stolz. That's all, folks!

Hackberry

Old Hackberry Store, der inzwischen auch als **International Bioregional Old Route 66 Visitor Center and Preservation Foundation** firmiert. P. O.Box 46, Hackberry, AZ 86411, Tel.: (520) 769–2605. Man kann ihn nicht verpassen. Ehrlich. Doch ehe man den neuen Namen des freundlichen Etablissements ausgesprochen hat, liegt Hackberry schon längst hinter einem. Dieser einsame alte Streckenabschnitt zieht – wie das kalifornische Big Sur – Individualisten an.

Kingman

Mr. D's Route 66 Diner, 105 E. Andy Devine Avenue, (520) 718–0066.

House of Chan, 960 W. Beale Street, (520) 753–3232. Chinesische und amerikanische Küche, und beide sind ausgezeichnet.

Lo's Restaurant & Cocktail Lounge, 119 Tucker Street, (520) 753–5673 direkt an der Route, gleich hinter der I-40 rechts. Ganz ordentlich.

Maggie's Flightline Diner, Airport, 5705 N. The Concourse, (520) 757–7474. An der 66 von Hackberry her, linker Hand, ehe man in die Stadt kommt. Kingman war vor 50 Jahren Kriegsflughafen und Bomberparkplatz.

Radio:

KRCY 105.9 Crazy Radio. Lauter 60's, manchmal Information aus der Gegend. Programmdevise: If you don't know what to play, play *Beatles*.

Lucky 108 ist eigentlich auf 107.1 und spielt Classic und Album Rock, aber lucky, wer ihn auf der ganzen Route bis Havasu (wo er auf 103.9 ist) sauber reinkriegt.

Oatman

Restaurants, Kneipen, T-Shirt-Läden und das **Oatman Hotel.** Die haben zwar nur acht Zimmer, was aber recht reizvoll ist, wenn gnädig der Abend fällt und die Touristen verschwinden. Tel.: (520) 768–4408. Gute Küche, Drinks.

KALIFORNIEN

Die Uhren eine Stunde zurückstellen. Kalifornien ist in der Pacific Time Zone, zwei Stunden hinter Chicago.

Needles

Man wird mir als Altkalifornier die Unsitte des Bodenküssens bei Needles verzeihen, eine Geste, die angesichts der winzigen Oase seltsam unangebracht scheint. Aber so isses nun mal; wir halten unseren Westküstenstaat eben doch für den Nabel der Welt. Auch wenn hinter Needles erst mal 160 Kilometer totaler Einsamkeit lauern.

Essen & Trinken:

Jedro's Wagon Wheel Restaurant, 2420 W. Broadway, (619) 326–4361. American Food, Frühstück, etc. Vor der langen Wüstendurchquerung ...

Denny's Restaurant, 1400 J Street, (619) 326–2221. Als großer Freund dieser Futterkette kann ich's nur empfehlen; die machen eine gefährlich gute Leber, selten in amerikanischen Kneipen. Auch sonst gut – preiswert, schnell, sauber und überall genau gleich. Was manchmal hochwillkommen ist.

Chai's Café, 941 Front Street, (619) 326–3642. Sauberer Laden, ordentlich.

... und sonst?

Volltanken, Kühlflüssigkeit, Ölstand und Reifendruck (Reserverad!) prüfen, einige Flaschen Wasser und Kekse oder Früchte besorgen. Sicherheitshalber.

Kitschfreunde (wie der Autor) werden sich über den **Soroptimist Thrift Store**, 909 Front Street, freuen. Der Second-Hand-Laden eines gemeinnützigen Vereins führt neben gebrauchter Kleidung und alten Fernsehapparaten auch die herrlichste Auswahl brutalsten Kitsches. Aschenbecher mit Wüstenmotiv, 60 Jahre alte Ziertassen, Blechsouvenirs und allerlei Utensilien, für Pfennige zu haben.

Goffs

General Store, am Highway. Das wär's.

Amboy

Roy's Café, an der Route 66. Das hat noch keiner verpaßt. Einsamkeit erhält in und um Amboy eine ganz aktuelle Bedeutung. Wie wär's mit einem Angebot für die Stadt? Vielleicht reichen die Reiseschecks.

Ludlow

An Bagdad vorbei, den Ruinen der Eisenbahnhaltestelle jedenfalls, und hinein nach Ludlow. Ein Café gibt's dort, aber Filmfans werden bis Newberry Springs warten wollen.

Newberry Springs

Bagdad Café, 46548 National Trails Highway, (619) 257–3101. Starker Laden, das T-Shirt muß mitgenommen werden. Vielleicht sitzt der General Bob gerade beim Kaffee. Schönen Gruß.

Barstow

Essen & Trinken:

Idle Spurs Steak House, 29557 Highway 58, (619) 256–0548. Prima Laden, endlich wieder futtern nach der heißen, leeren Wüste! Keine Angst, in Barstow hat man erst die Hälfte der Strecke durch die Mojave hinter sich.
Quigley's Restaurant, 2841 Lenwood Road, (619) 253–2828. American food.
Rosita's Restaurant, 540 W. Main Street, (619) 256–1058. Mexican food, was ja in Kalifornien als einheimisch gilt.
... und sonst?

Wer Zeit hat, sollte sich **Calico Ghost Town** und die **Calico Early Man Archaeological Site** anschauen – und vielleicht noch in der **Mojave National Preserve** spazierengehen. Beide sind nicht weit von Barstow an der I-15 Richtung Las Vegas.

Helendale

Exotic World Burlesque Museum, 29053 Wild Road, Helendale, (619) 243–5261. Von der 66 Richtung Oro Grande bei Helendale/Silver Lake rechts ab, auf der Helendale Road rechts, Wild Road rechts, mit der Wild Road nach links abbiegen, etwa 200 Meter weiter auf der rechten Seite ist Dixie Lee's Altersranch. Sa-gen-haft. Vielleicht ist gerade Barbeque?

Victorville

Essen & Trinken:

Cask & Cleaver, 13885 Park Avenue, (619) 241–7318.
Chateau Chang Restaurant, 15425 Anacapa, (619) 241–3040.
Steer & Stein, 12224 Mariposa Road, (619) 241–0775. Die lieben ihr Steak, ihren Reis und ihr Ampersand in Victorville. Außerdem haben die einen ausgestopften Filmgaul namens Trigger; sein ehemaliger Reiter, ein gewisser Roy Rogers, hat dort sein Filmcowboymuseum eingerichtet. Wow! Trigger steht stocksteif auf den dürren Hinterläufen, Roy verblüffenderweise auch noch.

Hören & Trinken:

The Cocky Bull, 14180 Highway 395, Block C., (619) 241–2855. 400 Countryfans können hier gleichzeitig »Ahhh-Haaa« schreien. Der einzige Nightclub mit ordentlicher Musik weit und breit.

Abstecher nach Joshua Tree?

Highway 18 und 247 nach Joshua Tree. Dort; **Joshua Tree Inn**, 61259 Twentynine Palms Highway, (619) 366–1188. Zimmer acht war's für Gram Parson, Emmylou Harris wohnt ab und zu im Zimmer neun. In der Nähe ist der Joshua Tree National Park, wo erstens das Coverfoto vom *U2*-Album »Joshua Tree« entstand, und zweitens Phil Kaufman seinen Kumpel anzündete.

San Bernardino/Upland

Essen & Trinken:

The Gourmet, 1445 E. Highland Avenue, San Bernardino, (909) 883–2613. Für den gepflegten Hunger.
Boar's Head, 1256 W. Foothill Boulevard, Upland, (909) 946–3544.

Hören & Trinken:

Grove Theater, 276 E. 9th Street, Upland, (909) 920–4343. Meist Comedy, aber auch guter Rock in diesem kleinen Theater.

Konzerthallen & Stadien:

Alle Eintrittskarten nur auf Kreditkarte und nur über **Ticketmaster:** Tel.: (213) 381–2000 oder (714) 740–2000
Arrowhead Pond: 2695 East Katella Avenue, Anaheim. 19 400 Plätze.
Bren Center, UC Irvine, Bridge & Mesa Road, Irvine. 5 486sitzige Uni-Sporthalle.
Irvine Meadows Amphitheatre, 8808 Irvine Center Drive, Irvine. Open air für 15 000.
Glen Helen Blockbuster Pavilion, 2575 Glen Helen Parkway, Devore. 65 000 Rockfans unter freiem Himmel. Direkt am Cajon Pass.

Monrovia

Aztec Hotel, Restaurant & Bar, 311 W. Foothill Boulevard., (818) 358–3231. Historischer Kasten mit gutem Essen und der Vorkriegsdrinkqualität, die der Alki so schätzt. Der richtige Ort, die alte Money-Kaste Monrovias durchflanieren zu sehen.

Pasadena

DeLacey's Club 41, 41. South DeLacey Avenue, (818) 795–4141. Bestes Restaurant im verwöhnten Pasadena. Amerikanische Küche, Riesensteaks.
Crocodile Café, 140 S. Lake, (818) 449–9900. Super California light cuisine. Alles frisch, grün und knackig. Bis auf die Bedienung.
Spenser's, 70 S. Raymond Avenue, (818) 583–8275. Nouvelle continental cuisine. Wow.
Plaza Café, 802 Fairmont, (818) 397–3150. Sehr preiswert und gut.

Hören & Trinken:

The Muse, 54 East Colorado, Pasadena, (818) 793–0608. Alle Arten von Musik im schicken Downtown-Club.
In Cahoots, 223 North Glendale Avenue, Glendale, (818) 500–1669. Riesenklub, dessen 800 Gäste Country und Southern Rock sehen und hören können.

Radio & Stadtzeitungen:

KROQ 106.7 Kay-Rock rockt; keine Frage. Sie sind noch immer gut, obwohl inzwischen amerikaweit bekannt. MTV-Management und Vee-Jays wie Kennedy kommen von KROQ, wofür jedoch der in Pasadena beheimatete Rundfunksender nichts kann.

KCRW 89.9 Public Broadcaster, also werbefrei. Wahrscheinlich der beste Amisender überhaupt.

KKBT 92.3 Urban Contemporary. Baßschwerer HipHop und zuckersüßer R&B.

KCBS 93.1 Oldies; Jingles und Drop-ins, bis einem der Hintern zukneift. Keeh-ssiiii-biiii-ääSSS!

Pasadena Weekly: unerläßliche Wochenzeitung, wenn man wissen will, was in ist.

... und sonst?

Wie wär's mit **Forest Lawn Cemetery?** Friedhof der Stars? Vielleicht Aimee Semple McPherson anwählen? 1712 South Glendale Avenue, Glendale.

Los Angeles

Essen & Trinken:

Nur Rockpinten, o. k.? Weil unter den Abertausenden nur schwer eine Auswahl möglich ist.

Millie's, 3524 Sunset Boulevard, Silver Lake, (213) 664–0404. Rockerladen. Silver Lake ist hip.

Canter's, 419 North Fairfax, (213) 651–2030. Jeder, aber jeder, geht zu Canter's. Im jüdischen Fairfax-Viertel eine Institution. Im Kibitz Room spielen junge und arrivierte Musiker.

Genghis Cohen, 740 North Fairfax (213) 653–0640. Koscher chinesisch.

L'Orangerie, 903 North La Cienega Boulevard. (310) 652–9770. Unbedingt vorbestellen! Teuer, aber außer dir und dem Kellner steht jeder in der *Los Angeles Times*, manchmal wahrscheinlich sogar der Kellner.

Topper's, 7158 Beverly Boulevard, (213) 936–3165. Koscherer Joghurt, Bagels, Brötchen und Fruchtsäfte. Eben California.

Hören & Trinken:

Fais-do-do, 5257 West Adams, Los Angeles (South Central), (213) 954–8080. Blues, Jazz und Poeten.

Glaxa, 3707 Sunset Boulevard, Silver Lake, (213) 663–5295. Superhip; Herr Beck, Frau Neapolitano, Mr. Flea und Rock en español.

Impala Café, 418 E. 1st Street, Downtown, (213) 621–2170. Kleiner Laden mit bunter Kundschaft – Tattoos, Haare, Piercing. Spitzenmusik, ab und zu fliegt eine Bierflasche.

Konzerthallen & Stadien:

Nur die wichtigsten in der Stadt selbst. Karten über **Ticketmaster**; Tel.: (213) 381–2000.

Great Western Forum, 3900 W. Manchester Boulevard, Stadion für 18 600 in der City.

Greek Theatre, 2700 N. Vermont. 6 165 Leute passen rein, schönste Lage.

Hollywood Bowl, 2301 North Highland. Amphitheater in den Hollywood Hills. Super.

Universal Amphitheatre, 100 Universal City Plaza. 6 251 Glückliche unter Sternen.

Wiltern Theatre, 3790 Wilshire Boulevard. Viel neuer Rock für 2 300 Leute.

Radio & Stadtzeitungen:

Wie Pasadena, dazu **KLOS** 95.5 (Rock), **KIIS** 102.7 (Rock) **KPFK** 90.7 (Public/Alternativ), über 70 weitere.

L. A. Weekly: Dickes – man erwartet's – informatives Wochenblatt.

BAM: wöchentliches Musik-Szeneheft. Bestens informiert, kostenlos. Im Plattenladen.

... und sonst?

You've got Bad Taste, 3816 Sunset Boulevard, Silver Lake, (213) 669–1718. Auch Poetinnen müssen essen (zwar nicht viel, aber regelmäßig), weshalb die Superpunkerin Excene Cervenka einen Laden hat, wo alles Popkultur ist. Sie läßt Musiker spielen, will dafür kein Geld, but buy something, asshole!

Hollywood, West Hollywood

Essen & Trinken:

Pinot Hollywood, 1448 North Gower Street, (213) 461–8800. Bis nach Mitternacht gibt's gutes Essen; auf der Terrasse kann man sitzen und die Aussicht genießen.

Tommy Tang's, 7313 Melrose Avenue, (213) 937–5733. Auf Melrose treffen sich arme und reiche Rocker. Reiche gehen ins Gloria, arme sitzen bei Tommy und stopfen sich mit Thai und Sushi voll.

Café Luna, 7463 Melrose Avenue, (213) 655–8647. Bei den Paramount Studios und daher von Film- und TV-Typen frequentiert.

Pasta Etcetera, 8650 Sunset Boulevard (Sunset Strip), (310) 854–0094. Preiswerte Pasta- und Penne-Bude, die unheimlich günstig liegt.

Barney's Beanery, 8447 Santa Monica Boulevard, (213) 654–2287. Immer noch die letzte Kneipe der Route 66 und Rockstar-Hangout. Sieht nach nichts aus und ist weltberühmt. 240 Biere und gutes Chili.

Hören & Trinken:

Roxbury, 8225 Sunset Boulevard, (213) 656–1750. Vornehm, aber Spitze, wenn man am Türsteher vorbeikommt. Im VIP-Room sitzen die Stars, davor steht ein Brecher und glotzt.

The Gate, 643 La Cienega Boulevard, (310) 289–8808. Wie Roxbury. Nur beautiful people.

Viper Room, 8852 Sunset Boulevard, (310) 358–1880. Kein Depp, der Johnny. Seine Kneipe läuft riesig, mit klasse Musik und hippen Bürgern. Immer rein, keine Bange.

Hollywood Palladium, 6215 Sunset Boulevard, (213) 962–7600. Riesending und bombige Stimmung. Eigentlich ein Ballroom, aber für Punker.

The Palace, 1735 North Vine, (213) 462–3000. Hier hören Industriebosse neue Bands, ehe verhandelt wird.

House of Blues, 8430 Sunset Boulevard, (213) 650–0476. Neun-Millionen-Dollar-Blechbude. Starke Musik.

... und sonst?

Playback, 622 North Doheny Drive, West Hollywood, (310) 273–5673. Studiokleidung, Klamotten aus Film und Fernsehen.

No Life Records, 7209 Santa Monica Boulevard, (213) 845–1200. Super Indie-Auswahl, oft gute In-Store-Konzerte.

Santa Monica

Patrick's Roadhouse, 106 Entrada Drive, (310) 459–4544. Starbude. Und gut dazu.

Mort's Delicatessen, 1035 Swarthmore, Pacific Palisades, (310) 454–5511. Ruhiges Café in bester Nachbarschaft. Der verknitterte Herr in der Ecke, der aussieht wie Walter Matthau, ist Walter Matthau.

World Café, 2820 Main Street, (310) 392–1661. Die Terrasse gehört zu den romantischen Fleckchen der Strandstadt. Außerdem ist die Küche gut.

Hören & Trinken:

Alligator Lounge, 3321 Pico Boulevard, (310) 449–1844. Sagenhafter Undergroundclub. Vom Blues über Zydeco bis Rock und Punk gibt's alles. Sehr angenehme Umgebung.

Ash Grove, 250 Santa Monica Pier, (310) 656–8500. Ed Pearl hat endlich seinen Traditionsladen wieder aufgemacht. Seit 40 Jahren die allerbeste Musik. Größte Namen, meist Folk, Blues, Classic Rock. Unglaublich schöne Lage direkt über den Wellen.

McCabe's Guitar Shop, 3101 Pico Boulevard, (310) 828–4497. Sehr kleines Hinterzimmer, die allergrößten Typen spielen. *REM* zum Beispiel. Nur etwa 150 Karten werden verkauft.

... und sonst?

Third Street Promenade; die 3.Straße ist Fußgängerzone, Kneipen und Läden dort sind ganz darauf eingerichtet. Schön, mal auszusteigen und einfach irgendwo draußen zu sitzen.

Motorradvermieter: California Motorcycle Rentals Tel./Fax: (415) 728–3511. Die Telefonnummer ist in San Francisco, die BMW K75 und R850R stehen auch in Los Angeles. Anrufen, so einen Hammer mieten und los geht's. Enstprechender deutscher Führerschein und gute Kreditkarte sind Voraussetzung.

Routegerechte Musikempfehlungen

»Lee: Route 66 The Great Originals«; Eastwest Records GmbH, Warner Special Products Europe, 1994.
Mit dem Bobby-Troup-Klassiker in der Bearbeitung von *Rose TC* beginnt's, dann geht's weiter mit Chuck Berry und Jackson Browne, Tony Joe White und Chris Rea, und enden tut's mit James Brown und »Greg The Black«. Nur in Deutschland zu haben!

»Road Songs: Harley Davidson Motor Cycles«; The Right Stuff/Capitol Records, 1994.
30 Songs auf zwei CDs, als käufliche Harley-Werbung verpackt. Mit Bob Seger, *Little Feat* und *Bad Company, Humble Pie* und *Lynyrd Skynyrd*, George Thorogood und *Free* u. v. a.; jede Menge Amirock für die Straße. Vorsicht, Radarfalle!

»Music from the All-American Highway/The Songs of Route 66«; Lazy SOB Recordings, Austin, Texas, 1995.
Nicht nur singt und spielt Bobby Troup seinen Song, sondern die Charles-Brown-Version ist auf diesem sagenhaften Roadalbum, wie die unglaubliche Austin-Kult-Musikerin Mary Cutrufello.

»The Best of The Flying Burrito Brothers: Farther Along«; Flying Burrito Bros., A&M Records, 1988.
»Sin City« und »Dark End Of The Street«, beide »Hot Burritos« und »Wild Horses«, »Six Days On The Road« und ein abgebrochenes »I Shall Be Released«. Gram Parsons für die Strecke zwischen Albuquerque und Kingman.

»G. P./Grievous Angel«; Gram Parsons, Reprise Records, 1990.
Beide Alben auf einer CD, beide mit Emmylou Harris und einem smokin'Gram. Für die Strecke zwischen Kingman und dem Grillplatz in Joshua Tree.

»Folkways: A Vision Shared. A Tribute to Woody Guthrie and Leadbelly«; CBS, 1988.
Bob Dylan, *U2* und Springsteen singen Woody. Willie Nelson ist drauf und Emmylou Harris, Pete Seeger und Little Richard. Sweet Honey in the Rock und John Mellencamp, der sich mal »Cougar« nannte.

»Twisted Willie«; Justice Records, Houston, Texas, 1996.
Jello Biafra, *L7* und *Tenderloin*, Johnny Cash und *The Presidents
of the United States of America*, Kelly Deal mit Kris Kristofferson
und andere Rocker-Punker covern die beliebtesten Willie-Nelson-
Songs.

»Willie and Leon/One for the Road«; Columbia/CBS, 1979.
Nelson und Russell mit einem hübschen, ruhigen Album. So richtig zum Verdeck runterklappen und in der Nähe Amarillos einen
durchziehen. Wie das der Willie auch gern tut.

»Just One Love«; Willie Nelson, Justice Records, 1995.
Amerikanische Standards, vom Spitzensongwriter aufpoliert. Richtig gute Countrysounds, ohne Country zu sein. »Smoke, Smoke,
Smoke That Cigarette«, »It's A Sin« und »Bonaparte's Retreat« zeigen das breite Spektrum, das Willie mühelos für sich vereinnahmt.

»Route 66«; Asleep at the Wheel, Liberty Records, 1992.
Wer Texas Swing schätzt, aber Bob Wills antiquiert findet, freut sich
über die fünfmaligen Grammy-Sieger *Asleep at the Wheel*. Moder-
ner Texas Swing, bester Country, und trotz 25jährigem Bandju-
biläum außerhalb Amerikas fast unbekannt.

»In Step«; Stevie Ray Vaughan, Epic, 1989.
»Live Alive«; Stevie Ray Vaughan, Epic, 1986.
Beide zeigen einen einmaligen Gitarristen. Jedes Album ist ein Klas-
siker für sich; zusammen zeigen sie erst, was der Knabe konnte.

»Family Style«; The Vaughan Brothers, Epic, 1990.
Jimmie Lee und Stevie Ray erstmals zusammen. Die Kombination
war gut.

»Really«; J J Cale, Shelter, 1972/Mercury, 1990.
»Guitar Man«; J J Cale, Delabel/Virgin, 1996.
The King of Laid Back – sein erstes und vorerst neuestes Werk. Die
Alben des Kultmusikers sind alle auf CD zu haben; keine gewalti-
gen Stückzahlen verkauft er, aber jeder Rocker hat ein Album von
ihm. Davon kann man leben.

»Texas Tornados«; Texas Tornados, WEA, 1990.
Grammy-Sieger, Begründer des Nuevo Tejano und angeblich erstes und letztes Album der Norteño-Supergruppe.

»Four Aces«; Texas Tornados, Reprise, 1996.
Totgesagte leben bekanntlich länger; die *Tornados* brachten mit
»Aces« ein grammynominiertes Tejano-Album mit Songs von Louie
Ortega über Freddie Fender und Sir Doug bis Joe King Carrasco.

**»Ay Te Dejo En San Antonio Y Mas«; Flaco Jimenez, Arhoolie
Records, 1979 und 1985.**
Fast ein Doppelalbum: Flacos Grammy-Sieger und Teile einer älte-
ren, ausgezeichneten Scheibe.

»Partners«; Flaco Jimenez, Warner Nashville/Reprise, 1992.
Für Rock- und Tejanofreunde mit offenem Ohr. »Partners« sind die
Freunde Steven Stills, Linda Ronstadt, Dwight Yoakam, Emmylou
Harris, John Hiatt, Ry Cooder und *Los Lobos*. Die singen und spie-
len Mexikanisches, Texanisches und ganz einfach Starkes mit
Flaco.

**»Shake, Rattle & Roll«; Ike and Tina Turner, Laserlight/Delta
Music, 1995.**
Als man noch Ikeandtina sagte. Fünf CDs in der Billigpackung.
Tolle Sammlung. Schade, daß der irrsinnig talentierte Ike immer
nur ein Krämer war, denn er sollte von seiner Musik bestens leben
können. Aber wie man in den Wald hineinruft ...

»Willie's Blues«; Bluesville/Prestige, 1959 und 1990.
»The Chess Box«; Chess/MCA, 1988.
Auf seinem alten Bluesalbum hört sich Willie an wie einer, der an
der Schwelle zum Ruhm steht. Auf der Doppel-CD-Box hört man
Willies berühmte Kompositionen und seinen unvergleichlichen Bass.
Und Howlin' Wolf, Muddy Waters, Koko Taylor und alle die anderen Vokalisten, die Dixon-Songs besser sangen als es der Meister
selbst konnte. Beide Alben sind zum Verständnis Willie Dixons unbedingt nötig. Wer sie hört, erkennt, daß der Dicke einer der größten Musiker des 20. Jahrhunderts war.

**»Songs From Chippy«; Jo Harvey Allen, Terry Allen, Joe Ely
und andere; from the play »Chippy«, Hollywood Records,
1994, distributed by Elektra Entertainment.**
Wer's bekommen kann, sollte es kaufen. Die Musik zum Theaterstück beschreibt die Einsamkeit des Texas Panhandle besser als
Worte es können. Ein verblüffendes Album. Komponist/Texter Terry
Allen hat lange, lange Brecht und Weill studiert, garantiert.

»Kerouac – kicks joy darkness«; Rykodisc, April 1997.
Eddie Vedder, Michael Stipe, Patti Smith, Johnny Depp, Steven
Tyler, Thurston Moore, Juliana Hatfield, John Cale, Richard Le-
wis, Lee Ranaldo und Matt Dillon lesen Kerouac.

»The Lion For Real«; Allen Ginsberg, Island 1989.
Für Freunde des immer noch geilen Beat-Opa; Ginsberg liest einfach großartig, und die Musiker im Hintergrund sind vom Feinsten.

Danke!

Der Verfasser dankt der alten Seilschaft, die schon »Rock-Highway«
ermöglichte: Ehefrau Jenny, deren Liebe und Geduld grenzenlos und
deren Unterstützung unerläßlich ist. Mike, Pat und Cheryl Kraus,
weil derartige Jung-Kräuse Spaß machen. Und den vielen Freunden
und Kollegen, deren Anrufe zu jeder erdenklichen Stunde die Tage,
Wochen, Monate und Jahre versüßen. Verlag und Lektorin für ihren
Mut und Einsatz, denn die ganze Mühe könnte ja auch umsonst sein.

A tip of the hat to Bobby Troup and lovely Julie London for their
gracious help. Thanks to Mrs. Marie Dixon, without whom this
book – and the world – would have been poorer. They're gone now,
but Stevie Ray Vaughan, Albert King, Albert Collins and Randy
California contributed immensely in past years by answering a lot
of probing questions and never losing their cool. In California, David Lindley came through as usual, as did David Sanger in Texas
and David Knopfler in England. Thanks, Freddy Fender and Van-
gie Huerta in Corpus Christi, Cash McCall and Lee Hershberg in
L.A., Babalu in Maui, Ed »Cass« Cassidy, Louie Ortega and Merrell Fankhauser, the good folks at Warner Brothers, Virgin, CBS,
Justice Records, at Rosebud and World Entertainment. Gracias,
Route 66 TV in Nipomo, all the folks and fans along the highway,
especially Dixie Lee Evans, the many Mr. Patels running motels all
across America, Professor Dr. Mark Maynard, Dr. Bob Lundy, The
Tire Dude and Rosé Lopez. A heartfelt Dankeschön to all the artists
for their contributions; even walk-walkin', talk-talkin' Ike Turner.

Personenregister

Register der Bands

Ortsregister